Eric Kenneway · Origami komplett

Eric Kenneway

Origami komplett

Originelle und knifflige Kunstwerke

300 Schritt-für-Schritt-Anleitungen

Garantiertes Gelingen

AUGUSTUS VERLAG

Die Deutsche Bibliothek – CIP-Einheitsaufnahme
Kenneway, Eric:
Origami komplett : originelle und knifflige Kunstwerke / Eric Kenneway.
[Aus dem Engl. von Klaus Dieter Hartig]. –
Augsburg : Augustus-Verlag, 1991
    ISBN 3-8043-0165-7
NE: HST

Zuerst veröffentlicht bei Ebury Press, London

Text copyright © 1987 Eric Kenneway

Illustrations copyright © 1987 The National Magazine Company Ltd

Die Illustration der Japanischen Ringer (Seite 105) wurde reproduziert mit
freundlicher Genehmigung von The Mary Evans Picture Library

Übersetzung und Lektorat: Klaus-Dieter Hartig, Darmstadt/Bremen
Umschlaggestaltung: Klaus Neumann, Wiesbaden

AUGUSTUS VERLAG AUGSBURG 1992
© Weltbild Verlag GmbH, Augsburg
Satz: 9/10 p., 8/9 p. Centennial von Utesch Satztechnik GmbH, Hamburg
Printed in Spain
ISBN 3-8043-0165-7

Inhalt

Einführung

Origami, die Kunst des Papierfaltens, besonders in Japan. (Japanisch: *oru*, falten; *kami*, Papier)

»Warum falten Menschen Papier? Es gibt so viele Gründe wie es Menschen gibt, die Papier falten. Ich vermute, daß viele weniger kreative Menschen Origami lernen, um das Falten lehren zu können – zur Unterhaltung der Kinder, als Therapie für Patienten mit körperlichen oder geistigen Behinderungen, als Methode, die Geschicklichkeit zu fördern oder als Demonstration der Prinzipien der Geometrie. Andere falten Papier, weil sie die Modelle benutzen möchten, die sie herstellen – als Dekorationen für Partys oder für persönliche Postkarten.«

Dies schrieb die amerikanische Papierkünstlerin Alice Gray in einem Antwortschreiben an einen japanischen Korrespondenten, der gerne wissen wollte, warum sich Menschen der westlichen Welt für dieses alte japanische Kindervergnügen interessieren.

Es war schon immer ein Zeitvertreib für Kinder – sowohl in Japan als auch im Westen. In Japan diente das Spiel-Oragami der Kinder zumindest bis in die moderne Zeit als Vorbereitung auf das Origami für bestimmte Zwecke, das man als Erwachsener kennen mußte. Dabei hatte es auch eine religiöse und zeremonielle Bedeutung.

Heute ist Origami im Westen eine Art von Spiel, an dem auch Erwachsene teilnehmen können. Seit den frühen 60er Jahren hat eine zunehmende Zahl erwachsener Menschen den Spaß entdeckt, den das Papierfalten bereiten kann. Auch wenn Sie zu dieser Gruppe gehören und schon einige Erfahrungen mit Origami sammeln konnten, werden Sie einige Aspekte des Themas in diesem Buch entdecken, an die Sie bisher nicht gedacht haben (was sich zum Teil dadurch ergibt, daß Origami hier sehr weit gefaßt wird und nicht nur das Papierfalten beinhaltet, sondern auch verwandte Themen wie das Falten von Taschentüchern und Kopftüchern). Wenn Sie ein kreativer Papierkünstler werden möchten, sollten Sie in der Lage sein, viele Anregungen in diesem Buch zu finden, die das Anfangen erleichtern und Sie längere Zeit inspirieren.

Anfänger tun gut daran, sich mit dem Abschnitt zu befassen, der die Begriffe und die Vorgehensweise behandelt, bevor sie sich an eines der folgenden Projekte wagen. Die Projekte können in einer beliebigen Reihenfolge in Angriff genommen werden. Sie werden allerdings nach Schwierigkeitsgrad eingeteilt. Ein Stern* kennzeichnet eine unkomplizierte Aufgabe. Zwei Sterne** bedeuten, daß es einen Schritt in dem Projekt gibt, der verhindert, daß es direkt durchgeführt werden kann. Drei Sterne*** weisen darauf hin, daß die Aufgabe zwei oder mehr Origami-Verfahren enthält. Vier Sterne**** sind den Projekten vorbehalten, die komplizierte Vorgehensweisen und viele zeitaufwendige Schritte erfordern.

Symbole

Die folgenden Symbole sollte man sich gut merken, weil sie im ganzen Buch benutzt werden. Die Diagramme werden paarweise dargestellt. Die erste Darstellung zeigt eine Anweisung, und die zweite Abbildung zeigt, wie das Papier nach der Ausführung aussehen sollte.

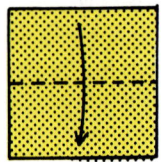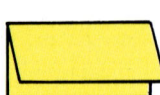

Eine gestrichelte Linie stellt eine sogenannte Talfalte dar – einen konkaven Bruch. Ein einfacher Pfeil zeigt die Faltrichtung an.

Eine strichpunktierte Linie stellt eine sogenannte Bergfalte dar – einen konvexen Bruch. Ein gebogener Pfeil wird verwendet, wenn das Papier nach hinten gefaltet werden soll.

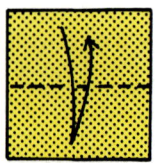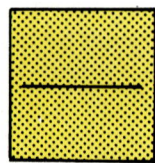

Ein Pfeil, der in die gleiche Richtung zurückkehrt, bedeutet, daß man das Papier fest knicken und wieder öffnen soll. Eine schwache, durchgezogene Linie stellt einen bestehenden Bruch dar, der durch einen vorherigen Arbeitsschritt (Falten, Knicken) entstand.

Bei einem Pfeil mit Schleife soll man das gefaltete Papier wenden.

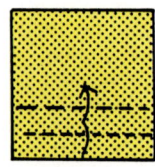

Ein Pfeil mit mehreren Bogen bedeutet, daß man das Papier mehrmals in gleicher Richtung übereinander falten soll. Jeder Bogen stellt einen Faltvorgang dar.

Ein hohler Pfeil bezieht sich auf eine Falte, die in einem vorherigen Schritt angefertigt wurde, und bedeutet »herausziehen«.

Eine schwarze Pfeilspitze bezieht sich auf einen bereits bestehenden Bruch und bedeutet »eindrücken«.

Ein breiter werdender Pfeil weist darauf hin, daß das folgende Diagramm in einem größeren Maßstab dargestellt wird.

Begriffe und Vorgehensweisen

Bestimmte Wörter und Formulierungen werden beim Origami häufig verwendet. Sie sind zum größten Teil Bezeichnungen für Kombinationen von Falten, die sich aus bestimmten Vorgehensweisen ergeben. Indem sie diese Schritte durchführen, sowohl einfache Berg- als auch Talfalten, können Papierbastler die Formen des Papiers auf vielfältige Weise modifizieren, um die fertige Form zu erreichen.

Bei den unten gezeigten Diagrammen illustriert die jeweils erste Abbildung die Anleitung, und die zweite oder letzte Darstellung zeigt, wie das gefaltete Papier am Ende des Arbeitsschritts aussieht.

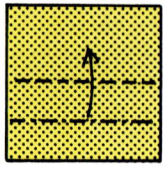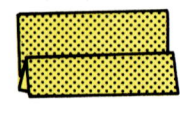

Doppel- oder Rückfalte

Man stellt parallele Falten her, indem man einen Abschnitt des Papiers in eine Richtung faltet und das Papier dann zurück in die andere Richtung klappt, um eine weitere Falte anzulegen.

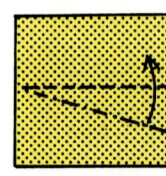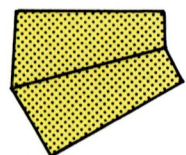

Schräge Doppelfalte

Dieser Faltentyp hat Ähnlichkeit mit der Doppelfalte. Die zweite Falte verläuft allerdings nicht parallel. Sie trifft an der Kante des Papiers auf die erste Falte und bildet einen Winkel.

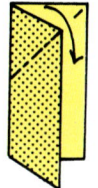 

Gegenbruchfalte nach innen

Dieser Vorgang kann nur erfolgen, wenn das Papier bereits gefaltet wurde. Ein Teil des gefalteten Rands – der Grat – wird zwischen die Seiten gezogen und zu einer Kerbe gefaltet.

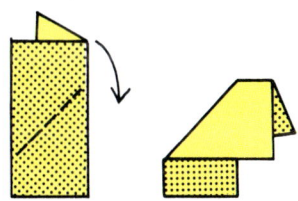

Gegenbruchfalte nach außen

Auch dieser Schritt ist erst mit gefaltetem Papier möglich. Man nimmt je eine Ecke von jeder Seite des Grats und faltet sie über den Rücken, so daß eine Kappe entsteht.

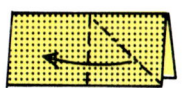 

Quetschfaltung

Man nimmt ein gefaltetes Blatt Papier, faltet es – Grat an Grat – in der Mitte und öffnet es wieder. Dann wird der Grat so weit zwischen die beiden Seiten geschoben, bis er die Kante der zweiten Falte berührt. Diese Falte wird auch hergestellt, wenn das Papier bereits gefaltet wurde. Die Lagen werden getrennt und der Grat flachgedrückt, so daß der verbleibende Bruch den Rand der zweiten Falte berührt.

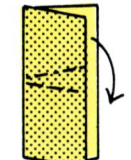 

Kippfaltung

Man nimmt ein gefaltetes Stück Papier, faltet es in der Mitte, Grat an Grat, und öffnet es wieder. Dann wird eine schräge Doppelfalte so angelegt, daß die zweite Falte die erste im Grat trifft. Man faltet sie zurück. Man wendet das Papier und stellt eine schräge Doppelfalte an der gleichen Linie her. Man öffnet es und schiebt die untere Hälfte des Papiers zwischen die Lagen der oberen Hälfte, so daß die schrägen Doppelfalten an beiden Seiten flach anliegen.

Diese Falte kann auch angefertigt werden, wenn das Papier bereits in zwei Lagen gefaltet wurde; es besteht aus zwei schrägen Doppelfalten, je eine auf jeder Seite des Grats: Doppelfalte schräg auf einer Lage falten, dann Papier wenden und auf Gegenseite wiederholen, so daß sich alle Brüche am Grat treffen.

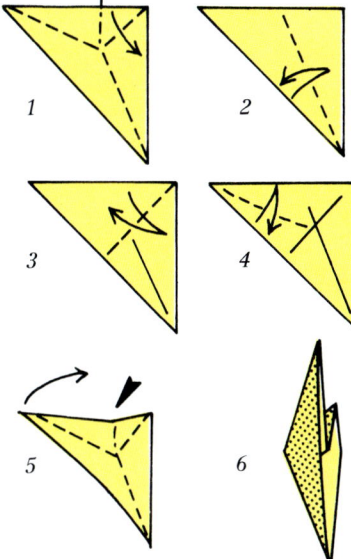

Hasenohrfaltung

Es ist eine Methode, eine Spitze aus einer dreieckigen Form aufzurichten. Das erste Diagramm (1) zeigt die Anweisungen, wenn diese Art des Faltens bei einem bestimmten Pro-

jekt angewendet werden soll. Folgende Schritte werden durchgeführt: (2) Man faltet zwei Kanten zusammen und zurück. (3) Man faltet zwei andere Kanten zusammen und zurück. (4) Dasselbe wird mit dem verbleibenden Kantenpaar gemacht. (5) Schließlich bringt man alle drei Kanten zusammen, indem zwei benachbarte Kanten zusammengefaltet werden und eine Kante an einem der kurzen Brüche eingeschlagen wird. (6) Die letzte Abbildung zeigt die fertige Hasenohrfaltung.

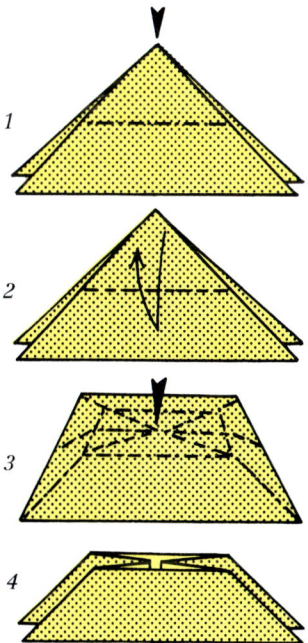

Versenkung

So kann man eine Spitze oder eine Kante zwischen vier Papierlagen schieben. Das erste Diagramm (1) zeigt die Anleitung, wenn diese Art des Faltens beim Anfertigen eines bestimmten Modells erforderlich ist. Der Ausgangspunkt ist eine Wasserbomben-Grundform; siehe Seite 22. (2) Zuerst markiert man die Faltlinie durch eine einfache Talfalte, die wieder geöffnet wird. (3) Man klappt das Papier auf und drückt die Spitze flach. Die Bruchlinien des Quadrats werden in Bergfalten verwandelt. Während man benachbarte Bergfalten zusammendrückt, wird die Mitte nach unten gedrückt. Das letzte Diagramm (4) zeigt die fertige Versenkung.

Blumenblattfaltung

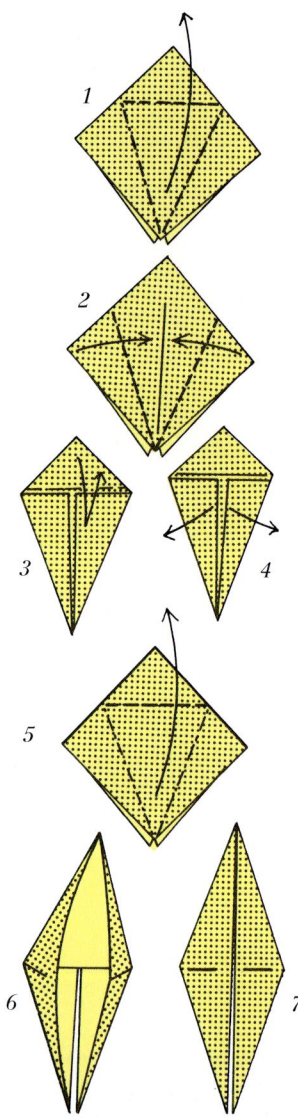

Eine weitere Methode, eine Spitze aufzurichten: Diagramm (1) zeigt die Anweisung. Zur Vorbereitung siehe Ausgangsgrundform (Seite 20). (2) Die unveränderten Kanten zur senkrechten Mittellinie falten. (3) Die obere Spitze wird an den horizontalen Kanten nach unten gefaltet und zurückgeklappt; dann die Seiten wieder zurück nach außen falten (4). Die untere Spitze wird angehoben. Dadurch kommen die seitlichen Spitzen zusammen (5). Diagramm (6) zeigt die Teile während der Bewegung, Diagramm (7) die fertige Faltung.

Wiederholung an den drei anderen Seiten/Klappen

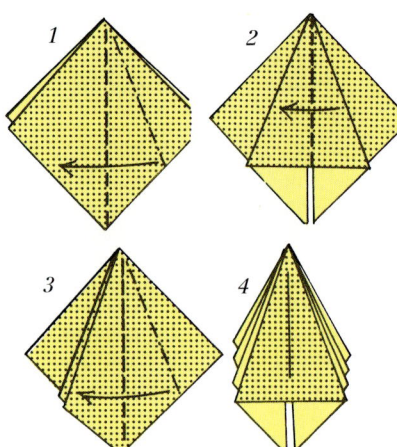

Diese Anweisung erfolgt, wenn vier Klappen um eine Mittelachse angeordnet sind. Siehe Ausgangsgrundform (Seite 20). (1) Das erste Diagramm gibt eine Faltanweisung (in diesem Fall soll eine Quetschfaltung entstehen). (2) Dann wendet man das Papier und wiederholt den Faltvorgang an der entgegengesetzten Seite. Das Papier wird wieder umgedreht. Man klappt die obere Klappe nach links, um den Schritt an den beiden verbleibenden Klappen auszuführen. (3) Dann wird die rechte Klappe zusammengedrückt. Wenden und Wiederholung auf der Rückseite. (4) Die fertige Konstruktion.

Röntgenblick

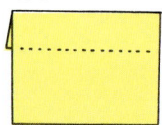

Eine punktierten Linie deutet eine verdeckte Kante an.

Größenverhältnisse

Bei einigen Projekten wird manchmal die Größe des Papiers als Verhältnis von Breite zu Länge ausgedrückt. 1:2 bedeutet beispielsweise, die langen Seiten des Rechtecks sind doppelt so lang wie die kurzen.

Unveränderte Kanten (Ränder)

Die äußeren Ränder des ursprünglichen Blatts heißen im Unterschied zu gefalteten »ungefaltete Kante«.

Hinweise zum Falten

Origami-Lehrer lassen sich in zwei Gruppen einteilen. Die einen geben den Rat, mit dem Papier auf einem flachen Untergrund zu arbeiten, zum Beispiel auf einer Tischplatte. Die anderen empfehlen, das Papier in einer Hand zu halten und in der Luft zu falten. Die erste Methode wird sich wahrscheinlich für die meisten Anfänger besser eignen.

Egal welche Methode man wählt, man sollte immer versuchen, sauber und genau zu falten. Wenn am Anfang zu ungenau gefaltet wird, kann dies später Schwierigkeiten verursachen. Manche Menschen falten von Natur aus ordentlich. Jene, die sich für etwas ungeschickt halten, werden folgende Grundregeln nützlich finden.

Über das Papier streichen

Um sicher zu gehen, daß die erste Falte genau plaziert wird, sollte man mit den Fingern über das Papier streichen, bevor man sie festlegt. Die ersten beiden Illustrationen (1) zeigen die Streichbewegung, die durchgeführt wird, wenn man, auf einem flachen Untergrund arbeitend, zwei Kanten zusammenbringt.

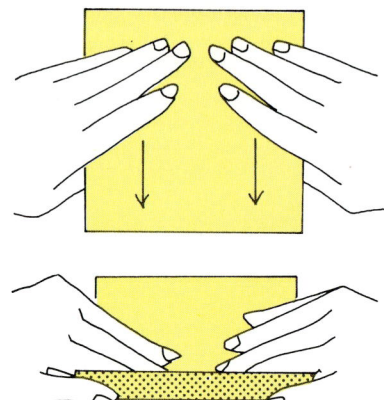

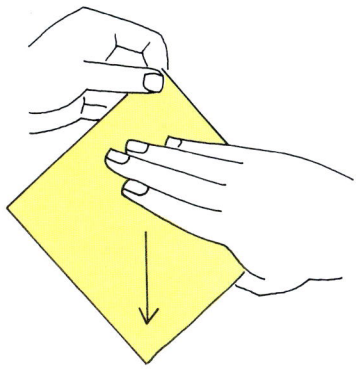

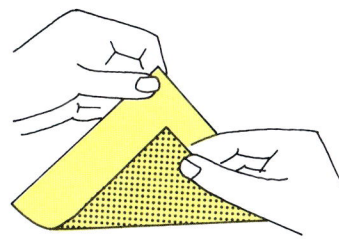

Die nächsten Abbildungen (2) stellen dar, wie man mit einer Hand über das Papier streicht, wenn zwei Ecken eines Papierquadrats, das in der Luft gehalten wird, zusammengefaltet werden sollen. Beide Bewegungen lassen sich entsprechend auf andere erste Faltvorgänge übertragen.

Das Falten auf einem flachen Untergrund

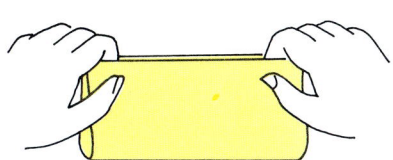

1 Man legt das Papier flach hin und bringt zwei Kanten zusammen.

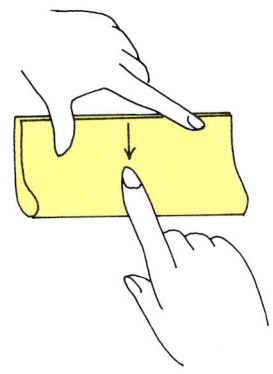

2 Mit einer Hand werden die Kanten zusammengehalten. Mit einem Finger fährt man in der Mitte nach unten, um die Mitte der Falte zu fixieren.

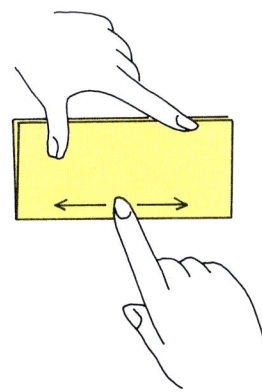

3 Man fährt mit dem Finger erst zur einen Seite, dann zur anderen, um zu falzen.

Das Falten in der Luft

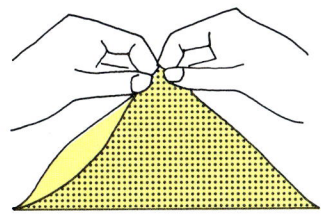

1 Man bringt zwei Ecken zusammen und hält dabei das Papier in der Luft.

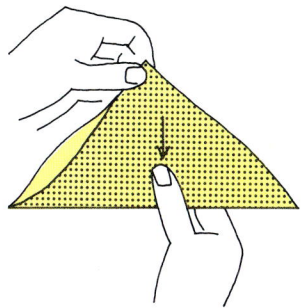

2 Mit einer Hand werden die Ecken festgehalten. Zeigefinger und Daumen der anderen Hand fahren in der Mitte nach unten und fixieren die Mitte der Falte.

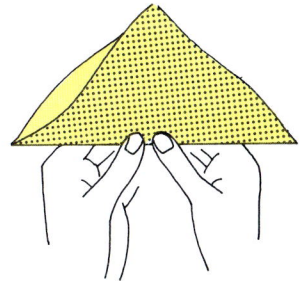

3 Nun wird das Papier mit beiden Händen in der Mitte der Falte gehalten.

4 Der Daumen und der Zeigefinger einer Hand werden zu einer Seite geführt. Die Hand kehrt zur Mitte zurück.

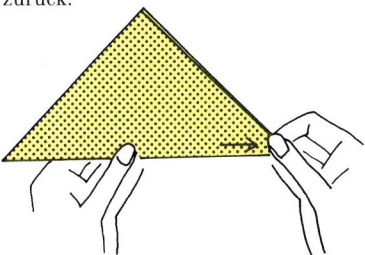

5 Abschließend falzen Daumen und Zeigefinger der anderen Hand die andere Seite.

Bewegliche Modelle

Bestimmte Origami-Modelle sind besonders beliebt. Dies sind die »beweglichen Modelle« – Modelle, die gedrückt, gezogen oder auf eine andere Weise manipuliert werden können, so daß sie oder ihre Teile sich bewegen. Für den unvorbereiteten Beobachter können diese Bewegungen ziemlich überraschend sein. Einige dieser Modelle haben einen zweiten Überraschungseffekt, nämlich die Verursachung eines Geräusches.

Viele Menschen erkennen nicht immer, wie elastisch Papier ist. Diese Elastizität und die dadurch aufgebaute Energie ermöglichen erst die Bewegungen der entsprechenden Modelle. Mit folgendem Experiment kann man sich verdeutlichen, wieviel Energie in einem Stück Papier gespeichert werden kann.

Anfertigung einer Sprungfeder**

Man beschafft sich einen Papierstreifen mit den Maßen von etwa 2 x 25 cm, z. B. indem man den Rand eines Blatts Schreibpapier abschneidet.

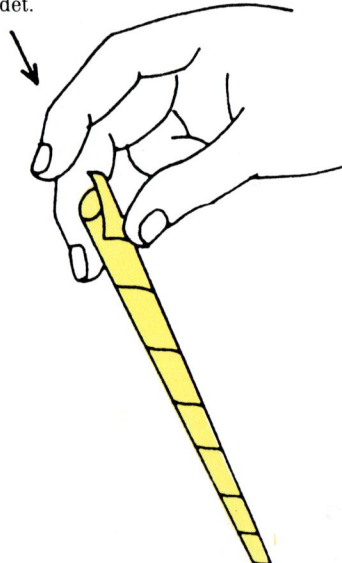

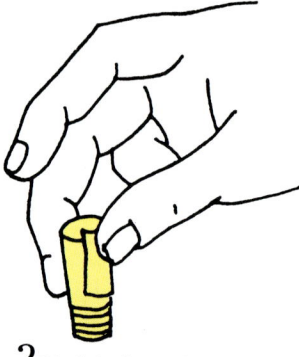

2 Die Spirale wird nach unten gedrückt und erhält die Form einer Rolle. Dabei sollte man spüren, wie sich eine Spannung aufbaut. Die Rolle loslassen.

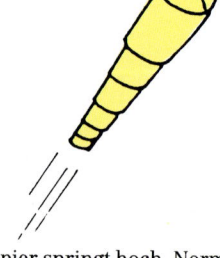

3 Das Papier springt hoch. Normalerweise erreicht es eine Höhe, die zwei- bis dreimal größer ist als seine eigene Länge.
Diese Sprungfeder veranschaulicht den einfachsten Typ von beweglichen Modellen. Er nutzt die natürliche Kraft der Elastizität des Papiers direkt, z. B. durch Quetschen oder Drücken, wobei eine Gegenbewegung entsteht. Modelle wie der Springfrosch (siehe Seite 69) funktionieren nach diesem Prinzip, obwohl sie eine kompliziertere Konstruktion aufweisen.

1 Das Papier soll etwas gebogen werden, indem es zwischen Daumen und Zeigefinger einer Hand hindurchgezogen wird. Dann wird der Streifen eng zu einer Spirale aufgewickelt. Dabei sollen sich die Ränder des Streifens bei allen Windungen in der Länge nur um wenige Millimeter überlappen. Man stellt die fertige Spirale mit dem schmalen Ende auf einen flachen Untergrund. Sie wird zwischen Daumen und Zeigefinger gehalten.

Es gibt einen zweiten Typ beweglicher Modelle, bei dem die Elastizität des Papiers genutzt wird. Hier verursacht eine Bewegung eine andere. Das bekannteste Modell dieser Art ist der traditionelle japanische flatternde Vogel, der seine Flügel nach unten bewegt, wenn an seinem Schwanz gezogen wird. Durch Ziehen und Loslassen des Schwanzes läßt man den Vogel flattern. (auf Seite 186 erfährt man etwas zur Geschichte des Modells.)

Anfertigung eines flatternden Vogels***

Ausgangsmaterial ist ein quadratisches Stück Papier. Wir falten die Ausgangsgrundform (Seite 20).

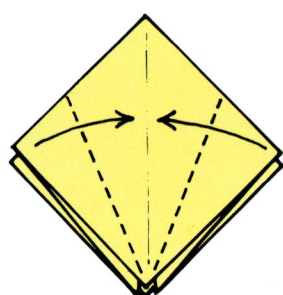

1 Die linke und die rechte ungefaltete Kante werden zum Mittelbruch gefaltet. Der Schritt wird auf der Rückseite wiederholt.

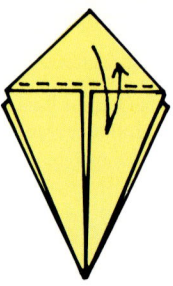

2 Man faltet die obere Spitze an den horizontalen Kanten nach unten. Die Falte wird fest geknickt und zurückgeklappt.

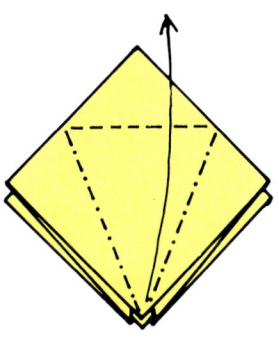

3 Aufschlagen, zurück zu Schritt 1. Dann stellen wir eine Blumenblattfaltung her. Dasselbe machen wir auf der Rückseite.

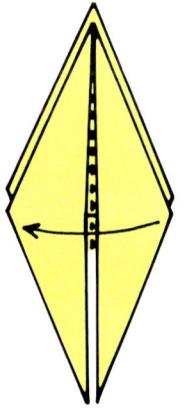

4 Die rechte Klappe wird auf die linke Seite gefaltet. Man wendet das Papier. Die rechte Klappe wird nach links gefaltet.

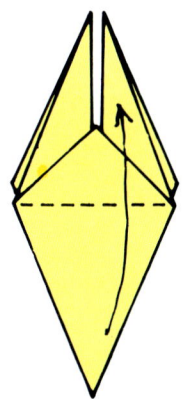

5 Die untere Spitze wird so nach oben gefaltet, daß sie die oberen Spitzen trifft. Der Schritt wird auf der Rückseite wiederholt.

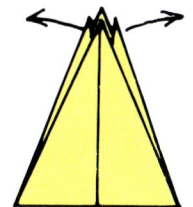

6 Man hält die beiden inneren Klappen fest. Zuerst wird die eine und dann die andere Klappe nach links bzw. rechts unten gezogen.

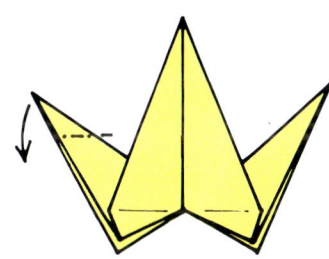

7 Den unteren Teil (wo sich das Papier spreizt) fest falzen. An der linken Spitze eine Gegenbruchfalte nach innen falten. So entsteht der Kopf.

8 Nun ist der Vogel fertig. Die Flügel werden etwas gebogen, indem man sie durch Daumen und Zeigefinger zieht.

9 Der Vogel wird am unteren Ende des Halses festgehalten. Zieht man am Schwanz, bewegen sich die Flügel.

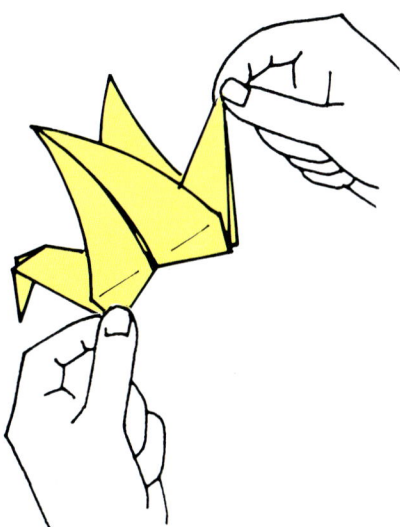

Ein dritter Typ der sich bewegenden Modelle funktioniert dadurch, daß das Gleichgewicht verlagert wird. Das folgende ist ein Beispiel.

Anfertigung einer Zauberwippe**

Es wird ein quadratisches Stück Papier benötigt. Das Modell wird dicker, je mehr Lagen des Papiers bei der Konstruktion übereinander gelegt werden. Es ist zu beachten, daß diese Dicke dazu führen kann, daß das Papier bei Schritt 6 reißt. Zuerst wird ein diagonaler Bruch angelegt.

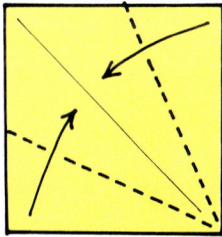

1 Beide Seiten werden so gefaltet, daß zwei benachbarte Kanten jeweils an einer Seite des mittleren Bruchs liegen.

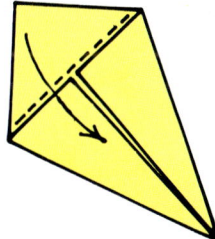

2 Die obere Spitze wird am horizontalen Rand nach unten gefaltet.

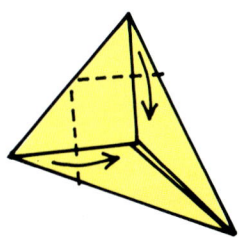

3 Man knickt die beiden oberen Ecken so um, daß sie an jeder Seite der mittleren Linie anliegen.

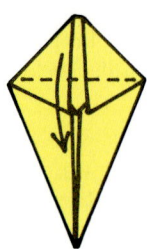

4 Wiederum wird die obere Spitze nach unten gefaltet, um einen horizontalen Rand zu bilden.

5 Erneut knickt man die beiden oberen Ecken so nach innen um, daß sie an jeder Seite des mittleren Bruchs liegen.

6 Das Modell wird in der Mitte gefaltet. Bei diesem Schritt muß man darauf achten, daß das Papier nicht reißt.

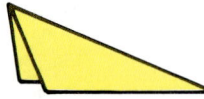

7 Das Modell ist fertig. Man legt es der Abbildung entsprechend auf eine ebene Oberfläche.

8 Es sollte langsam seinen Schwanz heben und dann plötzlich nach vorne kippen. Das Modell erhält seine Spannung durch die beiden dreieckigen Seiten, die innen gegeneinander drücken. Wenn das Modell zu schnell oder überhaupt nicht umkippt, müssen sie diese Teile bearbeitet werden.

Flieger

Es wird behauptet, daß Leonardo da Vinci die erste Person war, die ein Papierflugzeug entworfen hat, obwohl es dafür keinen eindeutigen Beweis gibt. Es scheint jedoch sicher zu sein, daß das Falten von Papierflugzeugen während des Ersten Weltkriegs bei Kindern beliebt wurde.

Beträchtliches Interesse an den Techniken der Herstellung von Papierfliegern wurde durch den Ersten Internationalen Papierflugzeug-Wettbewerb geweckt. Der Wettbewerb wurde 1967 von einer örtlichen Zeitung in San Francisco veranstaltet. Das Interesse der Weltpresse an diesem Vorhaben war ziemlich bemerkenswert.

In verschiedenen Teilen der Welt folgten weitere Papierflugzeug-Wettkämpfe. 1974 wurde in England zum ersten Mal eine Nationale Papiergleitflugzeug- Meisterschaft im Londoner Strand Palace Hotel ausgetragen. Seither gab es ähnliche Veranstaltungen.

Anfertigung eines Fliegers*

Man nimmt ein rechteckiges Stück Papier. Die senkrechte Mittellinie wird geknickt.

1 Die beiden oberen Ecken werden so gefaltet, daß sie auf jeder Seite der Mittellinie liegen.

2 Die obere Spitze wird etwas unterhalb der horizontalen Ränder nach unten gefaltet.

3 Wieder werden die beiden oberen Ecken so nach unten geknickt, daß sie an der Mittellinie liegen.

4 Man faltet die hervorstehende untere Spitze nach oben über die horizontalen Ränder.

5 Eine Bergfalte wird entlang der Mittelachse angelegt.

6 Der linke Flügel wird nach rechts gefaltet. Der verbleibende linke Flügel wird in Form einer Bergfalte nach hinten zur rechten Seite gefaltet.

7 Die Flügelpartien werden so weit nach oben gedrückt, bis sie einen rechten Winkel mit dem Körper des Modells bilden.

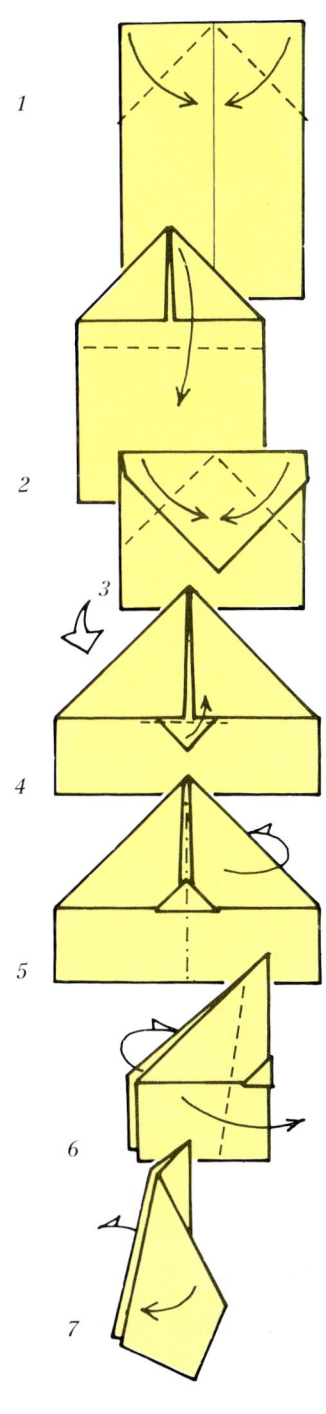

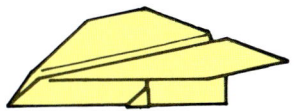

8 Der fertige Flieger. In dem Abschnitt »Kline-Fogleman-Tragflächen« erfahren wir, warum es fliegt.

9 Der Origami-Flugzeugexperte Eiji Nakamura zieht gerne die mittlere Falte hoch, um dem Flugzeug – wie in dieser Abbildung – einen vertikalen Stabilisator zu geben.

Anfertigung eines Wurfpfeils*

Es wird ein Blatt Briefpapier genommen. Die senkrechte Mittellinie wird geknickt.

1 Man faltet die beiden oberen Ecken nach innen, so daß sie an der Mittellinie liegen.

2 Die gefalteten Ecken werden noch einmal so nach unten gefaltet, daß sie an der Mittellinie liegen.

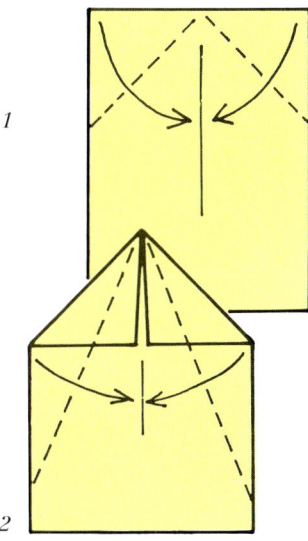

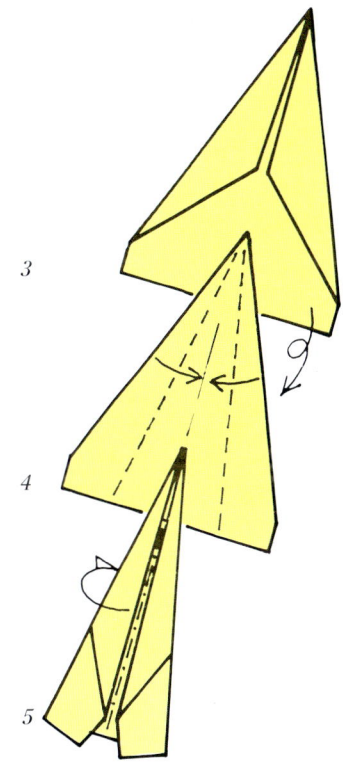

3 Das Papier wird umgedreht.

4 Die gefalteten Ecken werden so umgeknickt, daß sie an der Mittellinie liegen.

5 Entlang der Mittelachse entsteht eine Bergfalte.

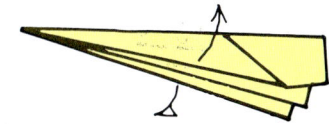

6 Die Flügelteile werden aufgerichtet. Sie bilden rechte Winkel mit dem Rumpf des Wurfpfeils.

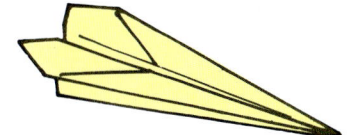

7 Der fertige Wurfpfeil.

Apropos: Ane-Sama Ningyo

Ane-sama ningyo, wörtlich übersetzt »Puppen der älteren Schwester«, sind stilisierte Puppen kleinen Maßstabs, die mit Kimonos der japanischen Edo-Periode (18. und 19. Jahrhundert) bekleidet sind und aus Papier hergestellt werden.

Festes, weißes Washi-Papier wird gerollt und gebunden, um den sorgfältig ausgeführten Haarstil zu erreichen, während traditionell gemustertes Chiyogami-Papier für den Kimono verwendet wird. Das Herstellen der Ane-sama ningyo wurde im frühen 19. Jahrhundert eine Beschäftigung der japanischen Mädchen. Es ist immer noch eine beliebte Tätigkeit. Anleitungen für ihre Anfertigung kann man in einigen der traditionelleren japanischen Origami-Bücher finden.

Eine japanische Puppe, die vollständig aus Washi-Papier hergestellt wurde (siehe Seite 186).

Apropos: Aufgenähtes

Das Herstellen von Modellen aus kleinen, gefalteten Kleiderstoffquadraten und ihre Verwendung für die Dekoration von Kleidern – um sie zum Beispiel mit einem Zierstreifen auf den Saum eines Rockes zu nähen oder entlang der Seitennaht – ist eine Idee, die mancher Leser gerne von den Japanern übernehmen möchte, um einem alten Kleidungsstück ein neues Aussehen zu geben.

Eine Pionierin des Stoffaltens ist die Japanerin Chieko Usuike. Sie ist der Meinung, daß jedes Land seine eigene charakteristische Mode entwickeln sollte, zumal Frankreich nicht mehr führend in der Modeindustrie ist. Einige der Modelle, die sie auf ihren Kleidern verwendet, sind traditionelle Glücksmotive, wie zum Beispiel die Kraniche, die die Röcke ihrer Hochzeitskleider schmücken. Andere Motive sind modern, wie die Pandabären oder die Segelboote, die der Kinderkleidung ein heiteres und sommerliches Aussehen geben.

Apropos: Architektur

An die Möglichkeit, Papier für die Herstellung von billigen, leicht zu transportierenden Häusern zu verwenden, wurde erstmals ernsthaft während des Zweiten Weltkriegs gedacht. Man glaubte, daß sie schnell Obdach für eine größere Zahl von Menschen bieten könnten, die durch feindliche Angriffe plötzlich obdachlos werden. Papierhäuser wurden später während der 60er Jahre durch Vertreter des Survival-Trends entwickelt, bei dem es um Selbstgenügsamkeit und Naturnähe ging.

Origami hatte keinen direkten Einfluß auf diese Entwicklungen, aber es ist interessant, daß einer der Architekturentwürfe, die für die erfolgreichsten gehalten werden, im wesentlichen auf Origami beruht. Es handelt sich um das sogenannte Plydom, das 1966 vom kanadischen Architekten Herbert Yates entworfen wurde, um landwirtschaftlichen Wanderarbeitern in Kalifornien eine Unterkunft zu geben. Seine Erscheinung erinnert an eine riesige Ziehharmonika.

Das Baumaterial dieser Häuser besteht tatsächlich aus Papierschichten mit einer eingefügten Lage Polyurethanschaum. Die Außenwand wurde mit Polyethylen beschichtet. Diese Kombination gilt als wärmedämmend und wasserdicht.

Apropos: Kunst

Im Sinne einer Geschicklichkeit erfordernden Tätigkeit ist Origami ohne Frage eine Kunst, aber es stellt sich die Frage, ob es zu den großen Künsten zu zählen ist. Von Zeit zu Zeit wird an diese Möglichkeit gedacht, in der Regel von jenen Papierkünstlern, die hoffen, ihre Modelle für viel Geld verkaufen zu können.

Man kann auf folgende Weise an die Problemstellung herangehen. Alle Künstler stellen Werke her, die aus zwei Elementen bestehen: Material und Form. In der Musik werden Noten (Material) zusammengefügt und in eine Folge gebracht (gegebene Form), um ein Kunstwerk zu kreieren. In der Malerei werden Farben (Material) gemischt und angeordnet (gegebene Form), damit ein Kunstwerk entsteht. In diesen und anderen Beispielen macht der Zuhörer oder Betrachter aufgrund der Wahrnehmung des formalen Arrangements des Materials seine ästhetische Erfahrung.

Aber besitzt ein Origami-Modell diese beiden entscheidenden Elemente? Ja. Es gibt ein Material (ein Quadrat aus Papier) und auch eine Form (das Gefaltete). Aber kann das formale Arrangement des Materials bei einem Origami-Modell wahrgenommen werden? Menschen, die ein Modell sehen, das ihr Interesse weckt, werden wahrscheinlich fragen: »Wurde es aus einem Quadrat gefaltet? ... Wurde es aus einem Stück hergestellt?« Sie fragen, was das Material des Werks ausmacht, obwohl sie dabei nicht an diese Begriffe denken. Dann könnten sie fragen: »Wurde es geschnitten?« Sie stellen nun Fragen zur Eigenschaft der Form. Konsequenterweise werden sie nicht zufrieden sein, bis sie die richtigen Antworten kennen. Sie könnten meinen, nicht in der Lage zu sein, das Werk ohne diese angemessen zu beurteilen. Die bloße Tatsache, daß sich die Fragen aufdrängen, zeigt, daß das formale Arrangement des Werks nicht wahrgenommen wird. Ich meine, daß ein Objekt, bei dem weder das Material noch die Form erkannt werden können, nicht als ein Kunstwerk zu beschreiben ist.

Natürlich kann ein Modell reizend aussehen, so wie viele Gegenstände, die keine Kunstwerke darstellen, aber es ist der Rhythmus der Falten und die Ausgewogenheit der Formen, die *auf der Oberfläche erscheinen* und welche in solchen Fällen bewundert werden.

Wenn es im Origami eine künstlerische Qualität gibt, dann besteht sie in der Abfolge der Falten, die ein Blatt Papier in ein Modell verwandelt. Auf diesen Punkt sollte hingewiesen werden, weil manche Menschen dazu neigen, Origami-Modelle auf unvorteilhafte Weise mit anscheinend ähnlichen Dekorationskünsten zu vergleichen. Tatsächlich wird dabei nicht Gleiches mit Gleichem verglichen. Eine zutreffende Betrachtung von Origami kann nur erreicht werden, wenn man es selbst betreibt.

Knaller

Hier werden zwei bewegliche Modelle vorgestellt, die laut knallen sollten, wenn sie durch die Luft bewegt werden. Der erste, einfache Knaller hat eine Tasche, die herausspringt und dabei ein Geräusch erzeugt. Das zweite Modell besitzt zwei Taschen. Versuchen Sie, beide Typen herzustellen und festzustellen, ob sie sich bei den Geräuschen unterscheiden. Es könnte sein, daß der doppelte Knaller eine größere Resonanz erzeugt.

Die Wahl des Papiers ist ziemlich wichtig. In der Regel bringt ein Blatt Zeitungs- oder Packpapier ein gutes Ergebnis. Der Künstler Paul Jackson stellte 1980 am University College in London »den größten Origami-Knaller, der jemals hergestellt wurde«, im Rahmen einer Vorführung vor. Der betreffende Knaller war 165 x 270 cm groß, und das verwendete Material war Fotopapier – dies ist das Material, das Jackson empfiehlt, um den lautesten Knall zu erzielen.

Anfertigung eines einfachen Knallers*

Man nimmt ein großes rechteckiges Stück Papier. Die horizontale und vertikale Mittellinie werden durch Knicken hergestellt.

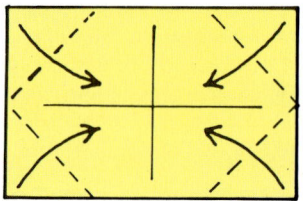

1 Die vier Ecken werden so gefaltet, daß Außenseiten an der horizontalen Mittellinie liegen.

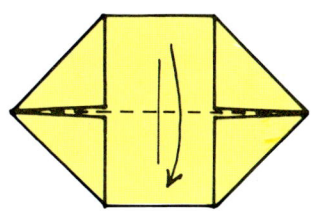

2 Das Papier wird in der Mitte in Form einer Talfalte gefaltet.

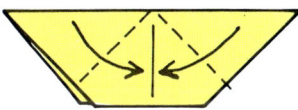

3 Die oberen Ecken werden nach unten gebracht, so daß die beiden gefalteten Kanten an der Mittellinie liegen.

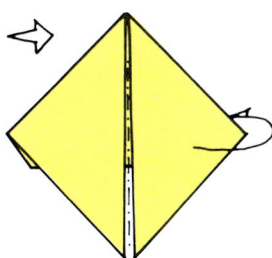

4 Bergfalte entlang der Mittellinie.

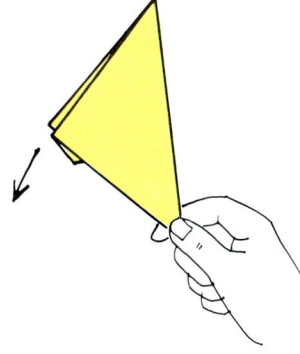

5 Der Knaller ist fertig. Er wird am unteren Ende zwischen Daumen und Zeigefinger festgehalten. Der Arm wird gehoben und schnell nach unten bewegt.

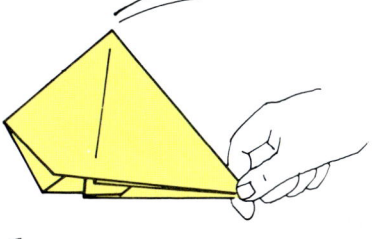

6 Die Tasche im Innern sollte mit einem lauten Knall herausspringen.

Anfertigung eines doppelten Knallers**

Man nimmt ein großes rechteckiges Stück Papier, das senkrecht in der Mitte gefaltet wird.

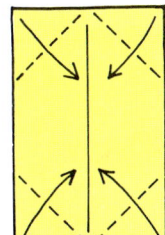

1 Die vier Ecken werden nach innen gefaltet, so daß die oberen und unteren Kanten an der Mittellinie liegen.

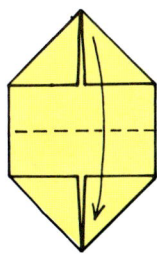

2 Das Papier wird in der Mitte so von oben nach unten gefaltet, daß sich die obere und untere Spitze berühren.

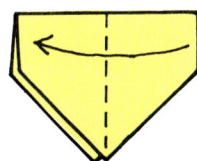

3 Das Papier wird in der Mitte von rechts nach links gefaltet. Es entsteht eine Talfalte.

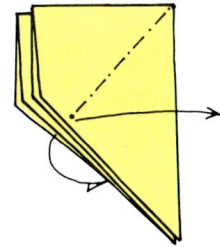

4 Der Abbildung entsprechend wird eine Quetschfaltung angefertigt und ganz geöffnet. Das Papier wird umgedreht und die Faltung wiederholt.

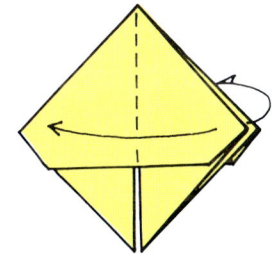

5 Die rechte Klappe wird zur linken Seite gebracht. Die verbleibende rechte Klappe wird mit Bergfalte nach hinten geknickt.

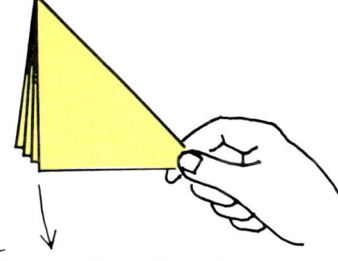

6 Der Knaller ist fertig. Die untere Ecke wird zwischen Daumen und Zeigefinger gehalten. Man sollte dabei darauf achten, daß die Innentaschen nicht festgehalten werden. Der Knaller wird schnell von oben nach unten durch die Luft bewegt.

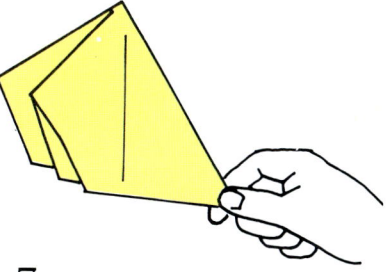

7 Es sollte einen scharfen Knall geben.

Grundformen

Mit Grundformen werden alle gefalteten Konstruktionen bezeichnet, die als Ausgangspunkt für mehrere Modelle dienen. Damit sind auch jene Basisfiguren gemeint, die im allgemeinen als potentiell fruchtbare Ausgangspunkte für kreatives Falten betrachtet werden.

Eine der einfachsten Grundformen mit vielen Möglichkeiten ist die »Ausgangsgrundform«, die aus vier rechtwinkligen Dreieckklappen besteht, die an einer Mittelachse angeordnet sind. Indem man diese Klappen auf unterschiedliche Weise verändert, ist es möglich, andere Grundformen und unzählige Modelle herzustellen.

Anfertigung der Ausgangsgrundform

Methode 1*

Verwendet wird ein quadratisches Stück Papier. Es wird ein Mittelbruch hergestellt.

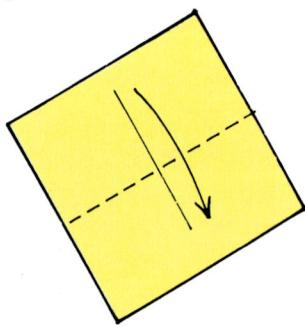

1 Mit einer Talfalte wird der obere Rand nach unten zum unteren Rand gebracht.

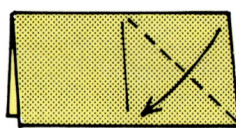

2 Man faltet die obere rechte Ecke nach unten, so daß der gefaltete Rand am Mittelbruch liegt.

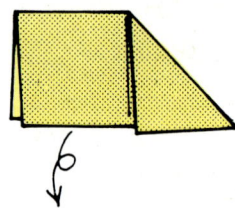

3 Umdrehen.

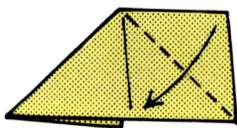

4 Man faltet die obere rechte Ecke so wie im zweiten Schritt nach unten.

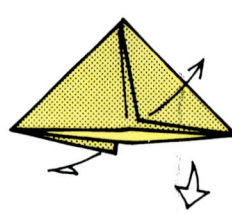

5 Man steckt den Daumen in das Modell und drückt die Hinterseite und Vorderseite so weit auseinander, bis sich die seitlichen Ecken berühren und ein Quadrat entsteht.

6 Die Grundform ist fertig.

Methode 2**

Verwendet wird ein quadratisches Papier. Zuerst diagonal falten.

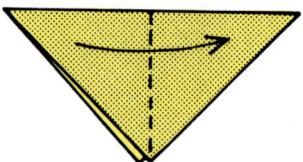

1 Talfalten in der Mitte von links nach rechts.

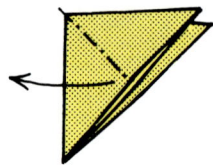

2 Quetschfaltung der oberen Klappe. Sie wird ganz geöffnet.

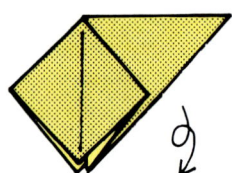

3 Das Papier wird umgedreht.

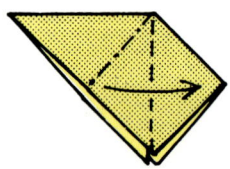

4 Die andere Klappe bekommt eine Quetschfaltung. Sie wird ganz geöffnet.

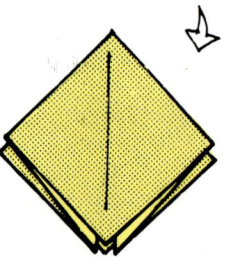

5 Die Grundform ist fertig.

Im Uhrzeigersinn von oben: Karpfen (Seite 94); Kranich (Seite 156); japanischer Springfrosch (Seite 69); Frosch-Grundform (Seite 25); Vogel-Grundform (Seite 25); Fisch-Grundform (Seite 24).

Anfertigung einer Wasserbomben-Grundform

Eine Wasserbomben-Grundform kann auf drei verschiedene Arten hergestellt werden. Bei der zweiten und dritten Methode muß die Ausgangsgrundform nicht vorher gefaltet werden – die Wasserbomben-Grundform kann direkt gefaltet werden.

Methode 1*

Eine Ausgangsgrundform wird angefertigt und umgedreht. Man hält zwei gegenüberliegende Ecken fest und zieht sie auseinander. Auf den mittleren Punkt wird Druck ausgeübt (zum Beispiel mit dem Daumen); die Figur wird sofort umgestülpt, und es entsteht eine neue Form. Die Form wird oft als »Wasserbomben-Grundform« bezeichnet, weil sie der Ausgangspunkt der traditionellen Wasserbombe (siehe Seite 184) ist, die seit vielen Generationen bei Schülern beliebt ist.

Methode 2*

Man nimmt ein quadratisches Stück Papier. Es wird diagonal gefaltet.

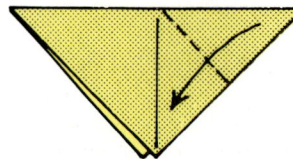

1 Man faltet die obere rechte Ecke so zur unteren Spitze, daß die gefaltete Kante auf der Mittelachse liegt.

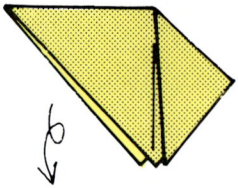

2 Das Papier wird umgedreht.

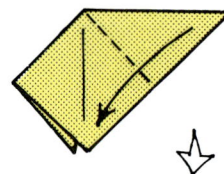

3 Die obere rechte Ecke wird mit einer Talfalte zur unteren Spitze gebracht.

4 Der Daumen wird in die Figur gesteckt. Die Vorderseite und Hinterseite werden so weit auseinandergedrückt, bis sich die beiden seitlichen Ecken berühren.

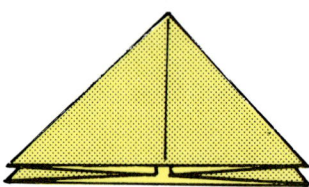

5 Die fertige Wasserbomben-Grundform.

Methode 3**

Verwendet wird wieder ein Papierquadrat.

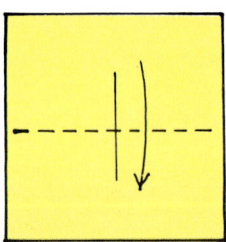

1 Talfalten des oberen Rands zum unteren Rand.

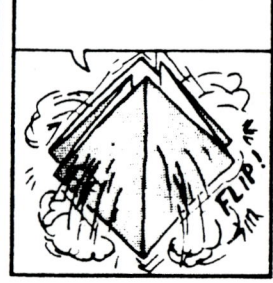

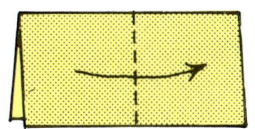

2 Das Papier wird in der Mitte von links nach rechts gefaltet.

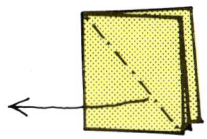

3 Quetschfaltung der oberen Klappe. Sie wird ganz aufgeschlagen.

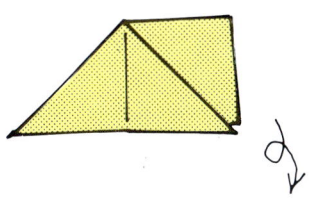

4 Das Papier wird umgedreht.

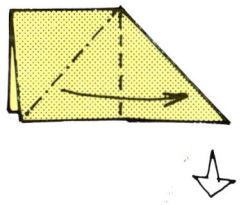

5 Quetschfaltung der linken Klappe. Sie wird ganz geöffnet.

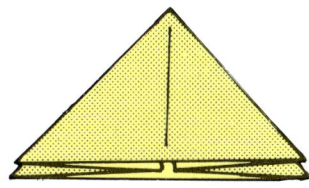

6 Die fertige Wasserbomben-Grundform.

Die klassischen Grundformen

Origami-Lehrer und Autoren von Origami-Büchern haben die Grundformen in Gruppen eingeteilt, so daß man die Beziehungen zwischen ihnen erkennen und sie besser behalten kann.

Die klassischen Grundformen sind die Fisch-, die Vogel- und die Frosch-Grundform. Ihre Namen leiten sich jeweils aus dem beliebtesten Modell, das sich aus ihnen entwickeln läßt, ab. Sie bleiben aber nicht auf diese Modelle beschränkt – ganz im Gegenteil. Diese drei Grundformen bilden ein wertvolles Instrumentarium für den kreativen Menschen, der Papier faltet.

Die Beziehung zwischen den klassischen Grundformen kann am besten verstanden werden, wenn man sich zuerst eine einfache Konstruktion anschaut: ein quadratisches Stück Papier, bei dem zwei benachbarte Kanten zu einem diagonalen Bruch gefaltet wurden. Diese Form ist auch bekannt als »Eiswaffeltüten-Faltung« oder, wenn sie umgedreht wurde, als Drachen-Grundform.

Wenn man das Muster der Brüche, die sich beim Öffnen einer Drachen-Grundform zeigen, mit jenem einer geöffneten Fisch-Grundform vergleicht, sieht man, daß letztere als eine doppelte Drachen-Grundform betrachtet werden kann. Das Bruchmuster einer Vogel-Basisfigur zeigt, daß es eine vierfache Drachen-Grundform darstellt. Auf ähnliche Weise besteht die Frosch-Grundform aus acht Drachen-Basisfiguren.

Bei dieser Beziehung gibt es nichts Mysteriöses. Es zeigt sich nur, daß die klassischen Grundformen ähnlich geformt werden, indem Ränder zu diagonalen Brüchen gefaltet werden, um schmale Spitzen aus rechtwinkligen Ecken zu bilden. Diese schmalen Spitzen können leichter verändert werden, wenn man Tierbeine, Blütenblätter, Flügel usw. anfertigen möchte.

Kreative Papierkünstler werden oft die Zahl der Spitzen der verschiedenen Grundformen in ihre Überlegungen einbeziehen und jene Basisfigur wählen, die die passende Anzahl für ihr Projekt besitzt. Sie werden feststellen, daß die Fisch-Grundform zwei lange und zwei kurze Spitzen aufweist; daß die Vogel-Grundform vier lange Spitzen zusätzlich zur Spitze hat, die von der Mitte des Papiers gebildet wird; und daß die Frosch-Grundform vier lange Spitzen und vier kurze neben der mittleren Spitze hat.

Es ist möglich, diese Grundformen zu kombinieren. Man kann zum Beispiel eine vierfache Vogel-Grundform und eine vierfache Frosch-Grundform falten. Beide haben sehr viele Spitzen und haben sich als nützlich erwiesen beim Falten von Gegenständen wie Blumen und Insekten. Der japanische Lehrer Kosho Uchiyama hat eine Grundform benutzt, die eine Kombination aus 16 Frosch-Grundformen ist. Daraus bildet er eine Chrysantheme mit 32 Blütenblättern, das Emblem des japanischen Kaiserhauses.

Bruchmuster

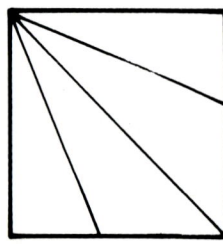

Drachen-Grundform

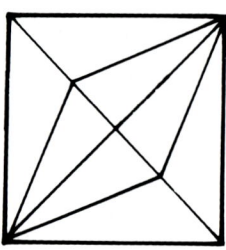

Fisch-Grundform

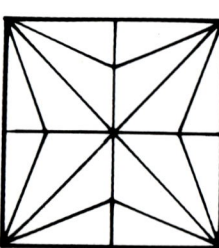

Vogel-Grundform

Frosch-Grundform

Anfertigung einer Drachen-Grundform*

Man nimmt ein Papierquadrat. Zuerst wird ein diagonaler Bruch hergestellt.

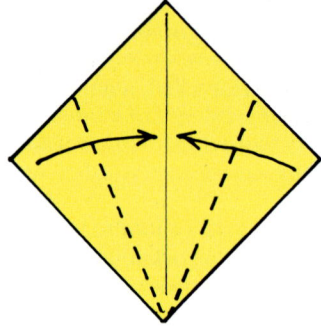

1 Zwei aneinanderstoßende Ränder werden nach innen gefaltet, so daß sie am Mittelbruch liegen.

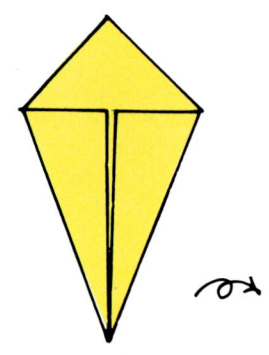

2 Das Papier wird umgedreht.

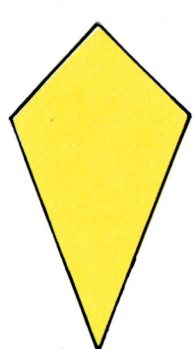

3 Die fertige Drachen-Grundform.

Anfertigung einer Fisch-Grundform*

Man nimmt ein Papierquadrat. Zuerst wird ein diagonaler Bruch hergestellt.

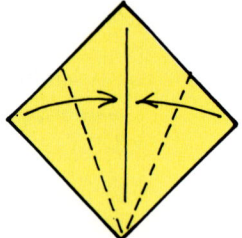

1 Zwei benachbarte Kanten werden nach innen gefaltet, so daß sie am Mittelbruch liegen.

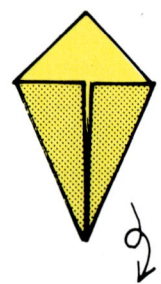

2 Das Papier wird umgedreht.

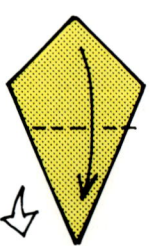

3 Mit einer Talfalte wird die obere Spitze zur unteren Spitze gebracht.

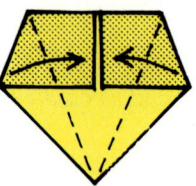

4 Die unveränderten Ränder liegen nach dem Falten am Mittelbruch.

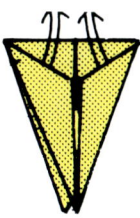

5 Die verdeckten Spitzen werden herausgezogen und flachgedrückt.

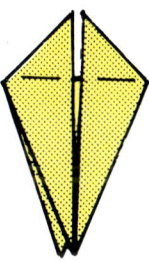

6 Die fertige Fisch-Grundform.

Anfertigung einer Vogel-Grundform**

Ausgangspunkt ist die Ausgangsgrundform (siehe Seite 20).

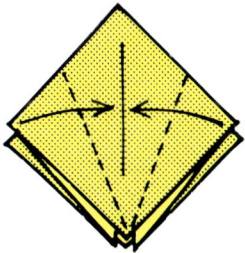

1 Die unveränderten Ränder werden so nach innen gefaltet, daß sie am mittleren Bruch liegen. Das Papier wird umgedreht und der Vorgang wiederholt.

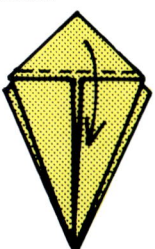

2 Die obere Spitze wird über die horizontalen Ränder hinweg nach unten gefaltet.

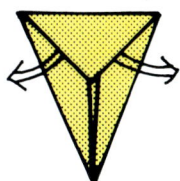

3 Die linke und rechte Klappe werden unter der oberen Klappe herausgezogen und dann wieder in ihre vorherige Position gebracht. Der Vorgang wird auf der Rückseite wiederholt.

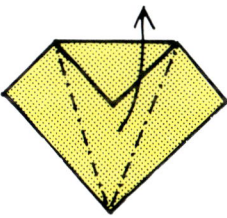

4 Blumenblattfaltung der unteren Spitze nach oben. Das Papier wird umgedreht und der Vorgang wiederholt.

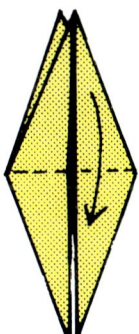

5 Die obere Klappe wird nach unten gebracht. Das Papier wird umgedreht und der Vorgang wiederholt.

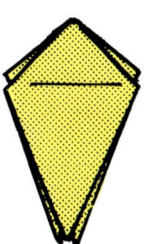

6 Die Vogel-Grundform ist fertig.

Anfertigung einer Frosch-Grundform***

Man fängt mit der Ausgangsgrundform an (siehe Seite 20).

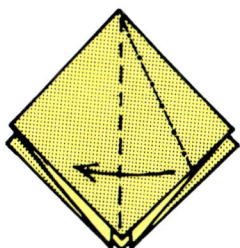

1 Die rechte Klappe erhält eine Quetschfaltung und wird ganz geöffnet.

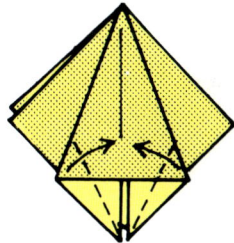

2 Die unveränderten Kanten der vorderen Klappen werden so nach innen gefaltet, daß sie am Mittelbruch liegen.

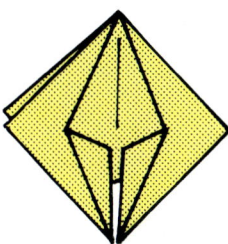

3 Die ersten beiden Schritte werden an den anderen drei Klappen wiederholt.

Fortsetzung Frosch-Grundform

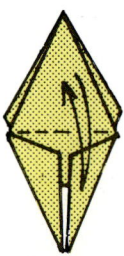

4 Die obere Spitze wird auf die untere Spitze gelegt. Man faltet und öffnet wieder.

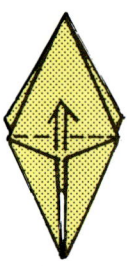

5 Der verdeckte Rand wird herausgezogen und zu einer Spitze geformt. Die Schritte 4 und 5 werden an den drei anderen Seiten wiederholt.

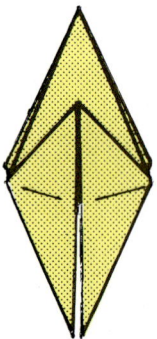

6 Die Frosch-Grundform ist fertig.

Die Uchiyama-Grundformen

Kosho Uchiyama entstammt einer Familie von Papierkünstlern. Er verwendet Grundformen, die von seinem Vater entwickelt wurden.

In dem Uchiyama-System werden Grundformen, die Bruchmuster haben, in denen eine strahlenförmige Anordnung der Linien vorherrscht, »A«-Grundformen genannt. Jene Grundformen, in denen parallel zu den Kanten des Blatts verlaufende Linien vorherrschen, werden »B«-Grundformen genannt. Somit ist ein diagonal gefaltetes Quadrat Grundform A1. Ein Papierquadrat, das in der Mitte horizontal gefaltet wurde, bildet die Grundform B1. Die Komplexität der Grundformen steigt mit den Nummern.

Studieren Sie die nebenstehenden Spalten, die die Bruchmuster der Uchiyama-Grundformen zeigen. Versuchen Sie jene Grundformen wiederzuerkennen, die bereits unter anderer Bezeichnung vorgestellt wurden. Die Grundform A2 im Uchiyama-System entspricht der Figur, die als Drachen-Grundform beschrieben wurde. A8 ist die Fisch-Grundform, A9 stellt die Ausgangsgrundform dar oder ihre umgekehrte Form, die Wasserbomben-Grundform. A10 ist die Vogel- und A13 die Frosch-Grundform.

Man sollte einmal versuchen, die anderen Grundformen zu falten, nachdem man sich mit den Bruchmustern befaßt hat. (Denken Sie daran, daß die Bruchlinien dieser Spalten sowohl Tal- als auch Bergfalten darstellen können.) Wenn es Ihnen gelungen ist, die Grundformen zu falten, sollten Sie sich überlegen, wie sie für eigene Modelle weiterentwickelt werden könnten.

A-Grundformen

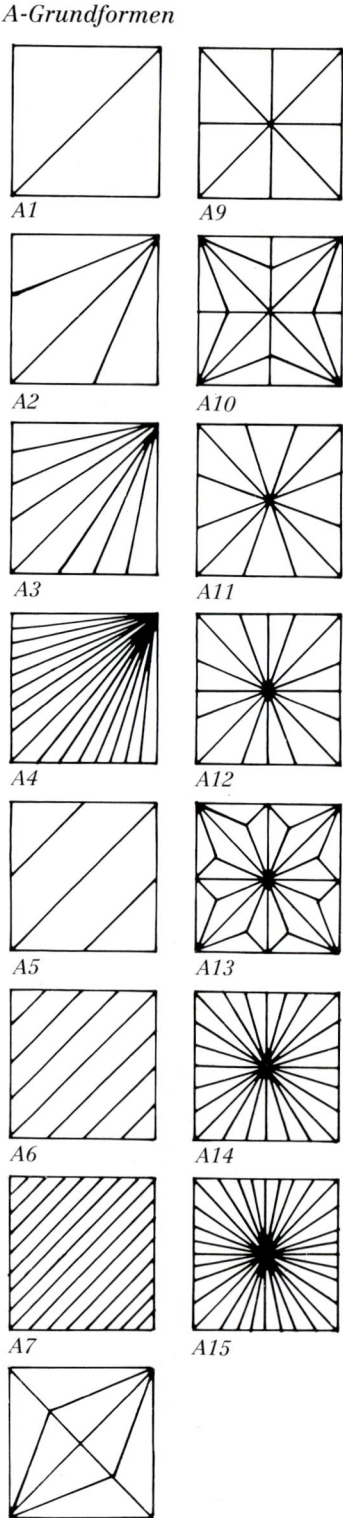

B-Grundformen

B1

B2

B3

B4

B5

B6

B7

B8

B9

B10

B11

B12

B13

B14

B15

Blintz

Es ist schon merkwürdig, das ein jiddisches Wort, das aus der Ukraine stammt, so weit im Vokabular des Origami Eingang finden konnte, daß sogar Spanier, die Papier falten, heutzutage von »el plegado blintz« sprechen, der Blintz-Grundform.

Ein Blintz ist im wörtlichen Sinn ein dünner Pfannkuchen, der gefaltet wird, um mit Käse oder anderen Füllungen gefüllt zu werden. Wegen der Art des Faltens wurde der Name von Gershon Legman und anderen Origami-Künstlern in New York in den 50er Jahren gewählt. Er beschreibt ein quadratisches Blatt Papier, dessen vier Ecken zur Mitte gefaltet wurden. Es kann als eine Grundform betrachtet werden – in diesem Buch findet man mehrere Modelle, die von der Blintz-Figur ausgehen –, aber normalerweise handelt es sich hier um eine Methode, mit der ein gewöhnliches Papierquadrat in ein Quadrat mit einer weiteren Lage verwandelt wird. Wenn man eine Grundform oder eine andere Konstruktion mit einem Quadrat faltet, das »geblintzt« wurde, wird das Ergebnis normal aussehen, aber es hat im Inneren zusätzliche Papierlagen, die herausgeholt und für Erweiterungen genutzt werden können. Mehrfache Grundformen werden im allgemeinen angefertigt, indem man die eine oder andere Grundform mit einer Blintz-Form faltet. Das zusätzliche Papier wird dann herausgeholt und gefaltet.

Anfertigung einer Blintz-Grundform*

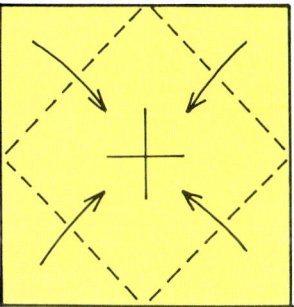

1 Man faltet das Quadrat so, daß sich die vier Eckpunkte in der Mitte befinden.

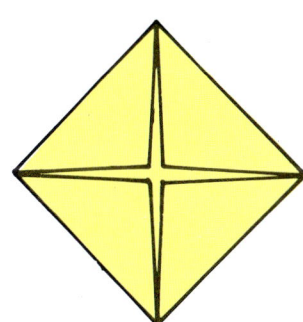

2 Die fertige Blintz-Grundform.

Boote

Die beiden Boote, die unten dargestellt werden, können in der Badewanne oder in einem Gewässer schwimmen. Die Konstruktionsmetho-
den sind ähnlich: der entscheidende Unterschied besteht darin, daß
das zweite Boot aus einem Quadrat gefaltet wird, das zuerst in die
Blintz-Grundform gebracht wurde (siehe Seite 27). Dieses Beispiel wird
hier vorgeführt, um eine Möglichkeit zu zeigen, mit der das durch die
Blintz-Form zur Verfügung gestellte zusätzliche Papier genutzt werden
kann, um die Form eines Modells zu entwickeln.

9 Das Boot ist fertig.

Anfertigung eines Boots

Methode 1**

Man nimmt ein ziemlich dünnes,
aber festes Papierquadrat. Zuerst
wird der Mittelbruch angelegt.

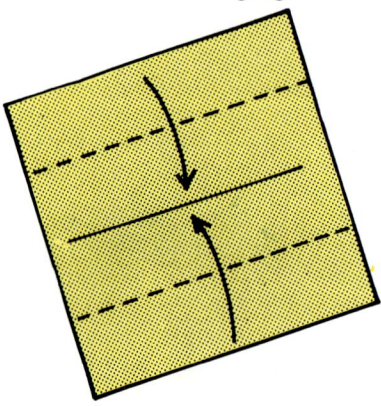

1 Der obere und untere Rand wird
zur Mitte gefaltet.

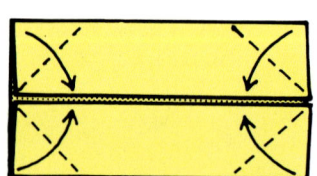

2 Die seitlichen Ränder werden diagonal zur horizontalen Mittellinie
gefaltet.

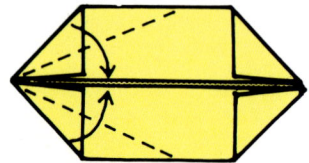

3 Man faltet noch einmal auf der linken Seite. Dabei werden die diagonal
gefalteten Ränder an die Mittellinie
gebracht.

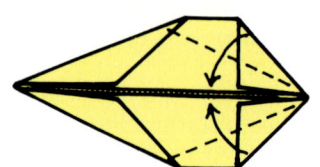

4 Nun wird das gleiche auf der rechten Seite gemacht.

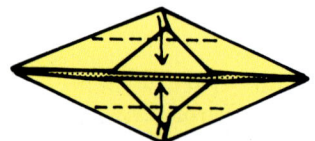

5 Die obere und die untere Ecke
werden zur Mitte gefaltet.

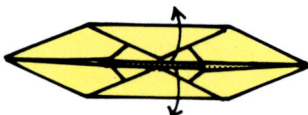

6 Man steckt die Finger in die mittlere Tasche und trennt die ungefalteten Kanten, wobei die Bootsform
hochgezogen wird.

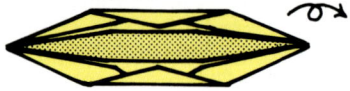

7 Das Papiermodell wird umgedreht.

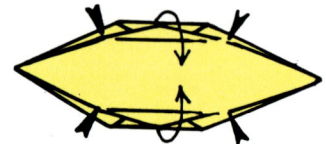

8 Vorsichtig die Kanten nach vorne
bringen und an den angegebenen
Punkten Druck ausüben, so daß das
Modell umgestülpt wird.

Methode 2**

Zuerst wird die Blintz-Grundform
angelegt (siehe Seite 27).

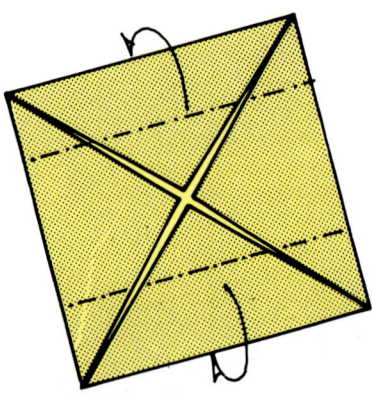

1 Der obere und der untere Rand
werden mit Bergfalten nach hinten
zur Mitte des Papiers geknickt.

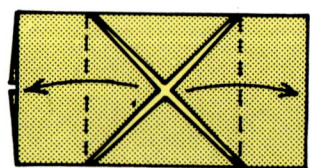

2 Man faltet die linke dreieckige
Klappe nach links, die rechte nach
rechts.

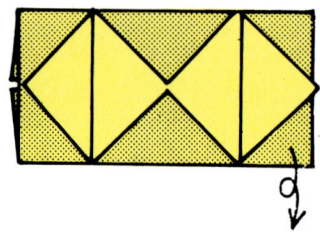

3 Das Papier wird umgedreht.

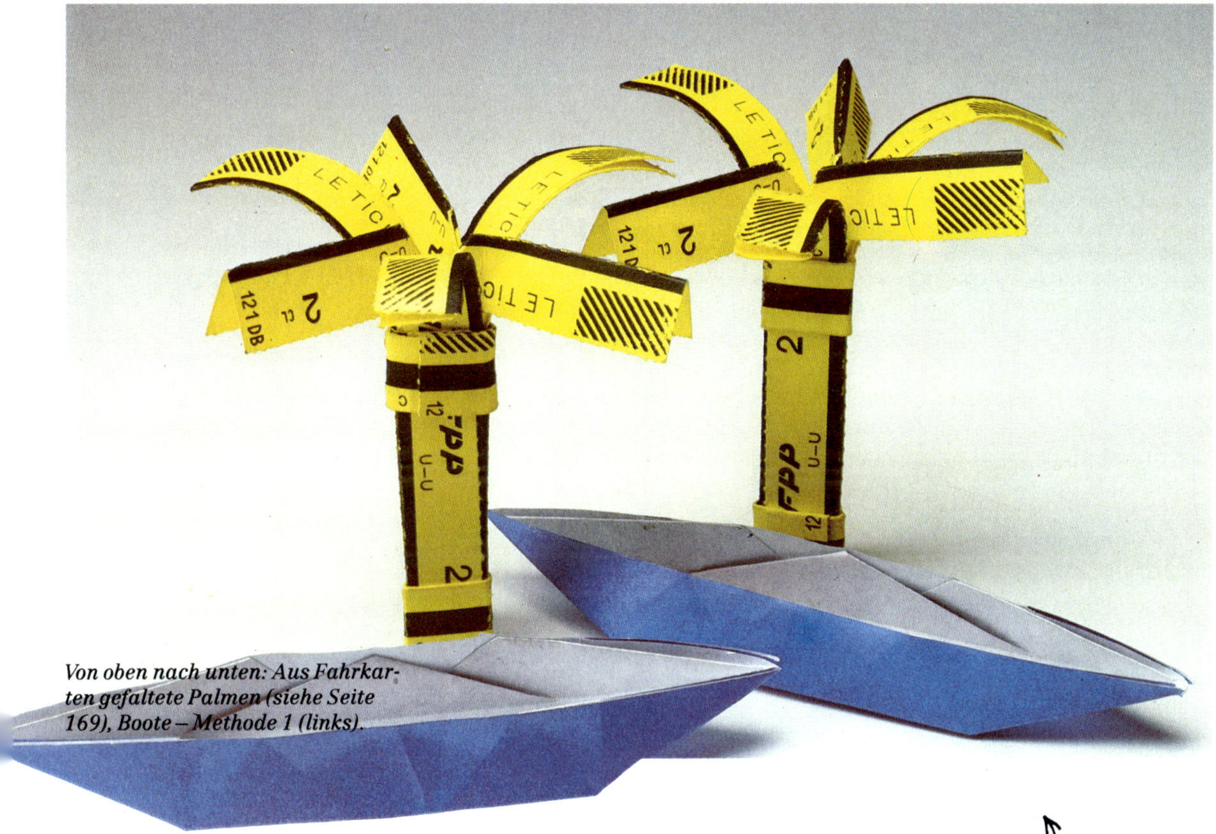

Von oben nach unten: Aus Fahrkarten gefaltete Palmen (siehe Seite 169), Boote – Methode 1 (links).

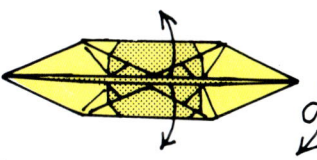

8 Die Finger werden in die mittlere Tasche gesteckt. Die Form des Bootes wird aufgerichtet. Umdrehen.

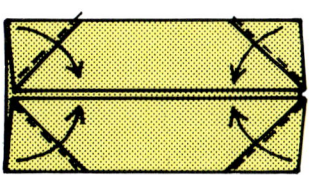

4 Die vier Ecken des Rechtecks werden über die diagonalen Kanten hinweg gefaltet.

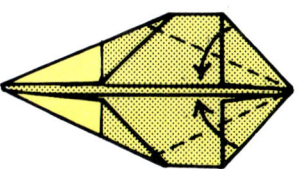

6 Schritt 5 wird auf der rechten Seite wiederholt.

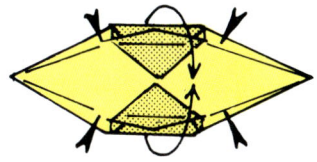

9 Die horizontalen Ränder werden nach vorne gebracht. Druck wird auf die angegebenen Stellen ausgeübt.

5 Man faltet die diagonalen Ränder auf der linken Seite, so daß sie an der Mittellinie liegen.

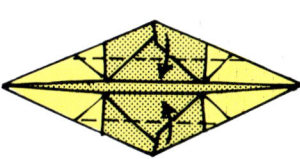

7 Die obere und die untere Ecke werden zur Mitte gefaltet.

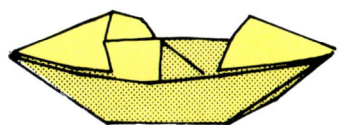

10 Das Boot ist fertig.

Büchlein

Das vierseitige Büchlein (unten) mit vorderem und hinterem Deckel kann aus einem einzigen Blatt Papier, in das nur ein Schnitt gemacht wurde, konstruiert werden.

Es gibt ein Museum in Tokio, das diese Methode verwendet, um Exemplare seiner monatlichen Informationsschrift, in der bevorstehende Ausstellungen und Informationsveranstaltungen angekündigt werden, herzustellen – je eine Seite für die Ereignisse einer Woche. Jedes Buch kann, wenn es auseinandergefaltet wurde, dadurch reproduziert werden, daß man eine einzige Fotokopie macht. Somit ist dies eine Methode, die alle jene ansprechen könnte, die ein einfaches, attraktives Programmheft für Sportveranstaltungen, Schulkonzerte oder dergleichen herstellen möchten. Wenn es aus einem kleineren Blatt Papier konstruiert wurde, kann es ein Notizbüchlein für Kinder oder eine Miniaturgrußkarte abgeben, die man an einem Geschenk befestigt.

Peter McHugh, der in Rom wohnt, hat entdeckt, daß man diese Methode anwenden kann, um Bücher mit einer noch größeren Seitenzahl anzufertigen. Wenn die Länge des Papiers in sechs statt in vier Felder eingeteilt wird (und der Schnitt in der Mitte zu den äußeren senkrechten Brüchen verlängert wird), wird das Ergebnis ein Büchlein mit acht Seiten plus Deckel sein. Wenn das Papier in acht Felder eingeteilt wird, entsteht ein zwöfseitiges Buch und so weiter. Er erzählt, daß er diese Methode anwendet, um mehrseitige Briefe an Freunde zu schreiben, die sich darüber beklagen, daß seine Briefe zu kurz sind.

Anfertigung eines Büchleins*

Gebraucht wird ein rechteckiges Blatt Papier. Zuerst wird es in der Länge in

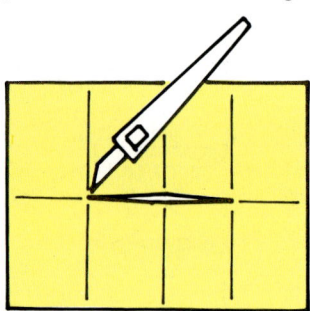

vier gleiche Felder eingeteilt. Dann werden die längeren Ränder zusammengefaltet und wieder geöffnet.

1 Zwischen den äußeren senkrechten Brüchen wird auf der Mittellinie ein Schnitt gemacht.

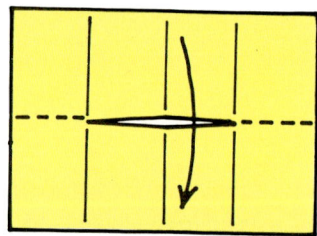

2 Das Blatt wird in der Mitte so gefaltet, daß der obere und untere Rand zusammenkommen.

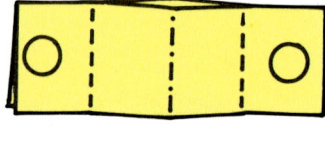

3 Man hält das Papier am linken und rechten Rand fest. Die beiden Papierlagen in der Mitte werden auseinandergedrückt.

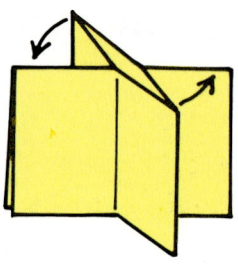

4 Jede »Seite« wird zusammengedrückt.

5 Das Rechteck der Seiten wird in der Mitte gefaltet.

6 Das fertige Büchlein.

Schachteln falten

Wenn man ein Blatt Papier in kleine Felder unterteilt, indem man eine Reihe von Brüchen parallel zu den Kanten herstellt, erst in eine Richtung und dann in die andere, und wenn man das Papier dann umdreht, um diagonale Brüche in den Feldern anzulegen, dann ist das Ergebnis ein Bruchmuster, das Reihen von kleinen Ausgangsgrundformen ähnelt.

In der Theorie ist es möglich, das Papier zu einer mehrfachen Ausgangsgrundform zusammenzufalten. Aber in der Praxis ist es leichter, das Bruchmuster als Grundform zu nehmen und das Papier in die gewünschten Formen zu bringen.

Indem man auf diese Weise vorbereitetes Papier verwendet, wird man feststellen, daß sich viel kompliziertere Strukturen als normalerweise mit den klassischen Grundformen herstellen lassen. Indem einige Brüche verstärkt und andere vernachlässigt werden, ist es möglich, sowohl schachtelähnliche Formen in den Grenzen eines Blatts als auch gefaltete Klappen mit parallelen Kanten entstehen zu lassen.

Diese kreative Origami-Technik, bekannt als Falten von Schachteln, geht zurück auf die Pionierarbeiten der Amerikaner Fred Rohm und Neal Elias in den 60er Jahren. Ein Großteil ihrer Arbeit ist zu komplex, um sie in Form von Arbeitsschritten zu veröffentlichen (Elias hat den Ehrgeiz, das letzte Abendmahl mit den Figuren von Christus und der zwölf Apostel aus einem einzigen ungeschnittenen Blatt Papier zu falten, was ihm bisher noch nicht ganz gelungen ist). Trotzdem haben sie einen großen Einfluß auf die Papierkünstler, die den technischen Ansatz bevorzugen – jene, die Spaß an der Herausforderung haben, schwierige Objekte zu analysieren und mit Origami zu reproduzieren.

Anfertigung eines Schachtelmännchens****
(Max Hulme)

Verwendet wird ein Rechteck mit den Proportionen 1:2, das aus dünnem, aber festem und elastischem Papier besteht. Die weiße Seite befindet sich oben. Wenn man ein 15 x 30 cm großes Rechteck nimmt und faltet, werden die Seiten der entstehenden Schachtel 2,4 cm lang sein. Diese Maße sind für die meisten Menschen handlich.
Man beginnt damit, feste Brüche wie gezeigt anzulegen. Zuerst entstehen die horizontalen und vertikalen Mittellinien, dann die Viertellinien auf der linken Seite und schließlich die Unterteilung der rechten Hälfte in Sechstel.

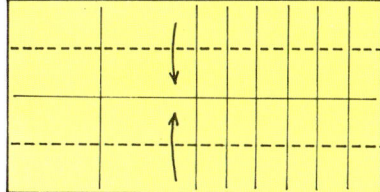

1 In einer Talfalte werden der obere und der untere Rand zur Mitte gefaltet.

2 Man stellt Tal- und Bergfalten im linken Mittelfeld her und faltet das Papier zu einer der Wasserbomben-Grundform vergleichbaren Konstruktion zusammen, indem man auf der Rückseite des Papiers eine Bergfalte faltet. Dann folgt eine Gegenbruchfaltung der oberen und unteren Ecken nach innen.

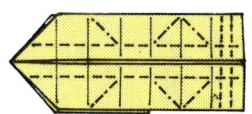

3 Diese Berg- und Talfalten müssen sorgfältig ausgeführt werden. Dann schlägt man das Blatt ganz auf.

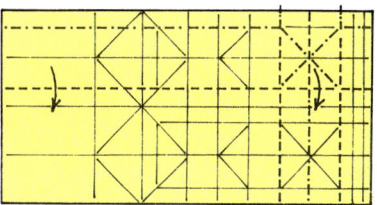

4 Oben wird eine »Wand« hochgezogen, die nach rechts unterbrochen wird durch eine Form, die einer auf der Seite stehenden Wasserbomben-Grundform ähnelt. Gleichzeitig wird eine stehende Doppelfalte im rechten Winkel zur Hauptwand geformt, die durch die Wasserbomben-Grundform gespreizt wird.

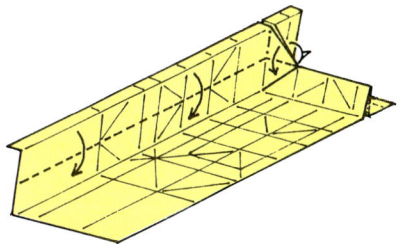

5 Die obere Hälfte der Wand wird auf beiden Seiten der stehenden Doppelfalte wird nach unten gefaltet. Dabei werden die beiden oberen Ecken der Wasserbomben-Grundform umgestülpt, so daß sie gut in die Ecken vor und hinter der stehenden Doppelfalte auf der linken Seiten passen.

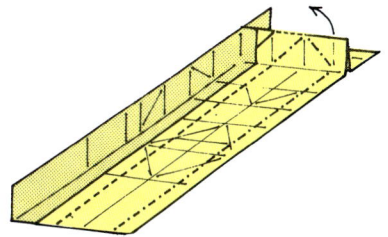

6 Der Rand der unteren Hälfte wird ähnlich wie bei Schritt 4 aufgerichtet.

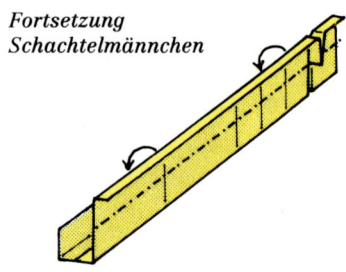

7 Die oberen Ränder werden wie in Schritt 5 nach unten gefaltet.

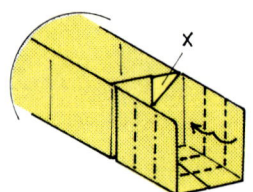

8 (Detail von hinten) Man versteckt das weiße Dreieck, das mit einem X gekennzeichnet ist, indem man es unter die gefaltete Klappe, auf der es liegt, steckt. Dann wird die nächstgelegene Kante immer wieder gefaltet, um die Seiten des Schachteldeckels zu bilden.

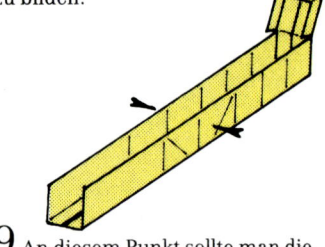

9 An diesem Punkt sollte man die Hebelwirkung des Schachteldeckels prüfen, um sicherzustellen, daß sie richtig funktioniert. Wenn der Mechanismus nicht gut funktioniert, muß man das Papier auseinanderfalten und nachsehen, ob alle Brüche sorgfältig ausgeführt wurden. Dann werden die Seiten zusammengedrückt.

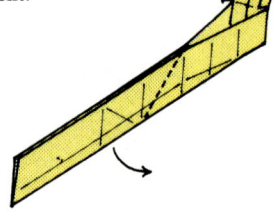

10 Das Ende wird durch Gegenbruchfalte nach außen an der bestehenden Bruchlinie nach unten gebracht.

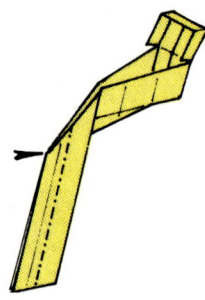

11 Die Breite des senkrechten Streifens wird halbiert, indem man die gefaltete Kante hineindrückt.

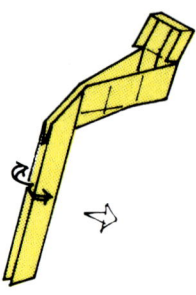

12 Man zieht die verdeckten, ungefalteten Ränder heraus und faltet sie über beide Seiten des senkrechten Streifens.

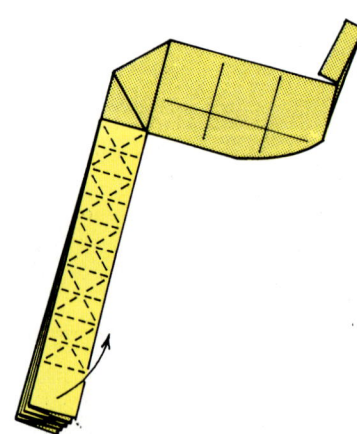

13 Als Vorbereitung für spätere Schritte, wenn die Sprungfeder gefaltet wird, beachtet man die quadratischen Flächen und faltet ihre Diagonalen und horizontalen Mittellinien. Es wird mit der Formung des Männchens begonnen, indem die oberen drei Lagen am unteren Ende angehoben werden.

14 (Detail) Der Grat der mittleren Doppelfalte wird mit einer Quetschfaltung flachgedrückt.

15 Es folgen zwei Gegenbruchfalten nach innen. Die Ecken kommen von oben nach unten zur Mitte.

16 Die rechte Klappe wird zur linken Seite gebracht. Sie bedeckt die Falten.

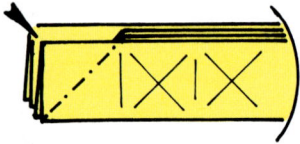

17 Die Falte bekommt eine Gegenbruchfalte nach innen. Das Papier wird umgedreht und der Vorgang wiederholt.

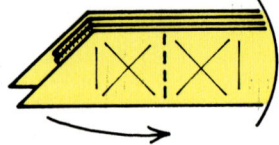

18 Man beginnt damit, die linke Spitze anzuheben.

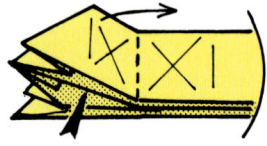

19 Gleichzeitig drückt man gegen den Grat der zweiten Doppelfalte, so daß sich die Klappe streckt.

Schachtelmännchen (Seite 31)

Fortsetzung Schachtelmännchen

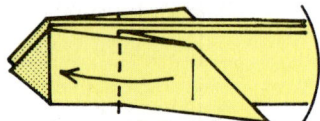

20 Mit einer Talfalte wird die Klappe nach unten geknickt. Das Papier wird umgedreht. Wiederholung der Schritte 18 bis 20.

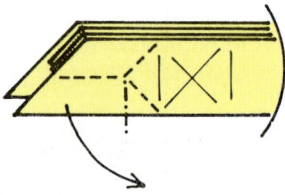

21 Hasenohrfaltung der Doppelfalte, so daß ein Arm entsteht. Die Konstruktion wird umgedreht und der Vorgang wiederholt.

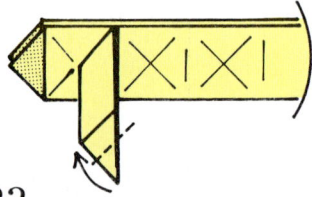

22 Die Spitze des Arms bekommt eine Gegenbruchfalte nach außen. Sie stellt die Hand dar. Wiederholung des Schritts auf der Rückseite.

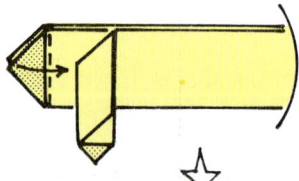

23 Die vordere linke Klappe wird angehoben.

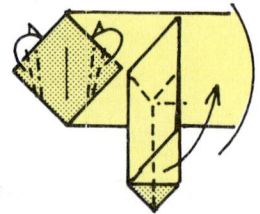

24 Der Arm erhält Hasenohrfaltung. Papier umdrehen und Vorgang wiederholen. Die quadratische Klappe auf der linken Seite ist der Kopf. An zwei Ecken entstehen schräge Doppelfalten: Ohren.

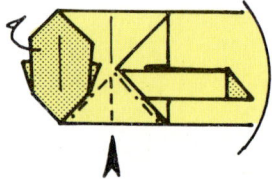

25 Der Kopf wird so gedreht, daß er nach links schaut. Zwischen Kinn und Arm wird die Brust geschoben. Wiederholung auf der Rückseite.

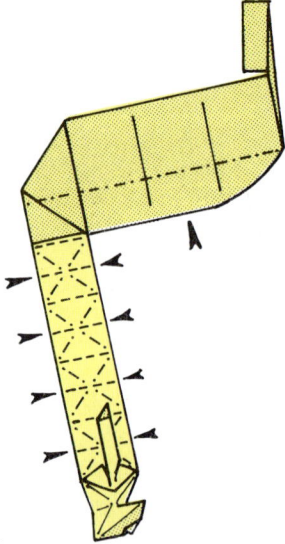

26 Man stellt auf dem Streifen vorne und hinten eine Reihe von Wasserbomben-Grundformen her. So entsteht die Sprungfeder. Oben wird die Grundfläche der Schachtelstruktur abgeflacht.

27 Die Berg- und Talfalten werden geformt. Dadurch klappen die beiden Wände hoch. Sie überlappen sich und werden aufgerichtet, um die Vorderseite der Schachtel zu bilden.

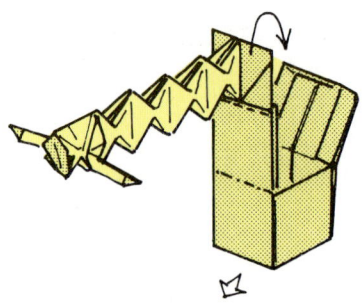

28 Man macht eine Berg- und Talfalte, damit das Männchen in seiner Schachtel steht.

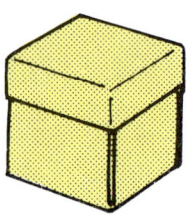

29 Mit dem Kopf wird die Figur nach unten gedrückt. Dabei muß vor dem Schließen des Deckels das Gesicht gegen die Innenseite der vorderen Schachtelwand gehalten werden. Damit die Figur drinnen bleibt, sollte man die Schachtel zwischen Daumen und Mittelfinger halten und mit dem Zeigefinger den Deckel nach unten drücken.

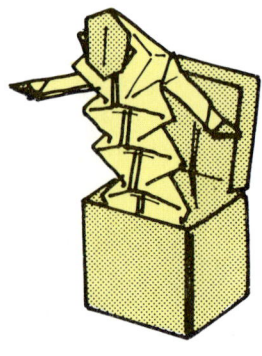

30 Das Männchen springt heraus, wenn man den Deckel losläßt. Wenn man das Modell nicht benutzt, sollte man den Deckel geöffnet lassen, weil die Feder sonst mit der Zeit nicht mehr richtig funktioniert.

Schmetterlinge

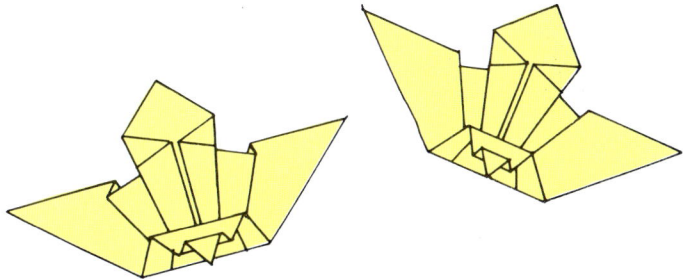

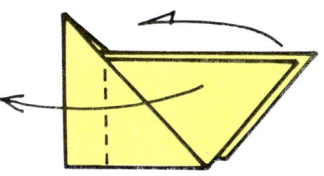

4 Die langen Klappen werden gefaltet, die obere nach links und die untere nach hinten.

In Japan ist der Schmetterling das Symbol der Weiblichkeit. Papierschmetterlinge werden an den Weinflaschen befestigt, die von Braut und Bräutigam während der japanischen Hochzeitszeremonie ausgetauscht werden (siehe: Japanische Traditionen). Man glaubt, daß diese stilisierten Formen zu den ältesten bekannten traditionellen Origami-Entwürfen gehören. Ihre Verwendung ist streng an bestimmte Zeremonien gebunden. Der flatternde Schmetterling (unten) ist ein weiteres traditionelles Modell, das aber speziell zum Spielen gedacht ist.

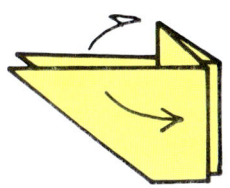

5 Die Flügel werden aufgerichtet, so daß sie im rechten Winkel zum Körper des Modells stehen.

Anfertigung eines Schmetterlings*

Man nimmt ein kleines Papierquadrat mit hellen Farben. Es wird senkrecht diagonal gefaltet und wieder geöffnet.

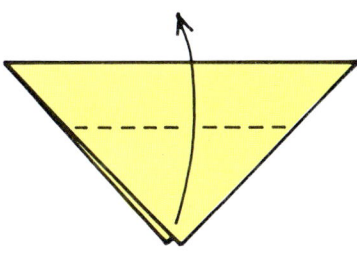

2 Die untere Spitze wird so nach oben gefaltet, daß sie die Oberkante überlappt.

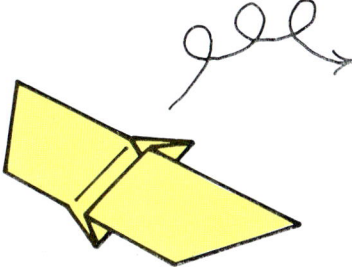

6 Der fertige Schmetterling. Wenn man ihn in die gezeigte Richtung wirft, wird er beim Fallen schnell trudeln. Es sieht so aus, als würde der Schmetterling zum Boden flattern.

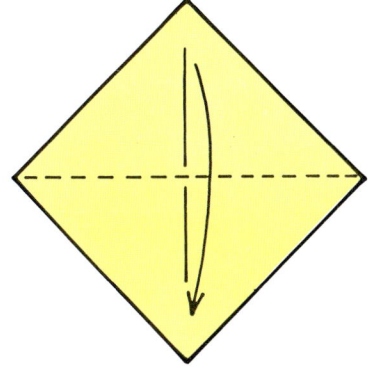

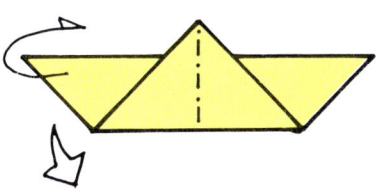

1 Es wird die obere Spitze zur unteren Spitze gebracht und eine Talfalte geknickt.

3 Das Papier erhält in der Mitte eine Bergfalte, indem die linke Hälfte hinter das Papier gebracht wird.

Schmetterlinge

Anfertigung eines dekorativen Schmetterlings***

Man nimmt ein Rechteck aus Papier mit den Propotionen 1:2. Am Anfang wird in der Mitte ein senkrechter Bruch angelegt.

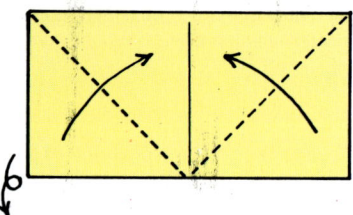

1 Die unteren Ecken werden so nach oben zur Mitte gefaltet, daß die Unterkanten am Mittelbruch liegen. Das Papier wird umgedreht.

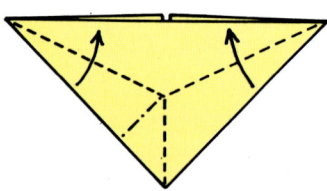

2 Die gefalteten Ränder erhalten eine Hasenohrfaltung, wobei man die Ecken von hinten herausspringen läßt.

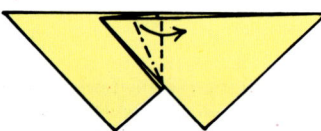

3 Die mittlere Klappe bekommt eine Quetschfaltung und wird wieder geöffnet.

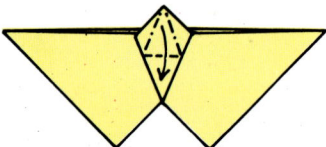

4 Die Klappe erhält eine Blumenblattfaltung, indem die beiden oberen Ecken wie dargestellt nach hinten gefaltet werden. Dann wird die obere Spitze nach unten gefaltet.

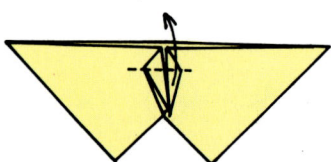

5 Die Blattspitze wird aufgerichtet.

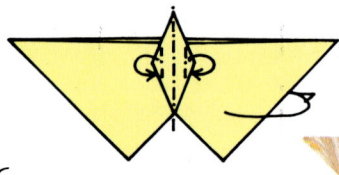

6 Die linke und rechte Ecke der mittleren Klappe erhalten eine Bergfalte. Dann faltet man das Modell in der Mitte, so daß eine Bergfalte entsteht.

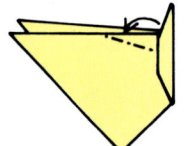

7 Im oberen Teil wird eine Gegenbruchfalte angelegt, um aus der vorderen Klappe einen Flügel zu formen. Das gleiche wird mit der hinteren Klappe gemacht.

8 (Detail) Eine doppelte Gegenbruchfalte stellt den Kopf her.

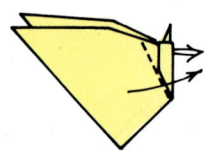

9 Die Flügel werden so weit aufgerichtet, daß sie im rechten Winkel zum Körper stehen.

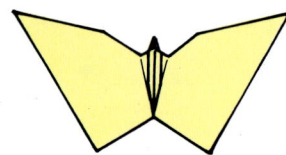

10 Der fertige Schmetterling.

Dekorative Schmetterlinge (links)

36

Gefaltete Kataloge

Versandhauskataloge waren im späten 19. und frühen 20. Jahrhundert ein wichtiges Merkmal des häuslichen Lebens in Amerika, als die Vereinigten Staaten noch weitgehend ländlich und die Entfernungen zwischen den Siedlungen groß waren. Es muß in dieser Zeit gewesen sein, als irgend jemand zuerst entdeckte, daß einer dieser dicken Bände in eine reizvolle Weihnachtsdekoration verwandelt werden kann, einfach indem man jede Seite auf ähnliche Weise faltet und dann die Umschlagseiten hinten zusammenfaltet.

Bob Allen aus Northfield Falls (Vermont, USA) glaubt, daß das Falten von Katalogen als eine weniger bedeutende amerikanische Volkskunst beschrieben werden kann. Er hat mehrere traditionelle Methoden des Faltens gesammelt. Das Ergebnis der einfachsten Methode ist ein Christbaum. Er hat sich auch eine eigene Methode ausgedacht, mit der aus einem Katalog eine Glocke gefaltet wird (siehe rechts).

Natürlich ist man nicht nur auf Versandhauskataloge angewiesen; auch andere verwendbare Veröffentlichungen bieten das erforderliche Material. Zeitschriften mit farbigem Hochglanzpapier eignen sich besonders gut. Beim ersten Versuch sollte man möglichst eine Zeitschrift mit relativ wenigen Seiten nehmen. Die Vorder- und Rückseite können unverbunden bleiben, so daß die Dekoration als Relief erscheint und nicht als runder Körper. Sie kann als Wanddekoration verwendet werden. Wenn es steife Umschlagseiten gibt, sollten diese am Anfang entfernt werden.

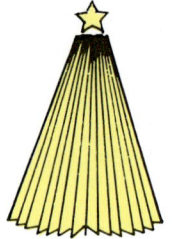

5 Am Ende müssen die Vorder- und Rückseite zusammengebracht werden. Sie werden wie eine Seite gefaltet, um die Form eines Weihnachtsbaums herzustellen.

Der Weichnachtsbaum sollte möglichst nicht direkt auf eine flache Oberfläche gestellt werden, weil sich sonst die Seiten verbiegen können. Der Baum steht am besten frei auf einer umgedrehten Untertasse oder auf einer ähnlichen konvexen Oberfläche.

Anfertigung einer Glocke****
(Bob Allen)

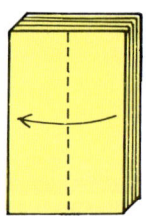

1 Der Katalog wird so plaziert, daß sich der Rücken auf der linken Seite befindet. Man faltet die erste Seite in der Mitte. Danach befindet sich der äußere Rand im Bund.

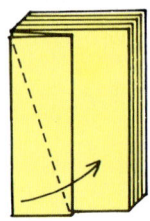

2 Die untere linke Ecke wird nach oben über eine diagonale Bruchlinie gefaltet.

Anfertigung eines Christbaums****
(Traditionelle Methode)

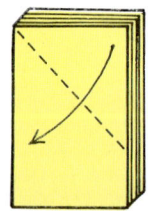

1 Der Katalog oder ein anderer geeigneter Band wird so plaziert, daß sich der Rücken auf der linken Seite befindet. Der obere Rand der ersten Seite wird nach unten zum Bund gefaltet.

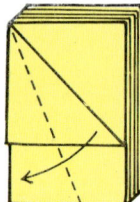

2 Die Seite noch einmal falten, so daß der gefaltete Rand im Bund liegt.

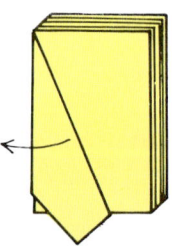

3 Die gefaltete Seite wird nach links umgeschlagen.

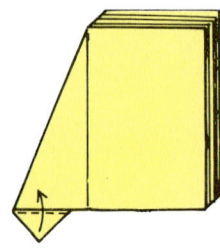

4 Man faltet die untere Spitze nach oben und schiebt sie unter den horizontalen Rand. Diese Schritte sind bei allen verbleibenden Seiten zu wiederholen.

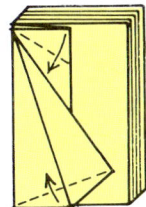

3 Am oberen Ende der Falte wird der doppelte Rand so gefaltet, daß er die ungefaltete Kante der Klappe berührt. Unten wird die Spitze entlang einer Linie zwischen den beiden Ecken gefaltet.

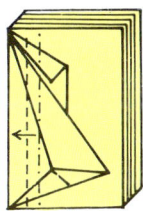

4 Links wird eine senkrechte Doppelfalte angelegt, zuerst eine Bergfalte und dann eine Talfalte.

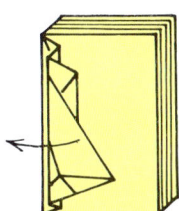

5 Die gefaltete Seite wird nach links umgeschlagen.

6 Die oben dargestellten Schritte sind auf den folgenden Seiten des Katalogs zu wiederholen.

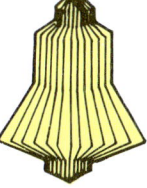

7 Vorder- und Rückseite werden zusammengebracht und wie eine Seite gefaltet, um die Glocke zu vollenden.

Apropos: Chapeaugraphie

Chapeaugraphie hat viele Ähnlichkeiten mit Troublewit (siehe Seite 174): in beiden Fällen handelt es sich um Vorführungen in Musikhallen, die ihre große Zeit im letzten Jahrhundert hatten. Es geht jeweils darum, Material so zu manipulieren, daß eine Vielzahl von Formen entsteht. Unter diesem Aspekt haben beide auch einen Bezug zum Origami.

Das Wort Chapeaugraphie, wörtlich »Hut-Beschreibung«, wurde im 18. Jahrhundert in Frankreich geprägt, um ein Kunststück zu beschreiben, bei dem eine Hutkrempe oder ein Filzring, der so wie eine Krempe aussah, gefaltet und gebogen wurde. Dabei nahm sie die Gestalt verschiedener Arten von Kopfbedeckungen an. Der Darsteller wollte das Publikum amüsieren, indem er jeden »Hut« vor den Kopf hielt und dabei einen passenden Gesichtausdruck annahm.

Anfertigung eines Chapeau-Rings

Man benötigt ein festes Papier (für das Muster), schwarzen Filz, eine Schere, eine Nähmaschine und ein Band.
Aus dem Papier wird ein Kreis mit 40 cm Durchmesser herausgeschnitten. In der genauen Mitte wird ein Kreis mit einem Durchmesser von etwa 15 cm ausgeschnitten. Damit ist das Grundmuster fertig. Man sollte es sich auf den Kopf setzen, um die Größe zu prüfen. Der Ring sollte, wenn erforderlich, verändert werden. Das Loch muß so groß sein, daß man sich das ganze Papier über den Kopf ziehen kann.
Nach diesem Muster werden drei Ringe gleicher Größe aus dem Filz herausgeschnitten. Sie werden über-

einandergelegt und mit der Nähmaschine gut zusammengenäht. Am Ende laufen die Stiche kreuz und quer über die Oberfläche. Der Ring wird dadurch ziemlich steif. Schließlich werden die Außenränder mit dem Band eingefaßt.

Manipulation

Am besten sollte man selbst ausprobieren, welche Hutformen durch Falten, Verbiegen und Verdrehen des Rings und durch unterschiedliche Winkel entstehen können. Man kann den Ring zum Beispiel in der Mitte falten und ihn quer über den Kopf halten, um Napoleon darzustellen. Wenn man andere Formen herstellen will, kann der äußere Rand des Rings entweder von vorne oder von hinten durch das mittlere Loch gezogen werden.

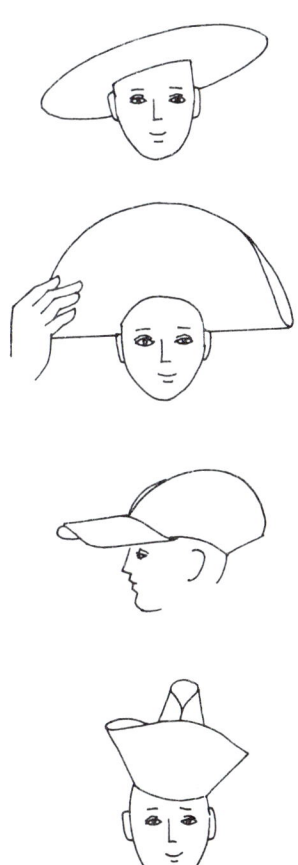

Chinesische Tradition

In einem Gedicht des chinesischen Dichters Tu Fu aus dem 8. Jahrhundert gibt es folgende Zeilen: »Alte Frau zeichnet auf Papier Quadrate für das Schachspiel.« Was bedeutet das?

Jahrhundertelang haben die Chinesen keine Bretter für die von uns so genannten Brettspiele benutzt, sondern Papierquadrate mit einem gefalteten Schachbrettmuster aus Brüchen. Ein Tuschepinsel wurde leicht an jeder gefalteten Kante entlanggeführt. Man erreichte damit eine Reihe von feinen schwarzen Linien, die mit einer größeren Genauigkeit gezeichnet waren als man mit einem Lineal erreichen kann. Wenn sich die Zeilen von Tu Fu auf diese Praxis beziehen, was wahrscheinlich ist, dann handelt es sich hier um den ersten aufgezeichneten Hinweis auf das Falten von Papier in der Welt überhaupt.

Das Papier stammt aus China. Seine Erfindung wird Tsai Lun für das Jahr 105 zugesprochen. Damals wie heute findet Papier hauptsächlich als Schreibmaterial Verwendung, aber irgend jemand muß ziemlich schnell entdeckt haben, daß Papier gebogen und geknickt werden kann und daß dabei ein gerader, gefalteter Rand entsteht.

Die bedeutendste Tradition des chinesischen Papierfaltens besteht in der Überlieferung der chinesischen Bestattungskunst, bei der Nachbildungen oder Darstellungen von Geld oder Haushaltsgegenständen hergestellt und in die Gräber der Toten gegeben oder bei der Feuerbestattung verbrannt wurden. Dieser Brauch entstand aus den sehr alten Praktiken, den ganzen Besitz eines Verstorbenen mit ihm zu verbrennen, damit er diesen auf seiner Reise zur nächsten Welt mitnehmen konnte. Dies war eine ständige Versuchung für Grabräuber, und Papiernachbildungen ersetzten die Gegenstände. Bis heute ist das Verbrennen von Papiergaben typisch für Bestattungen in chinesischen Gemeinden mit einer starken buddhistischen oder taoistischen Tradition.

Es gibt spezialisierte Geschäfte, die neben fertigen Kunsterzeugnissen aus Papier vorbereitete Papierbogen verkaufen, die der Käufer zu Hause zu Modellen für Bestattungen und Feiern falten soll. Diese »Joss-Papierbogen« haben eine rechteckige Form und unterschiedliche Proportionen. Sie sind oft in Bündeln von 100 Stück erhältlich. Auf jedem Blatt kann es einen mit Gold- oder Silberfolie bedeckten Bereich geben (für Bestattungsgaben) oder zum Beispiel gedruckte Symbole für taoistische Gottheiten, die Glück, Reichtum und langes Leben darstellen (gebraucht beim chinesischen Neujahrsfest). Eine Familie kann eine große Zahl dieser gefalteten Bogen verbrennen – mindestens mehrere Hundert und manchmal Tausende bei den entsprechenden Anlässen.

Papier-Dschunken: Faltung wird S. 42 beschrieben

Anfertigung eines traditionionellen chinesischen Bestattungsopfers**

Man kann ein beliebiges rechteckiges Blatt Papier, das Bestattungspapier darstellen soll, nehmen.

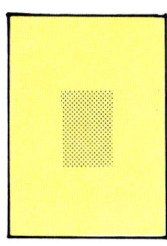

1 Man bringt den oberen Rand nach hinten und hinunter zum unteren Rand, ohne das Papier zu knicken.

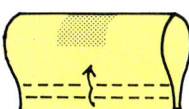

2 Beide Lagen des unteren Rands werden mehrmals in zwei Talfalten gefaltet, damit ein Zylinder entsteht.

3 Der Zylinder erhält eine Bergfalte entlang des gefalteten Rands, so daß dieser Bereich abgeflacht wird.

4 (Neue Lage) Auf beiden Seiten wird das Papier in die Struktur gesteckt, die dadurch stabilisiert wird. Auf der hinteren Lage sollen sich Spitzen bilden.

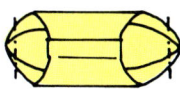

5 Die Spitzen erhalten eine Bergfalte. Sie zeigen nach oben, wenn die Struktur umgedreht wird.

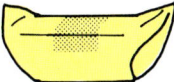

6 (Neue Lage) Die fertige Opfergabe, die ein Goldnugget darstellen soll.

41

Anfertigung einer traditionellen chinesischen Festgabe**

Man nimmt ein beliebiges Rechteck aus Papier. Zuerst werden der horizontale und der vertikale Mittelbruch angelegt.

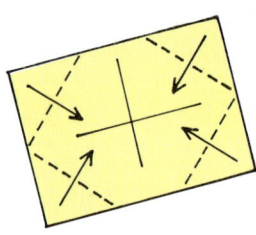

1 Alle vier Ecken werden so nach innen gefaltet, daß sie am horizontalen Bruch liegen.

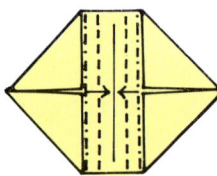

2 Der mittlere Bereich zwischen den Klappen wird in parallele Falten gelegt. Die Klappen kommen zusammen.

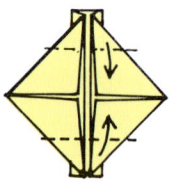

3 Die obere und die untere Ecke werden so gefaltet, daß sie sich in der Mitte treffen.

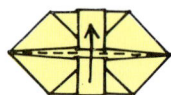

4 Es entsteht eine Talfalte, indem die untere Hälfte nach oben gefaltet wird.

5 Die Konstruktion wird an der linken und rechten Spitze festgehalten und auseinandergezogen.

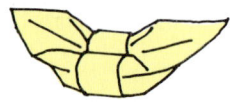

6 Die fertige Festgabe.

Anfertigung einer chinesischen Dschunke***

Man nimmt ein quadratisches Stück Papier. Zuerst wird die Blintz-Grundform hergestellt (siehe Seite 27).

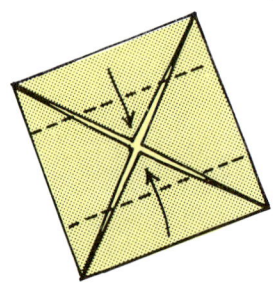

1 Man faltet den oberen und unteren Rand in Form von Talfalten zur Mitte.

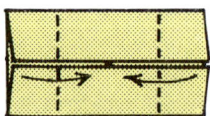

2 Man faltet den linken und den rechten Rand zur Mitte, wiederum in Form von Talfalten.

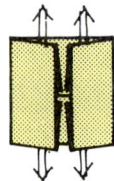

3 Die vier Ecken, die von den gefalteten Rändern verdeckt werden, sind nun herauszuziehen. Sie werden zu Spitzen geformt.

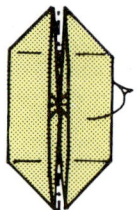

4 Es entsteht eine Bergfalte. Die Konstruktion wird in der Mitte gefaltet, wobei die rechte Hälfte nach hinten kommt.

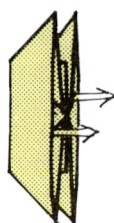

5 Die dreieckige Klappe im oberen gefalteten Rand wird herausgezogen. Das Papier wird umgedreht und der Schritt wiederholt.

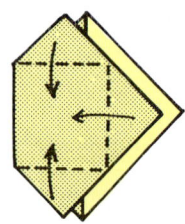

6 Die drei Ecken der vorderen Klappe sind zur Mitte zu falten. Das Papier wird umgedreht und der Vorgang wird wiederholt.

7 Man faltet die vordere Klappe in der Mitte nach links. Dann dreht man die Struktur um und faltet die Klappe nach rechts.

8 Die beiden hinteren Klappen werden hervorgeholt.

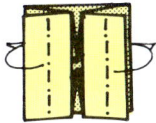

9 Der linke und rechte Rand werden mit Bergfalten nach hinten zur Mitte gefaltet.

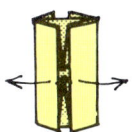

10 Nun öffnet man die mittleren Ränder. Sie werden zur linken und zur rechten Seite gebracht. Die Spitzen in der Mitte werden flachgedrückt und bilden oben und unten neue Kanten.

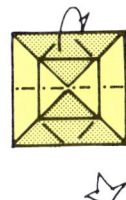

11 Es entsteht eine Bergfalte in der Mitte. Dabei wird die obere Hälfte nach hinten hinter die Figur gefaltet.

12 Der obere gefaltete Rand wird mit Zeigefinger und Daumen beider Hände festgehalten. Am linken Rand wird gezogen.

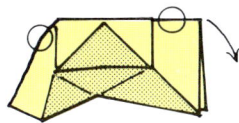

13 Die Form bewegt sich nach oben. Sie wird am linken Rand festgehalten, und es wird auf der rechten Seite gezogen.

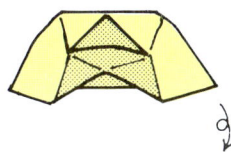

14 Dadurch hebt sich die Form auch auf der anderen Seite. Sie wird nun umgedreht.

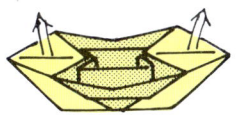

15 Das fertige Schiff. Die verdeckten Ränder können herausgezogen werden.

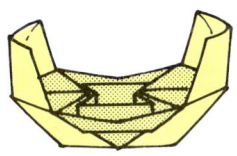

16 Die eine oder andere Klappe kann außerdem geöffnet werden, um ein Segel darzustellen.

Apropos: Kreisförmiges Origami

Irgendwann werden sich die meisten Menschen, die sich mit dem Papierfalten befassen, Gedanken machen über die kreativen Möglichkeiten des Arbeitens mit Kreisen aus Papier an Stelle der üblichen Quadrate und Rechtecke. Aber, so stellte der amerikanische Papierkünstler Fred Rohm heraus, sobald man das Material faltet, hat man es wie üblich wieder mit einer geraden Kante zu tun – und die Kreisförmigkeit des Papiers wird entweder lästig oder bedeutungslos. Wenn einen dies nicht überzeugen sollte und man experimentieren möchte, kann man kreisförmiges Papier gelegentlich in Geschäften kaufen, die Bastelbedarf für Kunden führen, die künstliche Blumen anfertigen.

Apropos: Kochkunst

»In Papierpaketen zubereitetes Essen hat einen besonderen Reiz, der etwas mit der freudigen Erwartung zu tun hat, die immer mit dem Öffnen einer Verpakkung verbunden ist.« Auf diese Weise führte Shona Crawford Poole einmal in das Thema des Kochens *en papillote* in ihrer Kochspalte der Londoner Zeitung *Times* ein.

Bei der konventionellen Zubereitungsmethode wird das Essen auf einer Seite eines mit Butter bestrichenen Kreises aus fettabweisendem Papier plaziert. Dann wird die andere Hälfte des Papiers über das Essen gefaltet und die Ränder der beiden Lagen durch gemeinsames Umknicken geschlossen. Das Ergebnis ist überhaupt nicht dekorativ. Die Zeitgenossen, die sich mit dem Falten von Papier befassen, werden gerne neue Möglichkeiten des Faltens einer Papillote durch die Anwendung von Origami-Techniken erkunden.

Kindern, die Spaß am Papierfalten haben, bereitet es auch Vergnügen, Teigwaren herzustellen und zu essen, die die Form ihres Lieblingsmodells haben. Papierdünner Teig ist in Päckchen erhältlich, er wird aber so schnell trocken und brüchig, daß es fast unmöglich ist, ihn zu falten. Es ist besser, Blätterteig so dünn wie möglich auszurollen und dann in die gewünschte rechteckige oder quadratische Form zu bringen. Beim ersten Versuch sollte man ein einfaches Modell wählen – vielleicht ein Modell, das eine Frucht oder eine andere Füllung aufnehmen kann, wie zum Beispiel der Papierhut auf Seite 76.

Siehe auch »Folie« und »Servietten«.

Apropos: Computer-Origami

Der erste bekannte Versuch, Origami mit dem Computer zu entwerfen, fand 1971 in den USA statt. Unter der Leitung von Bob Salpeter, des Art Directors der IBM-Welthandelsgesellschaft, programmierte Arthur Apple ein IBM-System 360 Model 91. Der Computer druckte einfache geometrische Konfigurationen mit einer Geschwindigkeit von mehr als hundert Stück pro Minute aus. 90 Prozent hielt man für ungeeignet, aber der Rest wurde in großem Maßstab von Yokio Kono gefaltet und in den Schaufenstern der Zentrale des Unternehmens am United Nations Plaza in New York ausgestellt.

Apropos: Konsequenzen

Es gibt eine Form von Papierfalt-Spiel, das manchmal nach einem Gesellschaftsspiel »Konsequenzen« genannt wird, in dem ein Blatt Papier in einer Gruppe herumgereicht wird. Jeder Teilnehmer fügt eine Falte hinzu, bis eine erkennbare Form erscheint. Verschiedene konkurrierende Variationen mit unterschiedlichen Punktsystemen wurden in den frühen 70er von britischen Papierkünstler ausprobiert. Jene, die an dem Spiel »Konsequenzen« teilnehmen, sind aufgrund der Regeln dazu gezwungen, die gefaltete Form in jedem Stadium ihrer Entwicklung genau zu untersuchen und die Vorstellungskraft zu bemühen, um die Form überzeugend zu interpretieren. Das Spiel soll die Kreativität anregen.

Gekochter Lachs en papillote (rechts)

Eckenhalter

Die meisten Menschen, die mehrere Seiten Papier zusammenhalten wollen, benutzen eine Nadel oder eine Klammer, die sie an einer Ecke befestigen. Aber begeisterte Origami-Anhänger benötigen diese Hilfsmittel nicht.

Hier werden zwei Methoden, mit denen man Dokumente zusammenhalten kann und die von Papierkünstlern erfunden wurden, vorgestellt. Die erste Methode ist wirkungsvoll, wenn nicht mehr als zwei oder drei Blätter miteinander verbunden werden sollen. Bei der zweiten Verfahrensweise wird eine größere Zahl von Seiten zusammengehalten. Man kann Ecken mit unterschiedlichen Farben nehmen, um die Dokumente besser unterscheiden zu können.

Anfertigung eines Eckenhalters

Methode 1**
(Martin Wall)

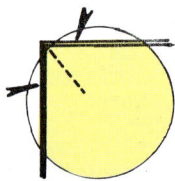

1 Die betreffenden Seiten werden zusammengelegt. Eine Ecke wird in Form einer Talfalte zusammengedrückt.

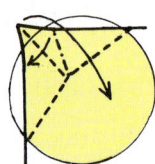

2 Zuerst richtet man die Ecke mit Hilfe einer schrägen Doppelfalte nach links auf. Dann drückt man sie flach.

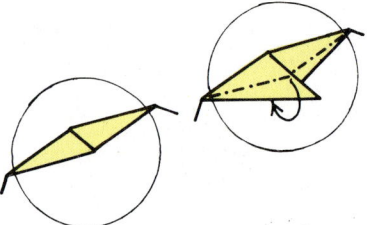

3 Die Spitze und die ungefalteten Ränder werden darunter gesteckt. Der Eckenhalter ist fertig.

Methode 2*
(John Cunliffe)
Man nimmt ein Quadrat mit etwa 10 cm Seitenlänge und stellt eine Wasserbomben-Grundform her (siehe Seite 22).

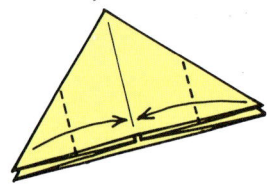

1 Grundform wie Abbildung legen. Die beiden gegenüberliegenden Ecken der oberen Klappe werden zur Mitte des diagonalen Rands gefaltet.

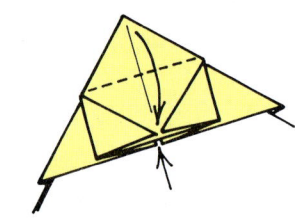

2 Zuerst steckt man eine Ecke der gesammelten Blätter so weit wie möglich in die hintere Tasche. Dann wird die obere linke Ecke zur Mitte des diagonalen Rands gefaltet.

3 Die beiden kleinen dreieckigen Klappen sind in die angrenzenden Taschen zu stecken.

4 Der fertige Eckenhalter.

Diagonales Faltenlegen

Die meisten traditionellen Origami-Modelle aller Schwierigkeitsgrade werden konstruiert, indem man als Ausgangspunkt eine der Grundformen nimmt, die auf den Seiten 20 bis 26 beschrieben wurden. Die einfache Form dieser Grundformen kann weiterentwickelt und erweitert werden, weil sie überschüssiges Papier in Form von Klappen und Spitzen bieten, mit dem man frei gestalten kann. Eine etwas andere Technik wird von dem zeitgenössischen japanischen Origami-Lehrer Yoshihide Momotani eingesetzt. Die von ihm verwendeten Grundformen erhalten ihr überschüssiges Papier nicht in Form von Klappen, sondern durch kreuzweise übereinanderliegende Doppelfalten. Indem er diese Doppelfalten auseinanderzieht, verwandelt er eine flache Form in ein dreidimensionales Gebilde.

Das folgende Beispiel einer Schale illustriert die grundlegende Technik des diagonalen Faltenlegens.

Siehe auch »Bänder«.

Anfertigung einer Schale***
(Yoshihide Momotani)

Man benötigt ein farbiges Papierquadrat. Die farbige Seite liegt unten.

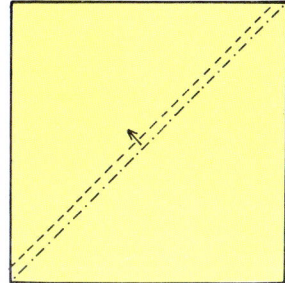

1 Es wird eine diagonale Doppelfalte angelegt. Man sollte darauf achten, daß die Linie der Bergfalte der wirklichen Diagonale entspricht und die Doppelfalte durch eine zweite Falte, eine Talfalte, gebildet wird.

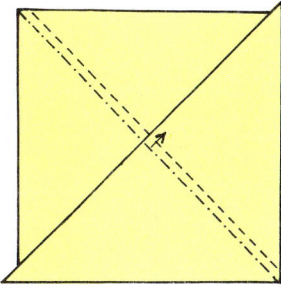

2 Eine ähnliche Doppelfalte ist im rechten Winkel zur ersten Falte anzulegen.

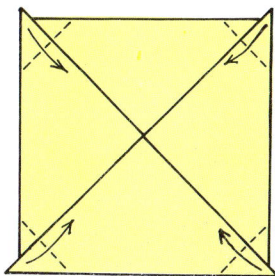

3 Alle vier Ecken des Quadrats werden gleichmäßig nach innen gefaltet.

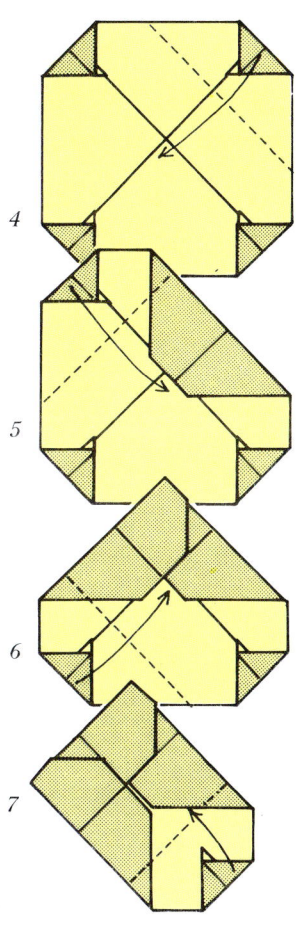

4 Der diagonale Rand oben rechts wird zur Kante der *verdeckten* Doppelfalte gefaltet. Man kann den Rand durch das Papier fühlen.

5 Der Rand oben rechts wird auf gleiche Weise gefaltet.

6 Der Rand links unten wird auf gleiche Weise gefaltet.

7 Der Rand rechts unten wird so nach oben gefaltet, daß er die anderen drei Ränder trifft. Dabei soll aber rechts eine Gegenbruchfalte nach innen gebildet werden, so daß sich die vier Klappen ineinander verschachteln.

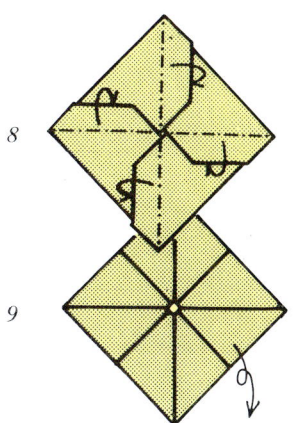

8 Auf den Diagonalen des Quadrats werden Bergfalten angelegt, wobei die vier kleinen Klappen in die Struktur gesteckt werden.

9 Das Papier wird umgedreht.

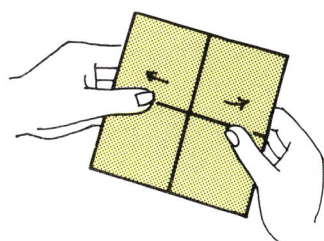

10 Das Modell wird festgehalten. Man beginnt damit, die Schale zu formen, indem die sich in der Mitte kreuzenden Doppelfalten auseinandergezogen werden.

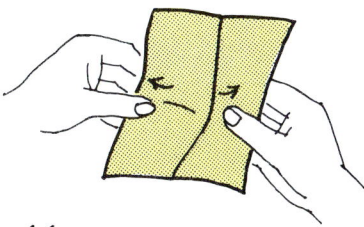

11 Man dreht das Papier und fährt damit fort, die Doppelfalten auszubreiten.

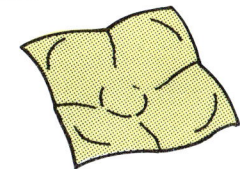

12 Die Schale ist fertig.

Apropos: Zusammengeknülltes Papier

Für bestimmte Zwecke wird Papier manchmal zusammengeknüllt – eventuell beim Verpakken von Porzellan oder zum Isolieren. Hier werden ein paar ungewöhnliche Möglichkeiten vorgestellt, die zeigen, was man mit zusammengeknülltem Papier machen kann.

Eine Figur in dem Kriminalroman *Der Malteser Falke* von Dashiell Hammett verstreute zusammengeknülltes Zeitungspapier um sein Bett bevor er schlafen ging, so daß sich ihm nachts niemand nähern konnte, ohne Geräusche zu verursachen.

Die Zigeunerin Rose Lee erinnert sich in ihrer Autobiographie, daß eine Kollegin in der Striptease-Show nur mit Zeitungspapier bedeckt auf der Bühne erschien – die Nummer bestand darin, Streifen abzureißen, sie zu Papierkugeln zusammenzuknüllen und diese nach ausgewählten Personen im Publikum zu werfen.

Ein Scherz von Martin Gardner: Man steckt zusammenknülltes Zellophan in ein Glas mit *lauwarmen* Wasser. Es sieht aus wie ein kaltes und erfrischendes Getränk mit *Eiswürfeln*. Man kann es einem nichtsahnenden Freund anbieten.

Becher

Dieser Becher besitzt die besondere Auszeichnung, schon einmal in einem Handbuch für Flugmannschaften der amerikanischen Luftwaffe behandelt worden zu sein. Sie erhielten die Empfehlung, das Falten des Bechers zu lernen, damit sie, falls sie in feindliches Gebiet verschlagen werden, eine Seite aus dem Handbuch herausreißen und sofort ein Gefäß herstellen können, um Trinkwasser zu sammeln.

Anfertigung eines Bechers*

Man nimmt ein Quadrat aus Papier und faltet es diagonal.

1 Der untere Rand wird zur rechten diagonalen Kante gebracht. Die linke Ecke wird zusammengedrückt. Das Papier wieder öffnen.

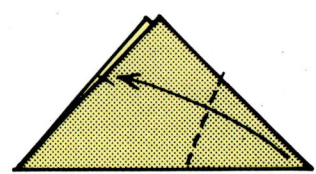

2 Man faltet die rechte untere Ecke hoch zum Punkt, der im ersten Schritt markiert wurde.

3 Das Papier wird umgedreht

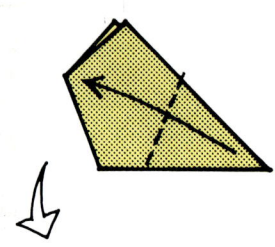

4 Die Ecke rechts unten kommt zur oberen Ecke auf der linken Seite.

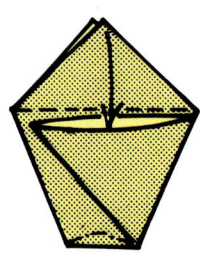

5 Die vordere Klappe der oberen Spitze wird in die vordere Tasche gesteckt. Wiederholung auf der Rückseite. Von unten wird etwas Druck ausgeübt und die Form des Bechers aufgerichtet.

6 Der fertige Becher.

*Von oben nach unten: Schale (Seite
47); Becher (links)*

Apropos: Diagramme

Wenn es einem gelungen ist, ein Origami-Modell zu kreieren, besonders wenn es das Ergebnis eines glücklichen Zufalls ist, wird man es wahrscheinlich auseinanderfalten wollen, um zu sehen, wie man es gemacht hat, und um Nachbildungen für Freunde zu falten. Beim Rekonstruieren der Schritte besteht die Gefahr, daß man das Modell zu schnell auseinanderfaltet und nachher nicht mehr weiß, wie es gefaltet wird – dadurch könnte ein Origami-Meisterstück verlorengehen.

Die Methoden des Faltens von Origami-Modellen werden normalerweise in Form von Diagrammen aufgezeichnet. Auch wenn man nicht weiß, wie ein Modell gefaltet wurde, ist es möglich, mit Diagrammen zu arbeiten, um einen Weg zu entdecken. Eine einfache Methode besteht darin, das fertige Modell auf ein Blatt Papier zu legen und mit dem Bleistift an den Rändern entlang zu fahren, um den Umriß festzuhalten. Dann wird der letzte Schritt auseinandergefaltet und ein neuer Umriß gezeichnet. Indem das Papier schrittweise auseinandergefaltet und die jeweiligen Umrisse aufgezeichnet werden, erhält man eine vollständige Reihe von Diagrammen, die vom fertigen Modell zum ursprünglichen Quadrat oder Rechteck zurückführt. Es handelt sich dabei um die umgekehrte Reihenfolge. Diese sollte ausreichen, den Entwurf zu rekonstruieren.

Apropos: Diplom

»Diplom« wird abgeleitet von einem lateinischen Wort, das die Bedeutung »ein zweifach gefalteter Brief« besitzt. Heutzutage werden Diplomurkunden eher aufgerollt oder ungefaltet übergeben, aber es ist klar, daß in früheren Zeiten der Tatsache, daß das Dokument gefaltet ist, große Bedeutung beigemessen wurde.

In Japan hat das Wort Origami eine zweite Bedeutung, nämlich »Zertifikat« im Sinne einer Garantie oder Herkunftserklärung, die an einem Kunstwerk befestigt wird. Diese Dokumente sind auch zweifach gefaltet. Ist es nicht merkwürdig, daß in zwei verschiedenen Kulturen Dokumente durch die Tatsache ihres Gefaltetseins an Bedeutung gewinnen?

Apropos: Katastrophensituationen

Origami wurde in schwierigen Situationen eingesetzt, um Ruhe zu verbreiten und eine mögliche Panik zu vermeiden.

Der professionelle Unterhaltungskünstler Milton Halpert beschrieb zum Beispiel einen Fall, als Fahrgäste 1965 bei einem Stromausfall in New York in einer U-Bahn gefangen wurden. Als sich Unruhe und Angst zu verbreiten begann, zeigte er mehrere neue Origami- Nummern. Ein Freund erinnert sich: »Mr. Halpert und Origami verwandelten eine Situation, die zum Alptraum hätte werden können, in eine angenehme Erinnerung.«

Emily Rosenthal schrieb über ihre Erfahrungen, die sie machte, als sie während eines Luftangriffs Spielzeugtiere mit einer Kindergruppe bastelte. Sie hatte einen solchen Erfolg, daß eines der Kinder nach der Entwarnung sagte: »Können wir bitte mit dem Luftangriff weitermachen?«

Apropos: Elektronisches Origami

Der Japaner Toyoaki Kawaii konstruierte in den 60er Jahren Vögel und Tiere in Originalgröße. Mit Hilfe elektronischer Mechanismen ließ er sie sich bewegen. Richard Brokop sah einen Film einer Origami-Show von Kawaii, in der »die Elefanten ihre Rüssel heben und Wasser spritzen, die Panda-Bären auf Bäume klettern, die Pfauen ihre Schwänze bewegen usw.«

Kawaii baute eine ähnliche Gruppe in einem der Pavillons auf der Expo 70 auf, der Weltausstellung, die 1970 in Osaka stattfand.

Umschläge

Briefe wurden nicht immer vor dem Versand mit der Post in Umschläge gesteckt. Ursprünglich wurden die Seiten eines Briefs einfach gefaltet und später oft durch Siegellack zusammengehalten.

1844 wurde der damalige britische Innenminister Sir James Graham in einen Fall verwickelt, der zur ersten Kontroverse um das Öffnen von Post wurde. Verstöße der Behörden gegen das Postgeheimnis waren eine Praxis, die den Gebrauch von Umschlägen, in die die Briefe gesteckt wurden, beschleunigte.

Aber man muß keine Briefumschläge kaufen, wenn man welche braucht. Bis vor nicht allzu langer Zeit wurden offiziele Formulare auf folgende Weise gefaltet und verschickt. Es ist allerdings keine Methode, die vom Postamt gebilligt wird, weil sich andere Briefe in die offenen Seiten des Briefs schieben können.

Anfertigung eines einfachen Briefs*

3 Der rechte Rand wird gefaltet und in die Tasche der linken Klappe gesteckt.

4 Der gefaltete Brief.

1 Der Brief wird so in der Mitte von oben nach unten gefaltet, daß sich die Kanten treffen.

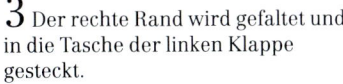

2 Man faltet den linken Rand beim ersten Drittel der Breite nach rechts.

Die Zeitung »Punch« zeigt 1844 in einer Karikatur das »Grahaming« – das Schnüffeln in Briefen (oben)

Nun kommen wir zu einer Methode, mit der wir einen richtigen Umschlag falten können. Man kann den Brief selbst falten, so daß er den Umschlag bildet. In diesem Fall wird der Umschlag beim Öffnen leer sein. Es gab den Hinweis, daß man ihn für die Übermittlung einer geheimen Nachricht verwenden kann: Man faltet die geheime Botschaft selbst, die dann den Umschlag bildet, der dann anscheinend leer oder mit einer falschen oder Scheinnachricht versandt wird.

Anfertigung eines Briefumschlags*

Man nimmt ein rechteckiges Stück Papier. Zuerst wird ein senkrechter Mittelbruch angelegt.

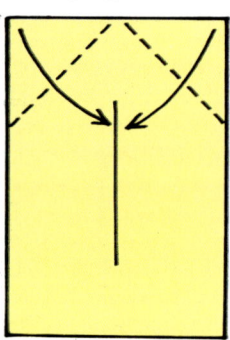

1 Die beiden oberen Ecken werden so nach unten gefaltet, daß sie am Mittelbruch liegen.

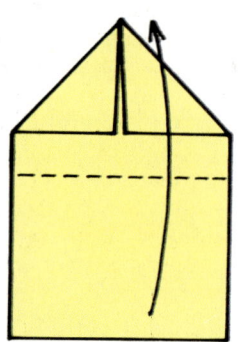

2 Der untere Rand wird mit einer Talfalte nach oben gebracht. Er trifft die obere Spitze.

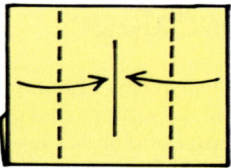

3 Der linke Rand wird zur Mitte gefaltet. Das gleiche wird mit dem rechten Rand gemacht.

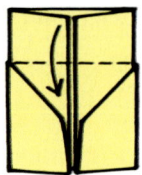

4 Der obere Rand wird so weit wie möglich nach unten gefaltet.

5 Man faltet die Unterkante nach oben und steckt sie in die Tasche der Klappe.

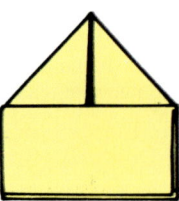

6 Der fertige Umschlag. Nachdem man den Brief in den Umschlag gesteckt hat, wird die obere Klappe nach unten gebracht.

Im Uhrzeigersinn von oben: Schachteln (Seite 178); Kerzen (Seite 54); Windrad (Seite 135); Herz (Seite 183); gestreckter Stern (Seite 163)

Ausstellungen

Die erste öffentliche Ausstellung von kreativem Origami, die – soweit man sich heute erinnern kann – jemals stattfand, war eine Ein-Mann-Ausstellung der Werke von Michio Uchiyama. Sie wurde 1931 im Mitsukoshi-Kaufhaus in Tokio eröffnet. Die meisten großen Kaufhäuser in Tokio besitzen heute eine Etage, die als Galerie für wechselnde Ausstellungen genutzt wird – manchmal bedeutende Ausstellungen von Kunstwerken, die als Leihgaben aus europäischen Sammlungen kommen. Natürlich werden manchmal auch Ausstellungen mit traditioneller japanischer Kunst gezeigt.

Origami-Ausstellungen finden in diesen Galerien inzwischen regelmäßig statt und finden außergewöhnliches Interesse. Die erste Weltmesse für Origami wurde 1976 im Seibu-Kaufhaus in Tokio von der Nippon Origami Association organisiert. Prinzessin Michiko und andere Mitglieder der kaiserlichen Familie besuchten diese Veranstaltung. Als die gleiche Organisation 1980 die dritte Origami-Weltmesse in Mexiko veranstaltete, nahm der Präsident des Landes an der Eröffnung teil.

In Amerika bot sich 1959 mit der »Plain Geometry and Fancy Figures« genannten Ausstellung die erste Gelegenheit, kreatives Origami in einem formellen Rahmen zu sehen. Die Ausstellung fand im Cooper Union Museum in New York statt, ein Museum, das dekorative Kunst zeigt und heute Cooper-Hewitt Museum heißt.

Natürlich organisiert eine wachsende Zahl begeisterter Anhänger Origami-Ausstellungen in einem bescheideneren Rahmen in solchen Räumlichkeiten wie Schulen und Büchereien.

Vielleicht gehören Sie dazu. Als Veranstalter sollte man daran denken, daß sich ein großer Teil des Interesses an Origami auf das Falten bezieht – das Betrachten eines Origami-Modells ist nicht immer besonders interessant, obwohl das Anfertigen dieses Modells Spaß machen kann. Nachdem sie 1964 ihre Erfahrungen beim Organisieren einer Kaufhausausstellung in New York gemacht hatte, sagt Lillian Oppenheimer: »Wir haben gelernt, daß Origami-Figuren das größte Interesse finden, wenn sie so gruppiert werden, als würde etwas passieren ... es gab zwei boxende Känguruhs, ein halbes Dutzend Gänschen, die hinter ihrer Mutter her watscheln ... Anscheinend fanden die Menschen diese Gruppierungen interessanter als größere, komplizierte Einzelfiguren.«

So können auch Ihre Ausstellungen interessanter werden, wenn Sie die Modelle in Gruppen anordnen. Dies allein gibt dem Betrachter allerdings noch nicht die Gelegenheit, die Freude am Falten kennenzulernen. Man konnte feststellen, daß die erfolgreichsten Ausstellungen in Verbindung mit Kursen stattfanden, in denen das Anfertigen einiger der ausgestellten Modelle gelehrt oder demonstriert wurde.

Jeder Besucher einer Origami-Ausstellung, die vor kurzem in Paris stattfand, wurde aufgefordert, eine Kerze zu falten (rechts beschrieben). Sie erhielten Papier und Instruktionen von den Veranstaltern. Dann sollten die Besucher ihre Kerzen zu jenen stellen, die bereits in der Ausstellung gezeigt wurden. So lieferte schließlich jeder Besucher einen Beitrag zur Ausstellung.

Anfertigung einer Kerze**
(Jean-Claude Correia)

Man nimmt ein kleines, gelbes Papierquadrat. Die farbige Seite zeigt nach oben. Zuerst muß man den Mittelpunkt finden.

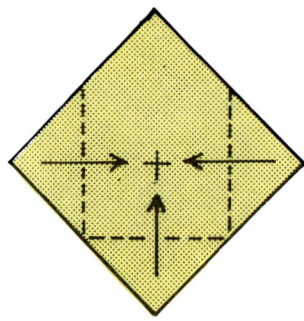

1 Drei Ecken werden so nach innen gefaltet, daß sie sich im Mittelpunkt treffen.

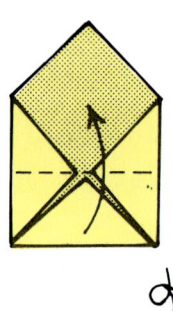

2 Der untere Rand wird an der Stelle nach oben gefaltet, an der sich die drei Ecken treffen. Die Konstruktion wird umgedreht.

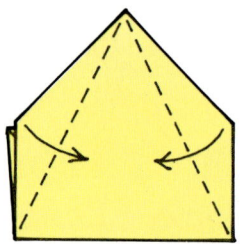

3 Man faltet die Seiten der Vorderklappen an Bruchlinien, die auf jeder Seite zwischen den drei Ecken verlaufen.

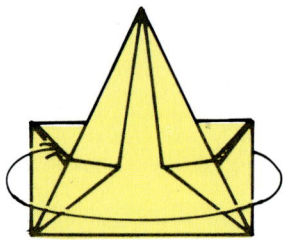

4 Das Papier wird zwischen Daumen und Zeigefinger geführt und aufgerollt. Der rechte Rand wird herumgezogen und in die Taschen der Klappe auf der linken Seite gesteckt.

5 Der farbige Abschnitt wird festgehalten und gedreht, so daß die Form einer Flamme entsteht.

6 Die Kerze ist fertig.

Fächer

Der Fächer soll im 7. Jahrhundert von einem Japaner erfunden worden sein, der die Idee für den Mechanismus bekam, als er den Flügel einer toten Fledermaus untersuchte. Der Fächer ist der einzige Typ der aus Papier gefalteten Produkte, der den Rang eines wichtigen Gewerbes erreichte. Im 19. Jahrhundert exportierte Japan jährlich Millionen von Fächern in den Westen. Sie wurden von Frauen gefaltet, die besonders gestaltete Holzklötze mit scharfen Kanten benutzten, gegen die sie das Papier drückten, um die Brüche herzustellen.

Der Fächer fand damals im Westen ausschließlich als Teil der Frauenkleidung Verwendung. Spanien entwickelte Fächer, die in beide Richtungen geöffnet werden konnten, so daß sich Farben und Muster veränderten. Die spanischen Frauen erfanden beim Flirten eine raffinierte »Fächersprache«, bei der die Weite der Fächeröffnung und der Winkel, mit dem der Fächer gehalten wurde, von großer Bedeutung für den jungen Mann war, auf den er gerichtet war. Aber für die Japaner ist der Fächer ein Autoritätssymbol. In vormoderner Zeit wurde er eher wie ein Marschallsstab geführt. Die Strahlen des Fächers sollen auch die Straße des Lebens, die sich in Richtung auf eine glückliche Zukunft verbreitert, symbolisieren. Deshalb wurde der Fächer ein traditionelles Geschenk bei Hochzeiten und Jugendweihen.

Anfertigung eines Fächers*

Man benötigt ein rechteckiges Stück Papier mit einem Seitenverhältnis von 1:3. Es wird in 16 senkrechte Felder unterteilt. Man kann das Papier zuerst in zwei Hälften, dann in Viertel usw. falten.

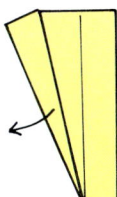

3 Die dritte Falte wird nach links geöffnet.

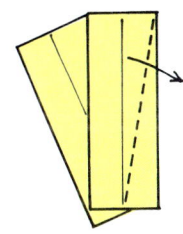

4 Man wiederholt Schritt 2. Dann folgt Schritt 3. Diese Schritte werden weiter wiederholt.

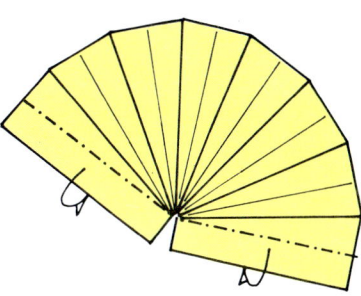

5 Mit Hilfe von Bergfalten werden die unteren Felder hinter die Struktur gebracht. Sie liegen eng am Papier.

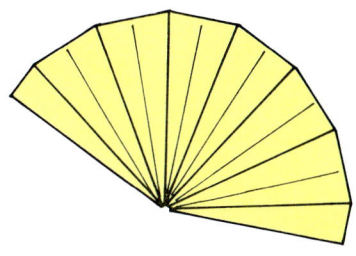

1 Abwechselnd werden Berg- und Talfalten angelegt und das Papier der Länge nach in Falten gelegt.

2 Die erste rechteckige Falte, die oben liegt, ist nach links zu öffnen. Das folgende Feld wird diagonal gefaltet. Das Papier wird von links nach rechts bewegt. Es entsteht eine Talfalte.

6 Der fertige Fächer.

Fächer (Seite 55)

Flexagone

Ein Flexagon ist ein flexibles Polygon. Es wird normalerweise aus Papier oder dünnem Karton hergestellt. Seine Oberfläche besteht aus mehreren kleineren Facetten identischer Formen. Das Polygon kann gebogen werden, so daß die sichtbaren Facetten verdeckt werden und die bisher versteckten Facetten zu sehen sind. Wenn die sichtbare Oberfläche ein Muster aufweist, wird es nach dem Biegen verschwinden, oder – was noch bemerkenwerter ist – es wird ein *anderes* Muster erscheinen.

Das erste Flexagon wurde 1939 von Arthur Stone, einem jungen englischen Studenten an einem mathematischen Fachbereich der Princeton University, erfunden, nachdem er eine größere Zahl von Papierstreifen gesammelt hatte. Wegen der Unterschiede zwischen den eng-

lischen und amerikanischen Papierformaten hatte er es für notwendig gehalten, die Ränder seines Schreibpapiers abzutrennen, damit es in seinen englischen Ordner paßte. Und als er mit diesen Streifen herumspielte, entdeckte er die Grundlage für die Entwicklung des unten beschriebenen Hexaflexagons. Am nächsten Tag entwickelte er sie weiter zu einem komplexeren Flexagon, das er seinen Kommilitonen zeigte. Sie waren stark interessiert, und einige untersuchten zusammen mit Stone die Struktur. Zu diesem Zeitpunkt wurde der Name »Flexagon« gewählt, verbunden mit der einen oder anderen Vorsilbe, die die Form des Flexagons und die Zahl der Oberflächen oder potentiellen Oberflächen, die sie umfaßte, beschreiben sollte.

Flexagone werden meistens

aus Streifen und seltener aus Quadraten oder Rechtecken konstruiert. Ihre Enden werden oft zusammengeklebt. Die Gestaltung ihrer Oberfläche kann große Bedeutung für ihre Wirkung haben. Aus diesen Gründen lassen sich manche Flexagone nur dann als eine Form des Origami betrachten, wenn das Wort alle Arten des Papierfaltens umfassen soll. Es folgen zwei Beispiele: Das erste ist Stones ursprüngliches Flexagon, und das zweite ist ein Ringflexagon (oder Tetraflexagon). Das letzte Beispiel könnte wie unverfälschtes Origami gehandhabt werden, aber einige Leser werden es vielleicht vorziehen, die Enden zusammenzukleben und die Oberflächen anzumalen, um das Modell stabiler und interessanter zu machen.

Hexaflexagone (Seite 58)

Anfertigung eines Hexaflexagons****
(Arthur Stone)

Man nimmt einen Papierstreifen mit den Proportionen 1 : 3. Ein 3 cm breiter Streifen, der an der langen Seite eines DIN A4-Blatts abgeschnitten wird, eignet sich gut.

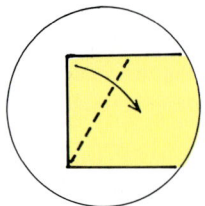

1 Man nimmt ein Ende des Streifens und faltet es in einem 60-Grad-Winkel zum unteren Rand. Der Winkel läßt sich gut abschätzen, wenn man darauf achtet, daß die Kante die neue Ecke in zwei gleiche Winkel aufteilt.

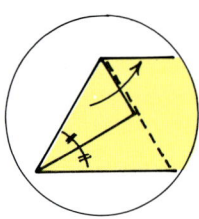

2 Der diagonale Rand wird so gefaltet, daß er an der oberen Kante des Streifens liegt.

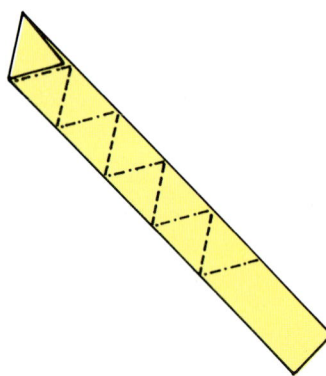

3 Es ist ein kleines gleichseitiges Dreieck entstanden. Der Streifen wird in Berg- und Talfalten nach hinten gefaltet.

4 Dadurch ergibt sich eine kompakte Reihe solcher Dreiecke.

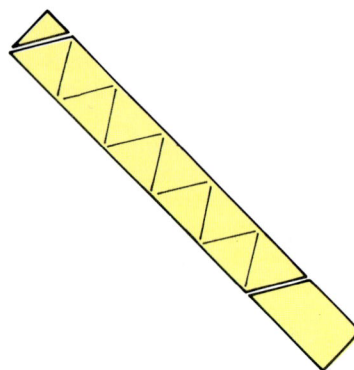

5 Der gefaltete Papierstreifen wird ganz geöffnet. Man schneidet die Enden ab und erhält dadurch eine Kette mit zehn gleichseitigen Dreiecken. Dies ist die Form, die man für die Anfertigung des Hexaflexagons benötigt.

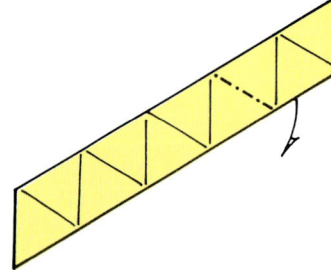

6 Bergfalte auf der rechten Seite.

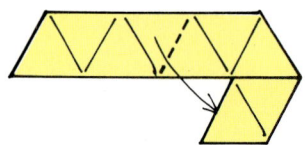

7 Es folgt eine Talfalte auf der linken Seite. Das lange Ende wird unter die vorstehende Klappe gesteckt.

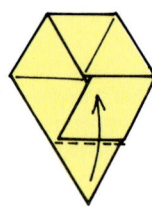

8 Das untere Dreieck wird nach oben gefaltet. Die beiden Oberflächen werden leicht zusammengeklebt.

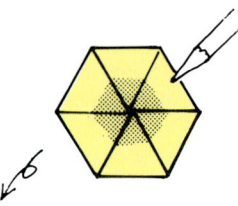

9 Dadurch wird die Konstruktion des Hexaflexagons abgeschlossen. Es bleibt noch das Dekorieren der Oberfläche. Man kann Tusche oder Buntstifte nehmen und die Oberfläche mit einem einfachen geometrischen Muster versehen. Umdrehen.

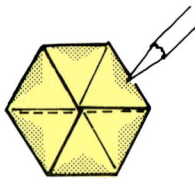

10 Diese Seite wird ebenfalls mit einem einfachen geometrischen Muster dekoriert. Die Konstruktion wird in der Mitte gefaltet.

11 Die vordere Klappe erhält eine schräge Doppelfalte nach links.

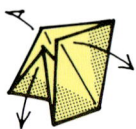

12 Man wird feststellen, daß man die Spitzen im oberen Teil der entstehenden Form trennen kann.

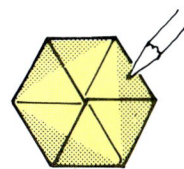

13 Das Hexaflexagon kann aufgeschlagen werden. Es zeigt eine leere Oberfläche. Diese soll mit einem dritten Muster dekoriert werden.

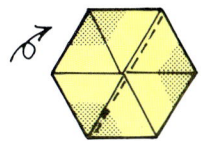

14 Dann dreht man das Flexagon um und findet ein viertes Muster – ein Bild, das man nicht selbst gemalt hat.

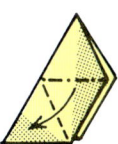

15 Das Papier wird in der Mitte gefaltet. An der vorderen Klappe wird eine schräge Doppelfaltung durchgeführt.

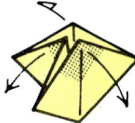

16 Die Spitzen, die sich oben befinden, sind zu trennen. Das Papier wird geöffnet und flachgedrückt.

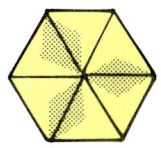

17 Es taucht ein fünftes Muster auf. Das Papier wird umgedreht.

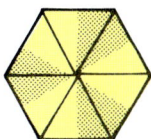

18 Ein sechstes Muster. Wieder wird das Gebilde auf einer anderen Achse in der Mitte gefaltet und dann gedreht. Dadurch taucht das ursprüngliche Muster wieder auf.

Anfertigung eines Ringflexagons****

Man nimmt ein rechteckiges Stück Papier mit den Proportionen 1:2. Die senkrechte Mittellinie wird ermittelt.

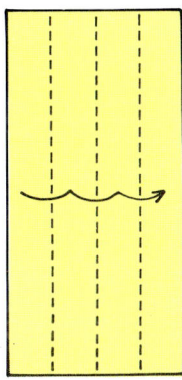

1 Der linke Rand wird zur Mitte gefaltet. Man faltet die Lagen noch zweimal in gleicher Richtung übereinander.

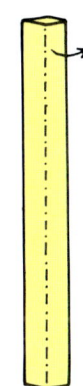

2 Das gefaltete Papier auseinanderdrücken. Resultat ein Röhrchen, das wieder flach gedrückt wird. Die Bruchlinie soll dabei senkrecht in der Mitte liegen.

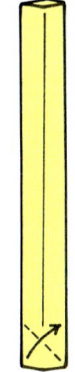

3 Der untere Rand wird zur rechten Seite gefaltet.

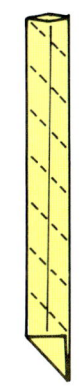

4 Man faltet die horizontale Kante zur rechten Seite, so daß sie am rechten senkrechten Rand liegt.

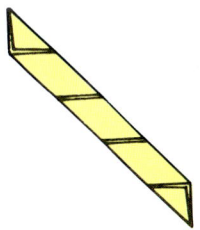

5 Man faltet so lange weiter, bis man diese Form erhält. Das Papier wird auseinandergefaltet.

6 Der untere Rand wird zur linken Seite gefaltet. Dieser Schritt wird mehrmals wiederholt.

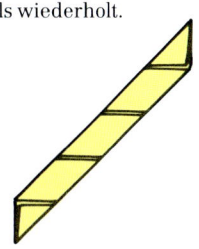

7 Bis zu dieser Form weiterfalten, dann auseinander.

Ringflexagone (Seite 59)

Fortsetzung Ringflexagone

8 An den Stellen, an denen sich die diagonalen Brüche treffen, werden horizontale Brüche gefaltet.

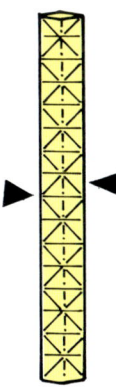

9 Auf die Ränder wird Druck so ausgeübt, daß wieder die Form eines Röhrchens entsteht.

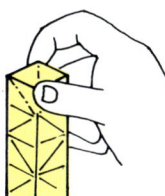

10 Man stellt eine Reihe von Ziehharmonika-Falten her, indem die beiden oberen Dreiecke nach unten in das offene Röhrchen geschoben werden.

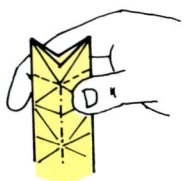

11 Nun wird das Röhrchen flachgedrückt. Die beiden oberen Spitzen erhalten eine horizontale Position.

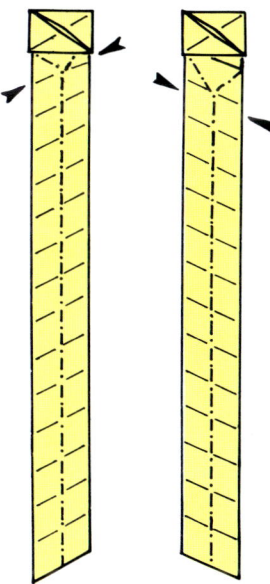

12 Auf die Ränder wird Druck ausgeübt, um das Röhrchen von der anderen Seite her flach zu drücken.

13 Eine weitere Ziehharmonika-Falte entsteht.

14 Das Röhrchen wird weiter hin und her flachgedrückt, um weitere Ziehharmonika-Falten an den entsprechenden Stellen zu bilden.

15 Wir bringen nun die beiden Enden zusammen. Die beiden Spitzen eines Endes werden in die beiden Taschen des anderen Endes gesteckt, jede Spitze in eine Tasche. Etwas Klebstoff hält die Enden besser zusammen, er ist aber nicht unbedingt erforderlich.

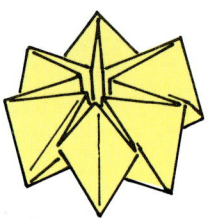

16 Die Konstruktion des Ringflexagons ist fertig.

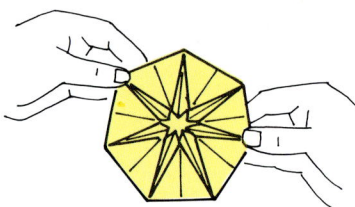

17 Mit dem Flexagon kann man spielen, indem der äußere Rand nach hinten gedrückt und in der Mitte nach vorne gedrückt wird. Die Sternform in der Mitte »explodiert« und vergrößert sich dadurch.

18 Immer neue Oberflächen erscheinen in der Mitte, wenn die Seiten weiter zurückgerollt werden. Wir haben für das Modell weißes, ungemustertes Papier genommen. Reizvoll ist es auch, passendes bedrucktes Papier mit Mustern auszusuchen.

Blüten

In der japanischen Kultur ist eine reiche Symbolik mit Blüten verbunden. Sie sind ein beliebter Gegenstand beim Origami. Wenn eine Frau im vormodernen Japan ihrem Liebhaber ein Ahornblatt schickte, bedeutete dies das Ende einer Liebschaft. In der Blumensprache des Ostens drückte sie damit aus, daß sich ihr Herz verändert hatte wie die Farbe eines Ahornblattes im Herbst.

Ein weiteres Beispiel ist die Lotusblüte, die im Fernen Osten in enger Beziehung zum Buddhismus steht: Sie ist das Symbol der Reinheit, weil die über dem Wasser blühende Blume unbefleckt bleibt von dem Schlamm, in dem die Wurzeln wachsen. Und die Iris, die ein schmales, schwertähnliches Blatt besitzt, symbolisiert einen starken, kriegerischen Geist im japanischen Volk.

Die meisten Blumen werden aus der Ausgangsgrundform gefaltet, aber in diesem Fall handelt es sich um eine symmetrische Struktur, die aus vier großen, dreieckigen Klappen besteht. Schritt 1 der Frosch-Grundform (Seite 25) ist die Ausgangsgrundform. Durch Quetschfalten erhalten wir acht Klappen. Wenn man eine dieser Formen – die Ausgangsgrundform oder die Frosch-Grundform – oder eine ähnliche Form nimmt und eine Reihe ähnlicher Faltungen an jeder Klappe durchführt, wird eine Form entstehen, die sich wiederholende Züge und eine rhythmische Gestaltung aufweist. An einem bestimmten Punkt wird man entdecken, daß man seine erste Origami-Blüte gefaltet hat.

Die beiden folgenden Blüten – eine traditionelle und eine moderne Blüte – entstehen aus der durch Quetschfaltung veränderten Ausgangsgrundform, aber in dem zweiten von David Collier stammenden Beispiel wurden im Material Brüche vorher angelegt. Zusätzliches Papier wurde mit Hilfe der Blintz-Technik vor dem Falten der Grundform eingefügt. Collier hat auch einen Stengel und ein Blatt entworfen, die er einsetzt, um diese und andere Blüten abzustützen.

Siehe auch »Blätter falten« und »Seidenpapier«.

Anfertigung einer Iris***

Man nimmt ein quadratisches Blatt Papier. Ausgangspunkt ist die Frosch-Grundform (Seite 25). Sie wird umgedreht, Oberseite nach unten.

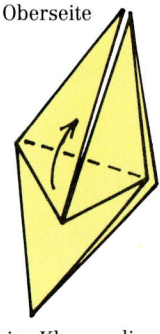

1 Die kleine, dreieckige Klappe, die sich vorne befindet, wird nach oben gefaltet. Wiederholung des Vorgangs an den drei anderen Seiten.

2 Die linke Klappe wird nach rechts gefaltet. Das Ganze herumdrehen. Die rechte Klappe wird zur linken Seite gefaltet.

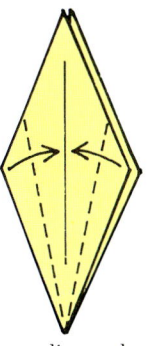

3 Die unteren diagonalen Kanten zum Mittelbruch falten. Dieser Schritt wird auf den drei anderen Seiten wiederholt.

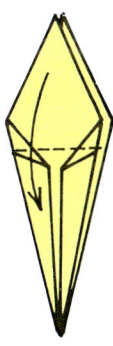

4 Man faltet die obere Spitze nach unten Und öffnet jede Klappe. Wiederholung an den drei anderen Seiten.

5 Die vordere Klappe wird angehoben. Sie steht im rechten Winkel zum Körper des Modells. Wiederholung des Schritts auf den anderen drei Seiten.

6 Die fertige Blüte. Einige Papierkünstler geben den Blütenblättern gerne einen Bogen, indem sie diese um einen Bleistift wickeln.

Anfertigung einer Blüte***
(David Collier)

Wir nehmen ein farbiges Papierquadrat. Die ungefärbte Seite liegt oben.

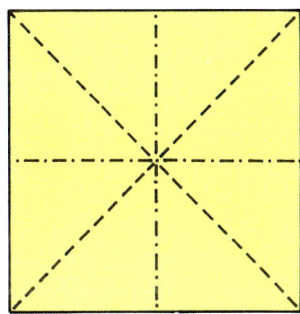

1 Talfalten in den Diagonalen anlegen und öffnen, Bergfalten an den Mittellinien falten und öffnen.

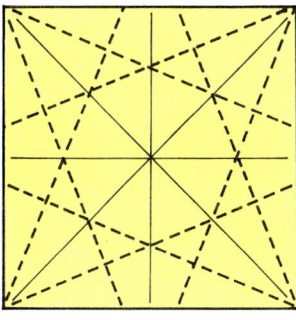

2 Jede Kante wird der Reihe nach an die beiden Diagonalen gelegt und gefaltet (insgesamt achtmal knicken). Das Blatt wird auseinandergefaltet.

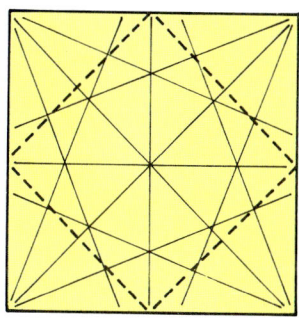

3 Alle vier Ecken durch Talfalten an den Mittelpunkt bringen.

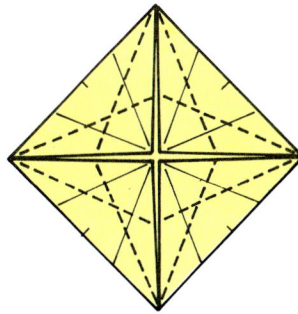

4 Die ungefalteten Kanten aller Dreiecke werden zum äußeren Rand gefaltet und zurückgeklappt.

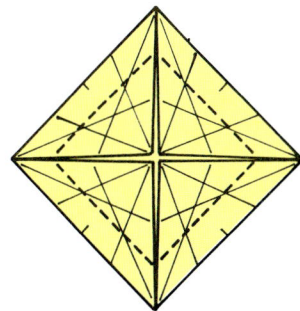

5 Man faltet jede Klappe auf der Linie zwischen den äußeren Schnittpunkten der bestehenden Brüche.

Fortsetzung Blüte

6 Auf beiden Seiten jeder Klappe werden schräge Doppelfalten geknickt, so daß die Ränder der Klappen die Kanten des Quadrats berühren.

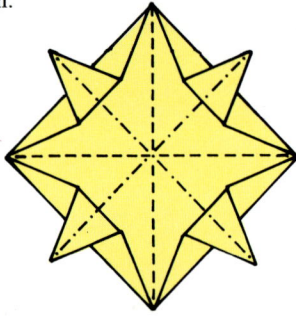

7 Durch Zusammenklappen entsteht eine abgewandelte Ausgangsgrundform.

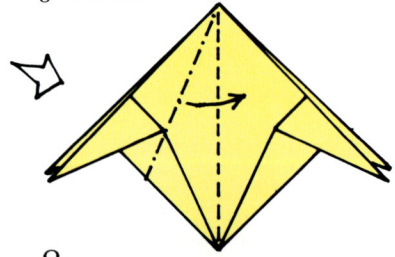

8 Quetschfaltung der vorderen linken Klappe, die wieder aufgeschlagen wird. Wiederholung an den drei anderen Seiten.

9 Die Ränder, die unter der vorderen Klappe liegen, werden herausgezogen. Wiederholung an den drei anderen Seiten.

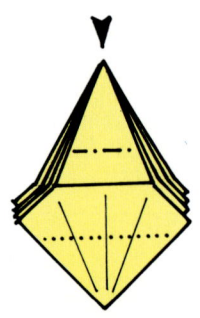

10 Versenkung der oberen Spitze in die Struktur. Sie trifft dadurch die verdeckte horizontale Kante. Wiederholung an den drei anderen Kanten.

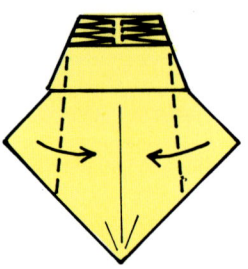

11 Die linke und rechte Ecke zur Mittellinie falten. Wiederholung an den drei anderen Seiten.

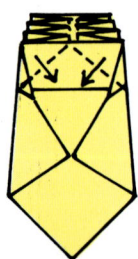

12 Die obere linke und rechte Ecke werden nach unten gefaltet. Wiederholung an den drei anderen Seiten.

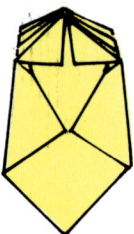

13 Die freien Klappen im unteren Teil werden vorsichtig voneinander getrennt.

14 Die Klappen werden weiter getrennt und die Mitte ausgebreitet, so daß die Form der Blüte hervortritt. Die obere Spitze des Stengels (unten) wird in das Loch auf der Unterseite gesteckt. Damit ist die Blüte fertig.

Anfertigung eines Blatts und Stengels***
(David Collier)

Wir nehmen ein quadratisches Blatt grünes Papier. Es sollte etwa die gleiche Größe haben wie jenes, das für die Blüte verwendet wurde. Das Quadrat wird in Rechtecke zerschnitten: drei große Rechtecke mit den Proportionen 1 : 4 (C), ein kleineres Rechteck 1 : 8 (B), zwei kleine Rechtecke 1 : 4 (A). Ein großes Rechteck wird nicht gebraucht.

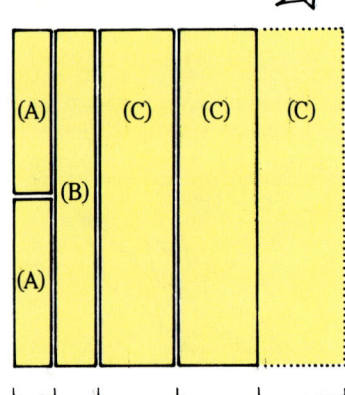

Blatt

Man nimmt eines der kleinsten Rechtecke (A). Es wird in der Länge in vier gleichgroße Felder aufgeteilt.

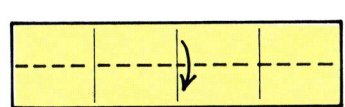

1 Die obere Hälfte herunterfalten. Es entsteht eine Talfalte.

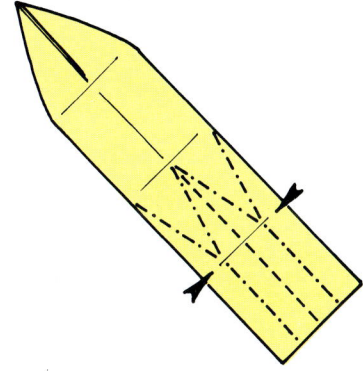

4 Das linke Ende richtet sich auf und bildet eine hochgeklappte Bootsform. Das Papier am rechten Rand wird abgeflacht. Neue Brüche der Abbildung entsprechend anlegen. Ober- und Unterkante zusammendrücken.

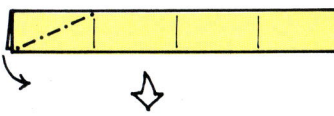

2 Gegenbruchfalte nach innen am linken Rand.

5 Das fertige Blatt.

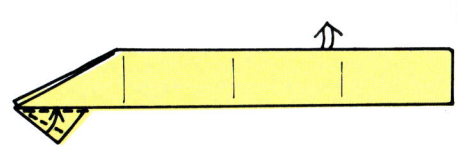

3 Man faltet die kleine Klappe in der Mitte. Dann wird sie noch einmal gefaltet und in die Struktur geschoben. Das Papier wird geöffnet, indem die Unterkante von hinten angehoben wird.

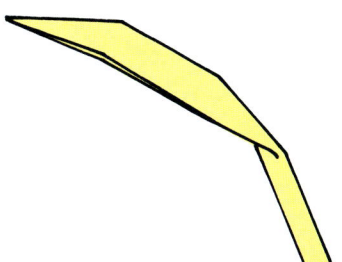

6 Das Blatt von der Seite gesehen. Mit dem anderen kleinen Rechteck können wir ein zweites Blatt anfertigen.

Stengel

Benötigt wird das Rechteck mit den Proportionen 1 : 8 (B). Ein langer Mittelbruch wird angelegt. Der Streifen wird in acht gleiche Felder eingeteilt.

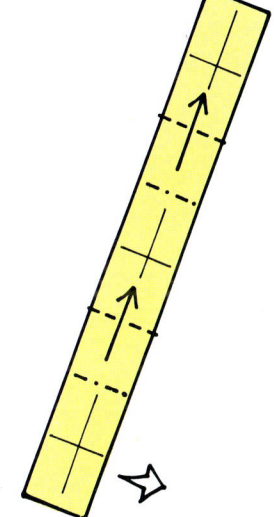

1 Bei bestehenden Brüchen werden zwei Doppelfalten gemacht. Siehe Abbildung.

2 Der linke und der rechte Rand des gefalteten Streifens werden so gefaltet, daß sie sich an der Mittellinie treffen.

Fortsetzung Stengel

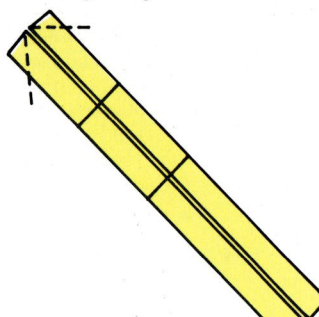

3 Die Ecken auf der linken Seite werden mit Talfalten zur Mittellinie gebracht.

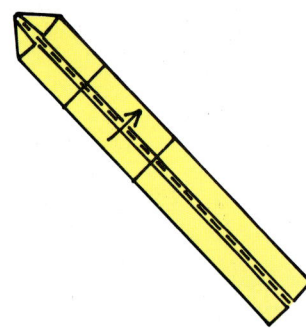

4 Mit einer Talfalte wird der Streifen in der Mitte zusammengeklappt, untere Hälfte nach oben.

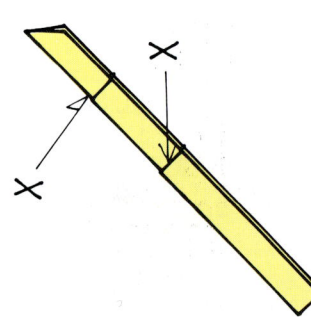

5 Der fertige Stengel. In der Abbildung sind zwei Taschen mit einem X markiert. In jede dieser Taschen werden die Blätter gesteckt, ein Blatt hinten und ein Blatt vorne. Dies geht leichter, wenn man, zurückkehrend zu Abbildung 4, den Stengel zuerst öffnet. Die Enden der Blätter werden hineingeschoben und der Stengel wird wieder gefaltet.

Stiel und Zusammensetzung

Nun kommen die großen Rechtecke (C) an die Reihe. Bei jedem Blatt wird ein horizontaler Mittelbruch angelegt.

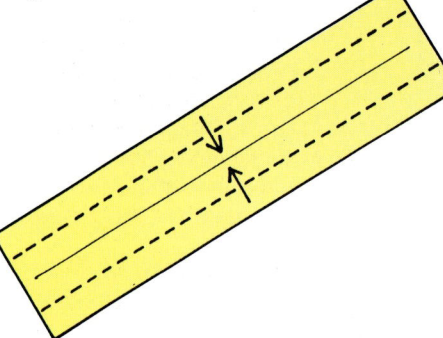

1 Man nimmt eines der Rechtecke und faltet die Ränder zur Mittellinie.

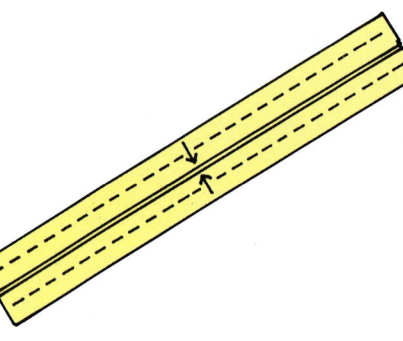

2 Der Schritt wird mit den neuen Rändern wiederholt.

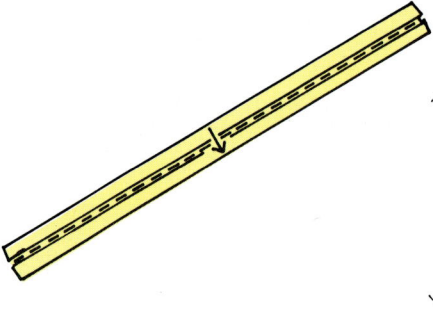

3 Der Streifen wird in der Mitte gefaltet. Die gleichen Schritte sind bei dem anderen Rechteck durchzuführen. Dann werden beide geöffnet.

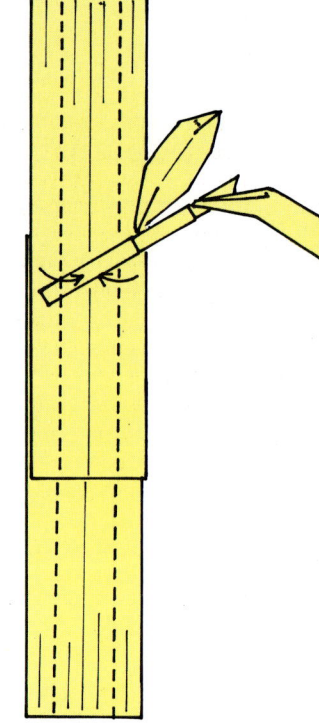

4 Ein Stück wird so auf das andere gelegt, daß sie sich etwa mit halber Länge überlappen. Der Stengel des Blatts wird in einem Winkel etwas unterhalb der oberen Grenze der doppelten Lage plaziert. Man läßt den Stiel schmäler werden, indem die Ränder wieder und wieder zur Mitte gefaltet werden. Der Stengel wird durch die Falten auf der linken Seite festgehalten.

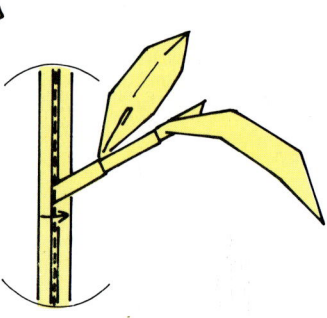

5 Zum Abschluß faltet man den Stiel noch einmal in der Mitte.

Folie

Unter Folie verstehen die meisten Papierkünstler die dekorative Folie mit Gold- oder Silberbeschichtung, die in Bastelgeschäften erhältlich ist. Einige Papierkünstler verwenden nur Folie. Sie bevorzugen dieses Material, weil es nicht so elastisch wie normales Papier ist. Das bedeutet, daß es gefaltet bleibt, wenn es geknickt wurde. Deshalb wird ein Folienmodell eher seine Form behalten als ein Modell, das aus gewöhnlichem Papier angefertigt wurde. Auf der anderen Seite neigen seine gefalteten Ränder dazu, Risse zu bekommen. Die Modelle sehen sehr schnell abgegriffen aus. Sie haben nicht die Festigkeit und Spannung in ihren Linien und Oberflächen, die die aus Papier gefalteten Modelle auszeichnen. Trotzdem wird Folie im allgemeinen als Material für Weihnachtsdekorationen akzeptiert.

Im weiteren Sinn wird unter Folie die einfache Aluminiumfolie verstanden, die beim Kochen Verwendung findet. Der kalifornische Papierkünstler Robert Lang stellt daraus etwas her, was er für ein nahezu perfektes Origami-Material hält, indem er dünnes, farbiges Seidenpapier auf jede Seite der Folie klebt (siehe »Laminiertes Papier«). Die Folie scheint teilweise durch das Papier, ein Nebeneffekt, der ein »interessantes Schillern« verursacht.

Es ist nicht überraschend, daß begeisterte Origami-Anhänger dafür bekannt sind, ihre Geschicklichkeit für die Herstellung von Bratpfannen und anderer Utensilien aus Küchenfolie einzusetzen. Grillpartys können eine gute Gelegenheit bieten, die Ergebnisse zu präsentieren.

Die folgende Schachtel oder Schale kann aus einem beliebigen Rechteck hergestellt werden. Da es nicht auf die Proportionen ankommt, bietet sich ein restliches Stück Küchenfolie an.

Anfertigung einer Schachtel aus Folie*

Man nimmt ein rechteckiges Stück Folie (oder Papier). Zuerst wird die Mitte bestimmt.

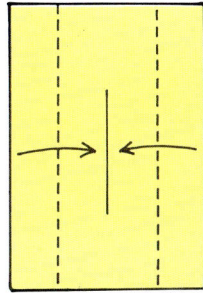

1 Die langen Seiten werden durch Talfalten zur Mitte gelegt.

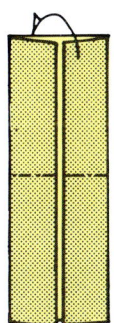

2 Bergfalte in der Mitte. Die obere Hälfte wird nach hinten gefaltet.

3 Die linke und rechte Ecke der Oberkante sind so nach unten zu falten, daß sie sich in der Mitte treffen. Sie werden zurückgeklappt.

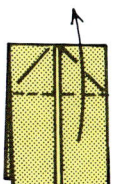

4 Die vordere Klappe wird an einer Linie nach oben gefaltet, die durch die Schnittpunkte der Brüche mit den Rändern läuft.

5 Die verdeckten Ränder hinter der vorderen Klappe festhalten und diese nacheinander nach links und rechts ziehen. Der Schritt wird auf der Rückseite wiederholt.

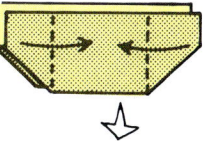

6 Der linke und der rechte Rand werden zur Mitte gefaltet. Das Ganze umdrehen. Wiederholung des Schritts.

7 Vorne und hinten: Die kleine obere Klappe wird zweimal nach unten gefaltet.

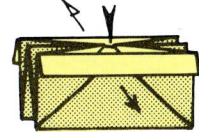

8 Vorsichtig an den schmalen Klappen auf Vorder- und Rückseite ziehen. Dabei wird die Mitte nach unten gedrückt und die Form aufgerichtet.

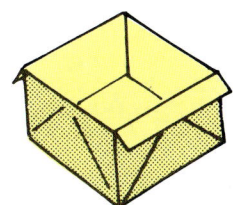

9 Die fertige Schachtel.

*Blüten (Seite 63) mit Blättern und
Stielen (Seite 64)*

Frösche

Im Japanischen bedeutet das Wort *kaeru* sowohl »Frosch« als auch »Heimkehr«. Aus diesem Grund hatte der gefaltete Papierfrosch einmal einen Platz im japanischen Brauchtum als Zauber, der die Rückkehr eines geliebten Menschen sicherstellen sollte. Es wird berichtet, daß vor allem Frauen von Fischern das Falten von Fröschen praktizierten. Die gefalteten Modelle wurden in ihren häuslichen Schrein gestellt, während ihre Männer auf See waren.

Die Japaner falten noch immer den gleichen traditionellen Frosch, aber heute nur zum Vergnügen. Wenn man mit dem Finger nach unten über den Rücken des Frosches fährt, kann man ihn springen lassen. Vorausgesetzt das Papier ist leicht und elastisch genug, so wird er einen ganzen Salto vollführen.

Die Möglichkeit, Papier für die Herstellung von Springfröschen zu verwenden, scheint unabhängig voneinander von verschiedenen Völkern in unterschiedlichen Teilen der Welt erkannt worden zu sein. Es gibt eine Anzahl unterschiedlicher Typen der springenden Frösche. Die meisten funktionieren durch Fingerdruck. Hier werden zwei Modelle vorgestellt: der traditionelle japanische Frosch und ein von Bob Allen in Amerika entdeckter Frosch, der, wie er glaubt, von dort stammen kann. Es scheint, daß die Chinesen Frösche bevorzugen, die durch Blasen in Bewegung gesetzt werden.

Anfertigung eines japanischen Springfrosches***

Man nimmt ein quadratisches Stück Papier, vorzugsweise mit grüner Farbe. Zuerst wird die Frosch-Grundform hergestellt (siehe Seite 25).

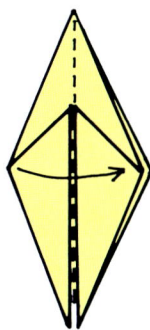

1 Die vordere linke Klappe wird nach rechts herübergefaltet. Das Papier wenden. Die vordere rechte Klappe wird auf die linke Seite gefaltet.

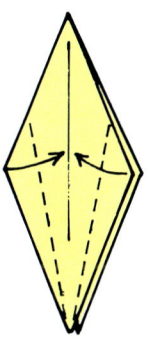

2 Die unteren Ränder der vorderen Klappen kommen zum Mittelbruch. Wiederholung an den drei anderen Seiten.

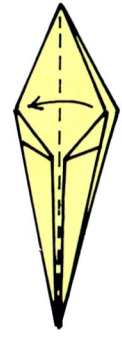

3 Die obere rechte Klappe wird zurück zur linken Seite gebracht. Wenden. Die linke obere Klappe wird zurück zur rechten Seite gefaltet.

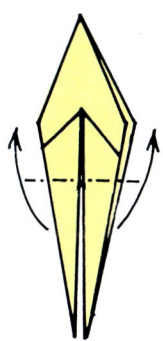

4 Gegenbruchfalte nach innen an den beiden vorderen Spitzen (unten), so weit nach oben wie möglich.

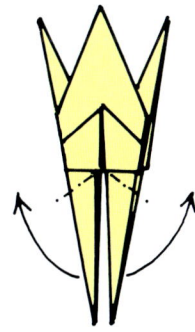

5 Nun folgt eine Gegenbruchfalte nach innen beim letzten Spitzenpaar, eine Spitze nach links, die andere nach rechts.

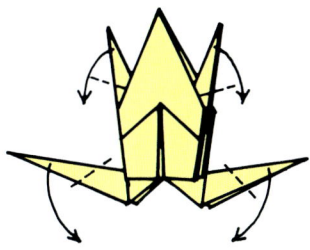

6 Alle vier Spitzen erhalten eine Talfalte, so daß sich die Form der Beine ergibt.

*Fortsetzung japanischer Spring-
frosch*

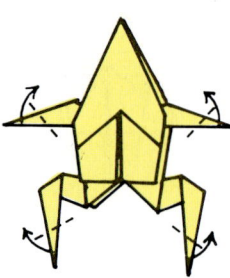

7 Jede Spitze erhält noch eine Talfalte, um die Füsse zu formen.

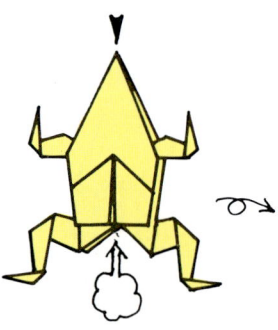

8 Man bläst in das Loch im unteren
Teil des Modells und drückt auf die
obere Spitze, damit sich die Form des
Körpers aufrichtet. Wenden.

9 So sieht der fertige japanische
Springfrosch aus. Man legt ihn auf
eine flache Oberfläche. Er springt,
wenn der Finger mit festem Druck
den Rücken hinunterfährt.

Anfertigung eines chinesischen Springfrosches**

Ausgangspunkt ist ein Quadrat aus
leichtem Papier, das zur Blintz-
Grundform gefaltet wird (siehe Seite
27).

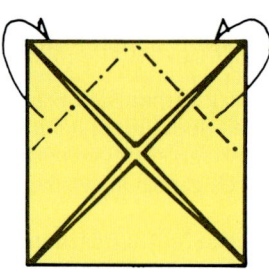

1 Die beiden oberen Ecken werden
mit Hilfe von Bergfalten hinter das
Papier gebracht. Sie treffen sich in
der Mitte.

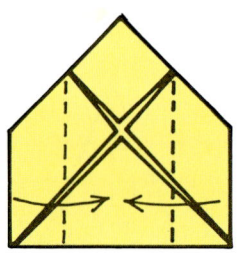

2 Der linke und der rechte Rand
werden zur Mitte gefaltet.

3 Die Unterkante kommt zur horizontalen Linie. Es entsteht eine Talfalte.

4 Die beiden oberen Ecken der vorderen Klappe werden so nach unten
gefaltet, daß sie am unteren Rand liegen.

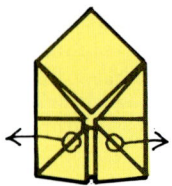

5 Die diagonal gefalteten Ränder
festhalten. Nur die äußeren Lagen
werden nach links und rechts gezogen. Sie werden flach gedrückt.

6 Nun wird die Konstruktion gewendet.

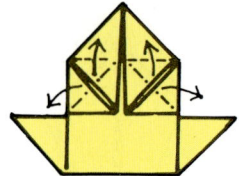

7 Die ungefalteten Ränder der mittleren Klappen werden getrennt.
Quetschfaltung, um die Augen zu formen.

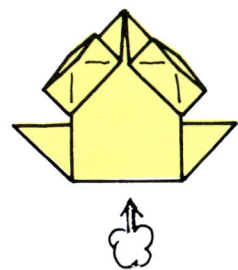

8 Der fertige chinesische Frosch. Es gibt zwei unterschiedliche Auffassungen darüber, wie man ihn am besten springen lassen kann. Manche sagen, daß man bei den Hinterbeinen mit kurzen, leichten Stößen von oben hineinblasen sollte. Andere sagen, daß man aus gleicher Höhe unter die Hinterbeine des Frosches blasen sollte.

Anfertigung eines amerikanischen Springfrosches**

Man nimmt ein kleines Papierquadrat und stellt die Wasserbomben-Grundform her (siehe Seite 22).

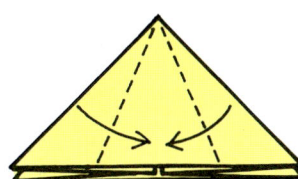

1 Die diagonalen Ränder der vorderen linken und rechten Klappe werden zum Mittelbruch gefaltet.

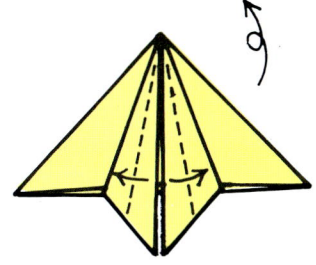

2 Sie werden zurück zu den neu entstandenen Rändern gefaltet. Die Konstruktion wenden.

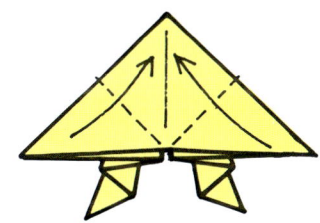

3 Die linke und die rechte Ecke werden nach oben gefaltet. Sie treffen sich bei der oberen Spitze.

4 Sie werden zurück zu den neuen Ecken gefaltet.

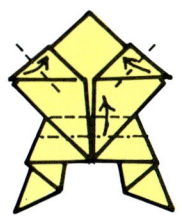

5 Die beiden oberen Klappen werden nach oben gefaltet. Sie bilden Füße. Die Taille erhält eine Doppelfalte.

6 Das Ganze wenden.

7 Der amerikanische Frosch ist fertig.

8 Fest mit dem Finger den Rücken hinunterfahren. Wie der japanische Frosch wird er springen.

Apropos: Geometrie

Für Pädagogen steht fest, daß das Papierfalten eine nützliche Hilfe beim Geometrieunterricht für Kinder sein kann. Artikel, die Papierfalten zum Thema haben, erscheinen oft in speziellen Veröffentlichungen für Mathematiklehrer.

Der englische Papierkünstler John S. Smith, der sich besonders mit diesem Aspekt des Papierfaltens befaßte, glaubt, daß das Papierfalten beim Mathematikunterricht viele Vorteile besitzt, unter anderem sind zu nennen: (1) Es werden keine mathematischen Instrumente benötigt – die Papierquadrate selbst sind ein einfacher Ersatz für ein Lineal und einen Winkel. (2) Mehrere wichtige geometrische Schritte können mit Hilfe des Papierfaltens leichter durchgeführt werden als mit einem Zirkel und einem Lineal. (3) Den Schülern fällt es leichter, saubere Diagramme zu falten als diese zu zeichnen – so können sie viel mehr Lehrsätze direkt nachvollziehen.

Apropos: Grußkarten

Ein Modell, das aus einem kleinen, farbigen Papierquadrat gefaltet wurde, gibt eine gefällige Dekoration ab, wenn es einem persönlichen Brief beigefügt wird. Man kann einen Schritt weiter gehen und versuchen, mit Origami dekorierte Postkarten anzufertigen.

Jacques Justin entwickelte diese Idee der Origami-Grußkarten. Dabei faltet er sowohl die Karte als auch die Figur aus einem einzigen Blatt Papier.

Flatternde Vögel (Seite 12)

Gefaltete Taschentücher

Lewis Carroll, der Autor von *Alice im Wunderland*, pflegte seine jungen Freunde zu unterhalten, indem er ein Taschentuch aus seiner Tasche nahm und es in eine Maus verwandelte. Er bereitete ihnen Vergnügen, indem er die Maus scheinbar zum Leben erweckte und sie seinen Arm hinauflaufen und in die Luft springen ließ.

Die Maus ist eines von mehreren Kunststückchen unbekannten Ursprungs, die mit einem gefalteten Taschentuch arbeiten, um kleine Kinder zu unterhalten. Solche Tricks sind Teil einer Tradition der Salonaufführungen. Allerdings reicht es nicht aus, einfach nur ein Taschentuch zu falten – man sollte auch über die Präsentation und Vorführung nachdenken.

Taschentücher können auch gefaltet werden, um einfache Tischdekorationen in Origami-Art anzufertigen. Da sie aus Stoff und nicht aus Papier bestehen, werden die Falten weicher und runder. Solche Entwürfe sind austauschbar mit jenen, die oft als Serviettenfalten beschrieben werden.

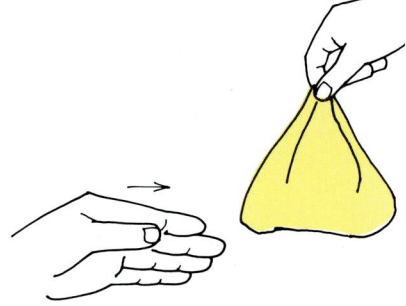

4 Nun umfaßt man den unteren Teil des Bündels mit der freien Hand.

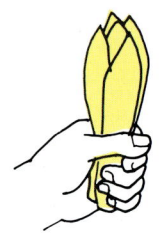

5 Damit ist die Banane fertig.

6 Das Publikum wird das Gebilde vielleicht zunächst nicht als Banane erkennen. Das ändert sich, wenn man vorsichtig die vier Ecken nach unten faltet und so tut, als würde man hineinbeißen.

Anfertigung einer Schleife*

Man nimmt ein schlichtes oder farbiges Taschentuch.

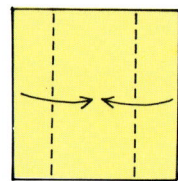

1 Die linke und die rechte Seite werden zur Mitte gefaltet.

Anfertigung einer Banane*

Man nimmt ein schlichtes Taschentuch.

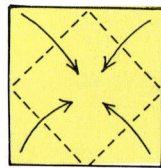

1 Die vier Ecken werden so nach innen gefaltet, daß sie sich in der Mitte treffen.

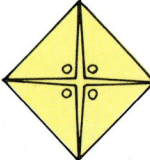

2 Mit den Fingern einer Hand werden die vier Ecken festgehalten. Das Taschentuch wird hochgehoben.

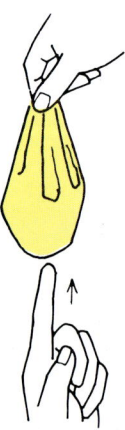

3 Die Mitte des Taschentuchs wird mit dem Zeigefinger der anderen Hand hochgedrückt und wird von den Fingern zusammen mit den Ecken festgehalten.

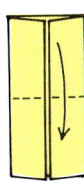

2 Die obere Hälfte wird nach unten gefaltet. Es entsteht eine Talfalte.

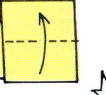

3 Man faltet die Unterkante der vorderen Klappe zum oberen Rand. Wenden und den Schritt wiederholen.

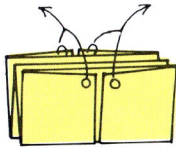

4 Vorsichtig werden die vier Ecken über die gefalteten Ränder angehoben. Die beiden linken Ecken werden zischen Daumen und Zeigefinger der linken Hand gehalten, die beiden rechten Ecken zwischen Daumen und Zeigefinger der rechten Hand. Anheben und auseinanderziehen.

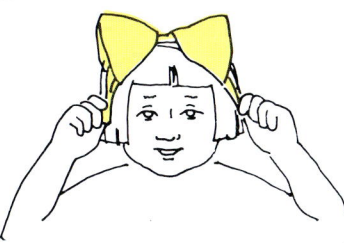

5 Auf dem Kopf nimmt das Taschentuch die Form eines Bandes mit Schleife an.

Anfertigung einer Maus**

Ausgangspunkt ist ein schlichtes, diagonal gefaltetes Taschentuch.

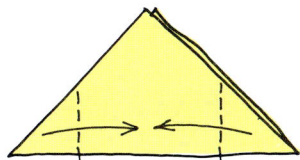

1 Die beiden Ecken werden so zur Mitte gefaltet, daß sie sich etwas überlappen.

2 Die Unterkante wird mehrmals nach oben übereinandergefaltet und dann in einer Talfalte umgeschlagen.

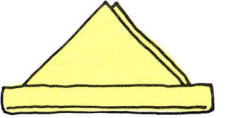

3 Das Taschentuch wird gewendet.

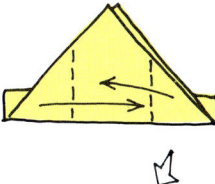

4 Die linke und rechte Seite werden so gefaltet, daß sie sich überlappen.

5 Der untere Rand wird noch einmal nach oben gefaltet.

6 Die obere Ecke wird in das Modell gesteckt und ganz hineingeschoben.

7 Man schiebt die Daumen von unten in das Modell und stülpt es um.

8 Das Modell wird weiter umgestülpt, bis die beiden Enden erscheinen.

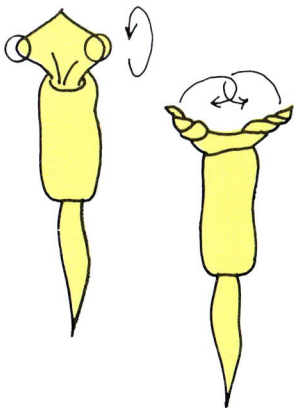

9 Ein Ende wir mit Daumen und Zeigefinger gehalten. Man läßt das Modell hängen und dann mehrmals kreisen.

10 Zwei gezwirbelte Zipfel kommen zum Vorschein. Sie werden in einem Knoten, der den Kopf mit Ohren bildet, miteinander verbunden.

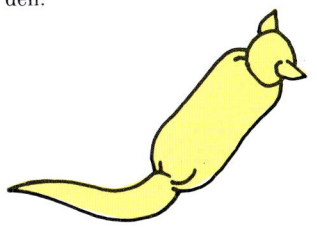

11 Die Maus ist fertig.

Fortsetzung Maus

Die Maus zum Leben erwecken

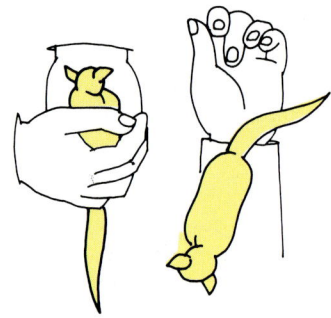

1 Man hält die Maus auf der linken Handfläche und streichelt sie mit der rechten Hand. Man schiebt die Maus mit dem Mittelfinger der linken Hand (die streichelnde Hand wird diese Bewegung vor dem Publikum verbergen). So läuft die Maus anscheinend vorwärts. Man zieht sie zurück in die Hand und wiederholt das Ganze mehrmals. Dann wir die Maus etwas härter gestoßen, damit sie den Arm hinaufspringt.

Man legt die Hände in den Schoß, Handflächen nach oben. Die Maus liegt quer auf den Handflächen. Wenn man mit den Fingern wackelt, kann man sie von Hand zu Hand laufen lassen. Man wechselt die Hände, damit sie immer weiter laufen kann.

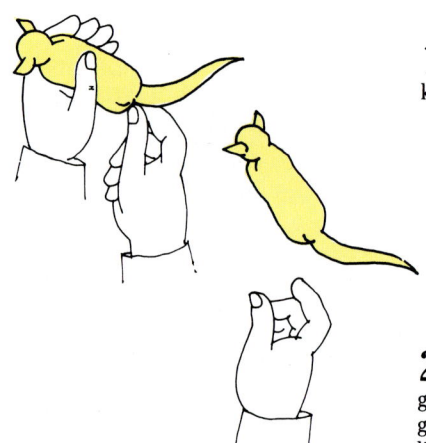

2 Schließlch wird die Maus mit dem Kopf zum Publikum gehalten. Mit einer schnellen Bewegung des Zeigefingers läßt man sie nach vorne springen.

Hüte

Zu den wenigen Origami-Techniken, die traditionell von den meisten Menschen der westlichen Welt als Kind gelernt werden, gehört der spitze, aus einem Stück Zeitungspapier gefaltete Papierhut (obwohl sich nicht jeder Erwachsene daran erinnert, wie er gefaltet wird, wenn er eigene Kinder hat). Er dient den Kindern natürlich beim Spielen als Kriegerhelm, aber auch Erwachsene haben seine Nützlichkeit entdeckt, wenn sie schnell und behelfsmäßig eine Kopfbedeckung herstellen müssen, um sich vor Regen oder Sonne zu schützen. (Wenn die Sonne nicht blenden soll, wird der Hut so getragen, daß die Spitzen nach vorne und hinten zeigen; man trägt ihn quer, damit kein Regen auf die Schultern fällt.) Sogar Papst Johannes Paul wurde schon bei entsprechender Gelegenheit mit einem solchen Hut gesehen.

Anfertigung eines Papierhuts*

Man nimmt ein Stück Zeitungspapier, möglichst eine Seite doppelt nehmen, damit das Papier fester wird. Zuerst werden die längeren Seiten gefaltet und wieder geöffnet. Damit markiert man die horizontale Mittellinie.

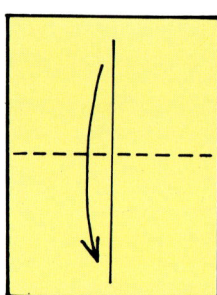

1 Die Oberkante kommt zur Unterkante. Es entsteht eine Talfalte.

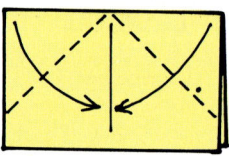

2 Die linke und die rechte Ecke der gefalteten Kante werden nach unten gefaltet. Sie treffen sich an der Mittellinie.

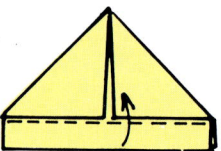

3 Die vordere untere Klappe wird nach oben über die horizontale Kante gefaltet. Das gleiche wird auf der Rückseite gemacht.

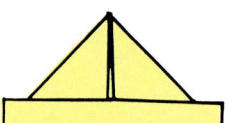

4 Der fertige Hut.

Bei spanischen Kindern gibt es den Brauch, diese Art von Hut mit einer Papierfeder zu schmükken.

Anfertigung einer Papierfeder*

Man nimmt ein restliches, rechteckiges Stück Papier.

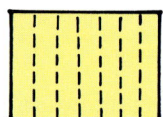

1 Das Papier wird leicht aufgerollt.

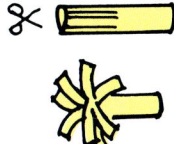

2 In ein Ende des Röhrchens schneidet oder reißt man mehrere Schlitze.

3 Abschließend die Enden der Streifen auseinanderdrücken und aufbauschen.

4 Der Hut wird geschmückt, indem man das Unterteil der Feder in die vordere Tasche schiebt.

Der Papierhut kann weiterentwickelt werden, um zum Beispiel einen Hut mit einem größeren Rand herzustellen. Er ist auch als »Segelboot-Hut« bekannt, weil man ihn, wenn er aus einem Blatt Briefpapier gefaltet wurde, in der Badewanne als Boot schwimmen lassen kann oder ihn, wenn er aus einem großen Stück Zeitungspapier hergestellt wurde, als Hut auf dem Kopf tragen kann.

Anfertigung eines Segelboot-Huts*

Zuerst wird der Papierhut gefaltet (siehe Seite 76).

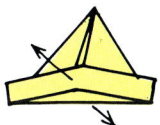

1 Der vordere und der hintere Rand des Huts werden je mit einer Hand gehalten. Man zieht sie auseinander.

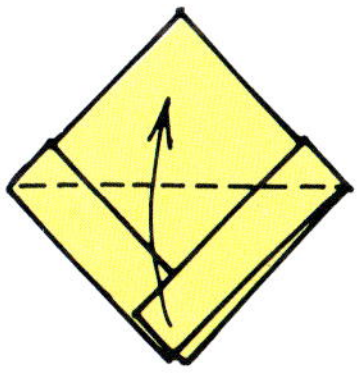

2 Der Hut klappt zusammen und bildet eine neue Form. Die untere Spitze der Vorderklappe wird nach oben gefaltet. Den Hut wenden und den Schritt wiederholen.

Fortsetzung Segelboot-Hut

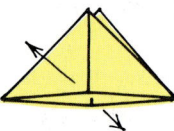

3 Wie bei Schritt 1 werden die unteren Ränder auseinandergezogen.

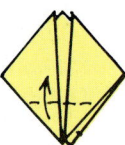

4 Die untere Spitze der vorderen Klappe wird nach oben gefaltet. Wenden und den Schritt wiederholen.

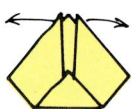

5 Die beiden äußeren Lagen werden an den beiden oberen Spitzen nach links und rechts gezogen.

6 So sieht der fertige Hut aus.

Gefaltete Kopftücher

In Europa waren Kopftücher ursprünglich ein Bestandteil der bäuerlichen Kleidung. Während des Zweiten Weltkriegs fand das Tragen von Kopftüchern große Akzeptanz. Seither erlebten sie Zeiten größerer Popularität in den 50er Jahren (als man sie wie einen Turban trug) und in der Mitte der 70er Jahre (man trug sie damals mit einem Knoten im Nacken).

Keine dieser Methode kann als besonders einfallsreich bezeichnet werden (zumal sie nur aus einer Falte und einem Knoten bestehen). Warum sollte man nicht einmal ein älteres Halstuch hervorholen und es dafür nutzen, etwas Neues zu gestalten? Hier werden zwei ungewöhnliche Techniken für das Falten von Kopftüchern vorgestellt. Sie wurden vom amerikanischen Origami-Zentrum gesammelt. Man sollte quadratische Kopftücher nehmen, die eine Seitenlänge von mindestens 60 cm haben und nicht aus glattem Stoff bestehen.

Anfertigung eines Turbans**

Ein Quadrat wird in der Mitte diagonal gefaltet.

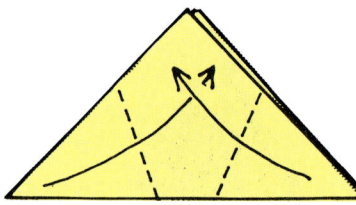

1 Die beiden Ecken werden nach innen geklappt. Sie überlappen sich. (Wie weit sie sich überlappen, hängt von der Größe des Kopftuchs ab.)

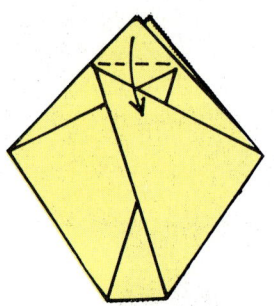

2 Die obere Spitze wird mit einer Talfalte nach unten gebracht.

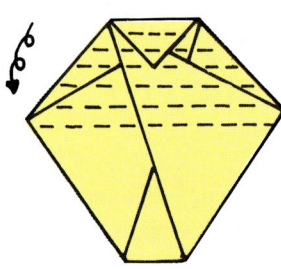

3 Das Material wird von oben bis zur Mitte aufgerollt.

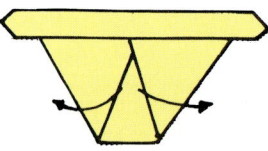

4 Nun wird das Ganze umgestülpt; bei dem Vorgang werden die beiden Enden der Rolle angefaßt.

5 Der fertige Turban. Wenn man den Turban über die Ohren zieht, muß man die Rolle festhalten.

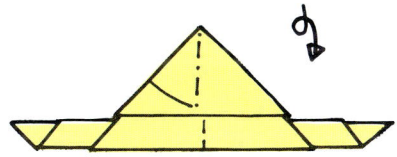

3 Das Material wird stramm von unten bis zur Mitte aufgerollt. Das Material wenden.

Apropos: Hina

Das Puppen-Festival, das in jedem Jahr in Japan am 3. März in den Häusern gefeiert wird, in denen junge Mädchen wohnen, ist gekennzeichnet durch die Ausstellung von zeremoniellen Puppen, die den kaiserlichen Hof darstellen. Diese Puppen sind zusammen als *hina* oder *o-hina* bekannt. Eine vollständige Gruppe von 15 Puppen kann man im Horniman Museum in London sehen. Das Falten von Papierversionen ist eine Aktivität, die normalerweise mit dem Festival verbunden ist.

Anfertigung einer Kapuze*

Ausgangspunkt ist ein in der Mitte von oben nach unten gefaltetes Quadrat.

4 Die Struktur wird in der Mitte von rechts nach links gefaltet.

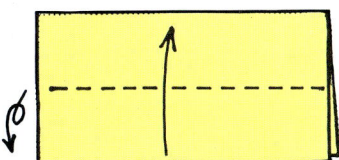

1 Die vordere Unterkante wird nach oben zum gefalteten Rand gebracht. Das Material wenden.

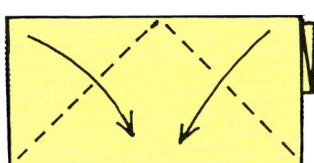

5 Dabei hebt man die Mitte an.

2 Die obere rechte und linke Ecke werden nach unten zum unteren Rand gefaltet.

6 Die Kapuze ist fertig. Die Enden werden unter dem Kinn zusammengeknotet.

Itajime-Shibori

Das Dekorieren von Stoffen und Geweben mit Hilfe des Färbens wurde in den letzten Jahren im Westen ein beliebtes Hobby. In Japan, wo man es *itajime-shibori* nennt, wird Papier häufig auf ähnliche Weise dekoriert. Die Ergebnisse finden als Servietten für besondere Gelegenheiten oder für Beutel und andere Behältnisse Verwendung.

Weil das Papier nach dem Falten seine Brüche behält, ist es nicht erforderlich, das Papier vor dem Färben zu wickeln. Die sich ergebenden Muster haben ihren eigenen linearen Charakter. Sie unterscheiden sich deutlich von den gefärbten Stoffen. Das Färben von gefaltetem Papier ist eine gute Möglichkeit, Kinder in das Färben von Stoffen einzuführen. Man benötigt eine Untertasse, Farbstoffe und etwas Papier. Man kann verschiedene Papierarten ausprobieren. Wenn schnelle Ergebnisse gefragt sind, ist saugfähiges Papier wie Servietten oder Küchentücher zu empfehlen.

Anfertigung von gefärbtem Papier**

Es folgt eine einfache Übung, die in die Möglichkeiten des Papierfärbens einführen soll. Man nimmt eine Serviette oder Seidenpapier (Tissue). Wie bereits erwähnt, wird auch eine kleine Menge mindestens einer Farbe in einer Untertasse benötigt.

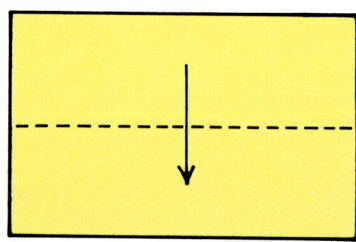

1 Das Papier wird in der Mitte von oben nach unten gefaltet. Es entsteht eine Talfalte.

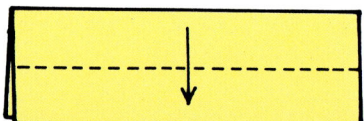

2 Das Papier wird noch einmal in der Mitte von oben nach unten gefaltet.

3 Man faltet die obere linke Ecke zur Unterkante. Dann eine Bergfalte am vertikalen Rand ausführen.

4 Diese Bewegungen werden so lange wiederholt, bis der gefaltete Streifen wie ein Bündel gefalteter Dreiecke aussieht. Das Papier wird zwischen Daumen und Zeigefinger gehalten und zusammengedrückt. Eine Ecke wird in die Farbe getaucht und sofort wieder herausgenommen. Das gleiche geschieht mit den anderen beiden Ecken. Schließlich faltet man das Papier vorsichtig auseinander, um festzustellen, welche Art von Muster sich gebildet hat. Zum Trocknen legt man es auf altes Zeitungspapier.

Die Fotografien auf Seite 81 zeigen Beispiele von Itajime-shibori.

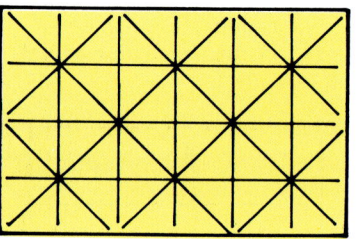

Gefärbtes Papier (links); Briefum-
schlag (Seite 52)

Japanische Tradition

Die Tradition des Papierfaltens in Japan hat eine lange und kontinuierliche Geschichte. Sie reicht wahrscheinlich zurück bis in das sechste Jahrhundert, bald nachdem Papier von China zum ersten Mal eingeführt wurde. Seit dem Mittelalter hatte das formalisierte Papierfalten eine große Bedeutung sowohl im religiösen als auch im weltlichen Leben. Aus diesem an Regeln gebundenen Gebrauch erwuchs eine Tradition des Papierfaltens, bei der es um dekorative Vollendung und die Unterhaltung von Mädchen und Frauen ging. Sie wird von vielen Japanern immer noch so gesehen, findet aber auch Anerkennung als eine nützliche kreative Aktivität, die bei der japanischen Industrie und den kulturellen Institutionen Unterstützung findet.

Japan, ein Land vollkommen ohne mineralische Ressourcen, war bis in die Gegenwart bei der Gewinnung von Rohstoffen stark auf seine Bäume und Wälder angewiesen. Der größte Teil des japanischen Papiers wird traditionell aus der Rinde verschiedener Baumarten gewonnen (siehe »Washi«, Seite 186). Die Japaner haben dieses Papier verwendet, um viele Arten von Gegenständen herzustellen, die in anderen Ländern aus ganz anderen Materialien erzeugt werden.

Vielleicht gibt es noch einen Grund für die bedeutende Stellung, die Papier in Japan einnimmt. Das japanische Wort *kami* kann sowohl »Papier« als auch »Gott« bedeuten (obwohl die beiden Bedeutungen mit Hilfe verschiedener Schriftzeichen unterschieden werden). Dies führte zu einer Tradition, in der Papier als etwas Heiliges betrachtet wird; es war lange Zeit eng mit der nationalen Religion, Schinto, verknüpft.

Japan-Besucher stellen diesen Zusammenhang schnell fest, wenn sie die vielen zickzackförmigen Wimpel aus weißem Papier, die sich im allgemeinen an den Eingängen zu Schinto-Schreinen befinden, sehen. Sie sind entweder an Strohstricken aufgehängt, die heilige Stätten kennzeichnen, oder an Zweigen des heiligen Takaki-Baumes befestigt. Sie werden manchmal auch von Besuchern der Schreine und Tempel im Haar getragen und schmücken die Wohnungen gewöhnlicher Menschen bei festlichen Anlässen wie jenen, die in der Zeit um Neujahr stattfinden.

Es gibt einen ähnlichen heiligen Gegenstand, eine tatsächlich verdoppelte Form von *o-shide*, die im allgemeinen weniger auffallen. Es sind die *go-hei*, die die Form eines Paars zickzackförmiger Wimpel haben und an einer Stange aufgehängt werden. *Go-hei* findet man nur in den Schinto-Schreinen. Normalerweise befindet sich nur einer in jedem Schrein. Go-hei befindet sich an einer zentralen Stelle, weil nach dem Schinto-Glauben die Tempel-Gottheit darin wohnt. Das Zeichen weist auf die Gegenwart der Gottheit hin und dient auch als eine symbolische Gabe. Die Zahl der Falten und die Art des Faltens sollen von sehr großer Bedeutung sein. Es sind mehr als zwanzig Typen, die in verschiedenen Sekten benutzt werden, bekannt. Nur Schinto-Priester dürfen sie anfertigen.

Es ist nicht genau bekannt, warum die *go-hei* ihre besondere Form erhalten, aber es könnte sein, daß es sich ursprünglich um einen symbolischen Ersatz für Stoffrollen handelte, die früher als Opfergaben für chinesische Gottheiten dienten. Es wurde auch angemerkt, daß die *Go-hei*-Form eine gewisse Ähnlichkeit mit einer eingehüllten menschlichen Figur besitzt.

Weitere naturalistische Menschenfiguren, die ebenfalls aus Papier gefaltet werden, werden in einigen Schinto-Schreinen beherbergt, um die Gottheit zu empfangen. Man nennt sie *katashiro*. Unter ihnen gibt es einen Typ, der als *nagashi-bina* oder »schwimmende Puppen« bekannt ist. Eine vollzählige Gruppe umfaßt zwanzig gefaltete Papierfiguren, zehn männliche und zehn weibliche. Nach alter Tradition wurde jedes Jahr am 3. März eine Gruppe im häuslichen Schrein ausgestellt, während eine zweite Gruppe für die geistige Reinigung genutzt wurde. Bei diesem Ritual haucht man die Puppen an, reibt sie an seinem Körper, um sich von der Unreinheit zu befreien. Die so belasteten Puppen werden dann in

einen Fluß geworfen, um fortge-
tragen zu werden. Dieser Brauch
kann auf prähistorische Zeiten
zurückgehen, als Puppen ein
Ersatz für Menschenopfer wurden. Das Reinigungsritual soll
immer noch im Gebiet der Tot-
tori-Präfektur praktiziert werden, aber für die meisten Japaner hat es nur in Form des Pup-
penfestivals (*o-hina matsuri*)
überlebt, bei dem aufwendig
kostümierte Puppen in den Häusern mit jungen Töchtern ausgestellt werden.

Go-hei existieren in ihrer
gegenwärtigen Form in Japan
seit dem 9. Jahrhundert. Wahrscheinlich ein ähnliches Alter hat
der Brauch, gefaltete Papierschmetterlinge an Weinflaschen
zu befestigen, die während der
Schinto-Hochzeitsfeier ausgetauscht werden (siehe »Schmetterlinge«). Es wurde auch bald
üblich, ein Geschenk immer mit
einer gefalteten Papierverpak-
kung, *noshi* genannt (siehe Seite
128), zu dekorieren, die ein Stück
getrockneter Meeresfrüchte enthält. Es gab viele Versuche, den
Ursprung dieses Brauchs zu
erklären, aber es scheint am
wahrscheinlichsten, daß er die
Opfergaben von in Stroh einge-
wickeltem Fisch, die den
Schinto-Gottheiten bei bestimmten Anlässen gebracht werden,
symbolisiert. In Japan ist es
immer noch obligatorisch, *noshi*
(das heute einen synthetischen
Ersatz für Meeresfrüchte enthält)
bei besonderen Gelegenheiten
wie Hochzeiten und Verlobungen

an den Geschenken zu befestigen. Seit 1930 ist allerdings kom-
merzielles Verpackungspapier,
das mit einem aufgedruckten
Noshi-Symbol dekoriert ist, für
weniger bedeutende Anlässe
erhältlich.

Es gibt auch viele traditionelle
Methoden, mit denen Gefäße für
Kräuter, die sowohl in der Küche
als auch in der Medizin benutzt
werden, aus Papier gefaltet werden. Sie erhielten ihre festen Formen im 14. Jahrhundert. Der
Gebrauch der meisten dieser
Verpackungen war bis ins 19.
Jahrhundert üblich (siehe Verpackungen). Mütter pflegten
ihren Töchtern diese Faltungen
beizubringen – Dinge, die ein
Mädchen wissen mußte, wenn es
selbst eine Hausfrau wurde.
Glücklicherweise mußte es diese
Techniken nicht im Kopf behalten; vielen Familien bewahrten
Origami-Muster auf, auf die sie
zurückgreifen konnte, wenn es
erforderlich war. Entweder wurden die Formen fertiger Modelle
genommen, die man auseinanderfalten mußte, um ihre Kon-
struktionsmethode zu entdecken,
oder es handelte sich um geöffnete Blätter, bei denen die
Bruchlinien durch eine Reihe von
Nadelstichen markiert waren.

Im 18. Jahrhundert konnte
man ganze Sätze vorgefalteter
Origami-Muster kaufen. Der
erste Satz, war vermutlich 1728
erhältlich. Man nannte ihn *Go-
hyaku Oribako* (Schachtel der
fünfhundert Falten). Es ist nicht
bekannt, ob diese Muster nur

Gebrauchs- oder zeremonielle
Funktion hatten oder ob auch
zum Spielen gedachtes Origami
dabei war. Während der nächsten fünfzig Jahre gab es keine
Informationen über Origami in
Form gedruckter Anleitungen.
Inzwischen diente ein großer Teil
des Materials der Entspannung
und dem Vergnügen.

In den 90er Jahren des letzten
Jahrhunderts führte die japanische Regierung ein System der
Vorschulerziehung ein, das sich
an westlichen Vorbildern orien-
tierte. Sie übernahmen die erzie-
herischen Praktiken des deutschen Pädagogen Friedrich Frö-
bel und richteten überall im Land
Kindergärten ein. Fröbels Methoden beschäftigten sich mit dem
Papierfalten (wenn auch auf sehr
schematische Weise), in der
Annahme, daß es sich um eine
hervorragende Methode handelt,
die Koordination der geistigen
Fähigkeiten und der Geschicklichkeit zu fördern. Das merk-
würdige Ergebnis dieser Ver-
westlichung war die Stärkung
der eigenen japanischen Tradition des Papierfaltens. Kindergärten sind in Japan weit verbreitet; dort wird weiterhin traditionelles Origami unterrichtet.
Dies führte zu einer breiten Basis
für die kreative Origami-Bewe-
gung in Japan, die heute mit
Unterstützung der Industrie und
der Regierung wächst.

Apropos: Juan Escudiro

Der amerikanische Zauberer Jay Marshall hat einen aus Papier gefalteten Hut in den Mittelpunkt einer Bühnennummer gestellt. Er erzählt eine verwickelte und unglaubliche Geschichte über einen jungen Mexikaner, Juan Escudiro. Und wenn jede neue Figur (es gibt viele) in die Geschichte eingeführt wird, faltet er den Hut schrittweise auseinander, um ihn in einen neuen zu verwandeln. Er setzt sich den neuen Hut auf den Kopf und schlüpft in eine neue Rolle. Die Hüte werden größer und größer, bis sich beim letzten Auseinanderfalten zeigt, daß sie alle aus einer gewöhnlichen Zeitung gemacht wurden.

Kasane-Origami

»Kasane-Origami« ist ein japanischer Begriff für »schichtweise gelegtes Origami«. Es handelt sich um eine Technik, bei der mehrere (fünf und mehr) Blatt Papier unterschiedlicher Farbe übereinander gelegt werden, so daß »Bänder« mit mehreren Farben an jeder Seite zu sehen sind. Dieser Stoß wird dann wie eine Einheit behandelt und zumindest während eines Teils der Konstruktion zusammen gefaltet.

Diese Technik wird besonders beim Falten stilisierter menschlicher Figuren eingesetzt, zum Beispiel als Hina (siehe Seite 79), gekleidet im Hofkostüm der Heian-Periode (794–1185). Es war das auffallende Merkmal der Kleidung dieser Zeit, daß Schichten von Unterkleidung unterschiedlicher Farbe als farbige Streifen an den Rändern der Röcke und Ärmel gezeigt wurden.

Zoe Chiang benutzte mehrere Schichten von farbigem Tissue-Papier unterschiedlicher Größe, um einen ähnlichen Effekt beim Blütenfalten zu erzielen.

Um einen schnellen Eindruck vom Aussehen der Modelle, die mit dieser Methode gefaltet wurden, zu erhalten, sollte man den folgenden Trick ausprobieren. Er wurde vom japanischen Papierkünstler Yasuhiro Sano vorgeführt.

1 Ein Stapel Origami-Papier wird genau übereinander gelegt. Er befindet sich auf einer ebenen Oberfläche. Man klopft mit dem Fingergelenk mehrmals auf die Mitte.

2 Die Blätter werden sich drehen und eine Spirale mit hübscher Wirkung bilden.

Peruanischer Drachen (Seite 90)

Apropos: Kirigami

Das japanische Wort für Papierschneiden, *kirigami*, bezeichnet eine Aktivität, bei der Formen aus Papier ausgeschnitten werden, normalerweise nachdem es gefaltet wurde. Das Ergebnis beim Auseinanderfalten des Papiers ist ein durchlöchertes Muster. Die Form des Musters wird natürlich dadurch bestimmt, wie das Papier gefaltet wurde.

Kirikomi Origami

Die meisten gegenwärtigen Praktiker des Origami glauben, daß es falsch ist, irgendeinen Teil ihres Materials (das Quadrat oder Rechteck aus Papier) durch Schneiden zu zerstören. Sie glauben, daß eine Veränderung des Papiers nur durch Falten erfolgen sollte. Die von ihnen gefalteten Gebilde sind oft sehr kompliziert.

Es gibt allerdings eine Origami-Schule, die das Schneiden in Form von Einschnitten erlaubt. Ihre Anhänger akzeptieren, daß man nichts aus dem Originalmaterial ausschneiden sollte. Sie haben aber keine Einwände gegen das Einschneiden. Nach ihrer Auffassung wird das ursprüngliche Rechteck oder Quadrat auf diese Weise nicht wirklich zerstört.

Der japanische Name für Origami mit Einschnitten ist *kirikomi*. Ein großer Teil des traditionellen Origami fällt darunter. Es folgen Hinweise für das Falten von zwei neueren Modellen, die von jungen amerikanischen Papierkünstlern entworfen wurden. Einschnitte sind entscheidend für ihre Konstruktion.

Beide Modelle haben traditionelle Grundformen als Ausgangspunkt. In der hier gezeigten Reihenfolge beginnt die Antilope mit einer Vogel-Grundform (Seite 25), in die Schnitte gemacht werden, ohne sie auseinanderzufalten. Am Anfang der Spinne steht die Frosch-Grundform (Seite 25). Sie wird vor dem Einschneiden auseinandergefaltet. Die Methoden sind jedoch austauschbar.

Anfertigung einer Antilope***
(Alice Blumberg)

Man nimmt ein Papierquadrat. Zuerst wird die Vogel-Grundform hergestellt (Seite 25).

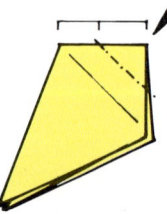

1 Versenkung der oberen Spitze bis zu einer Linie auf halber Höhe zwischen der Spitze und der bestehenden Bruchlinie.

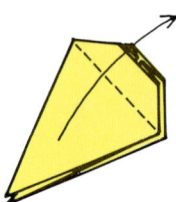

2 Die vordere Klappe wird angehoben und mit einer Talfalte hochgefaltet. Wenden und wiederholen.

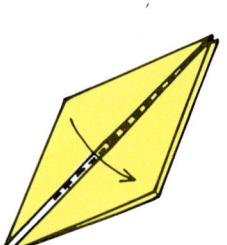

3 Die linke Klappe wird nach rechts gefaltet. Das Ganze wenden. Man faltet die rechte Klappe nach links.

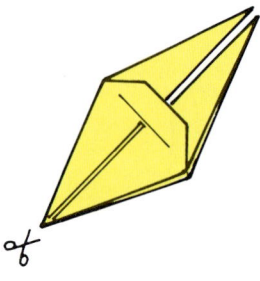

4 An der senkrechten Mittellinie der oberen und unteren Klappe von der Spitze bis zum horizontalen Bruch entlangschneiden.

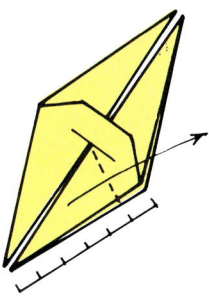

5 Man faltet die untere rechte Klappe an der eingezeichneten Stelle (ein Sechstel der Kantenlänge) nach oben. Wiederholung auf der Rückseite.

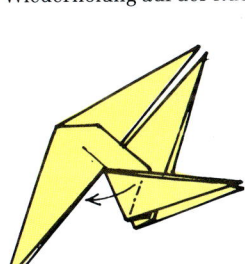

6 Quetschfaltung der nach oben gerichteten Klappe. Wenden und Wiederholung des Schritts.

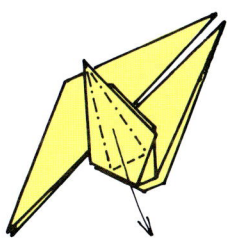

7 Blumenblattfaltung der abstehenden Klappe. Siehe Abbildung. Wenden und Wiederholung des Schritts.

8 Man faltet die rechte Klappe in der Mitte und bringt dabei die Oberkante zur Unterkante. Wiederholung auf der Rückseite.

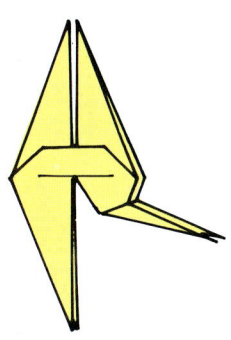

9 Man dreht die Struktur um.

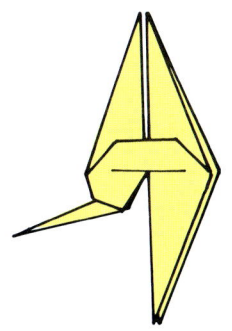

10 Die Schritte 5 bis 9 werden bei den rechten Klappen wiederholt.

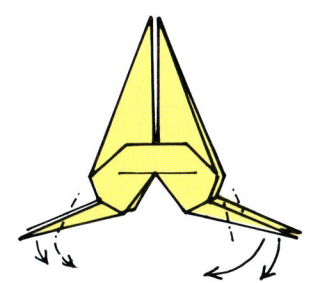

11 Gegenbruchfalte nach innen bei den vier schmalen Klappen.

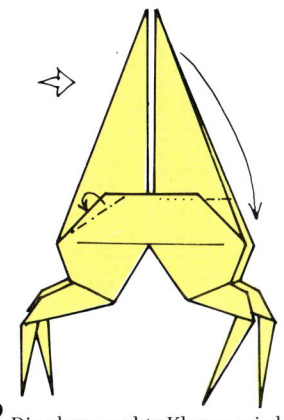

12 Die obere rechte Klappe wird mit Gegenbruchfalte nach innen heruntergeklappt. Wie gezeigt, Bergfalte am linken Rand. Wiederholung auf der Rückseite.

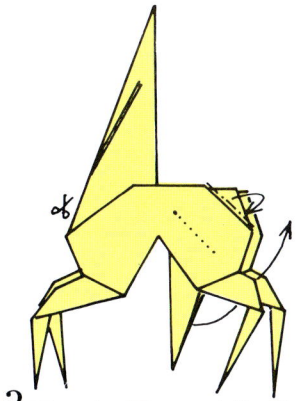

13 Die rechte Klappe erhält, wie gezeigt, eine Bergfalte. Mit einer Gegenbruchfalte nach innen entsteht der Schwanz. In die obere linke Klappe schneiden.

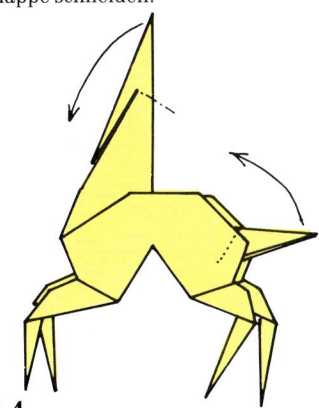

14 Aus der oberen Spitze werden mit Hilfe einer Gegenbruchfalte nach innen Kopf und Ohre geformt. Gegenbruchfalte nach außen am Schwanz.

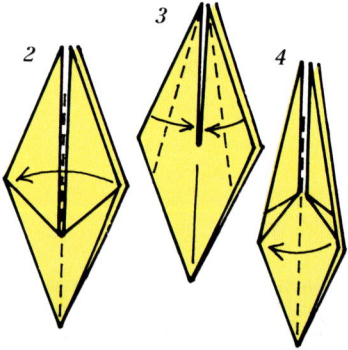

Spinne

Fortsetzung Antilope

Anfertigung einer Spinne***
(Bob Allen)

Wir nehmen ein schwarzes Papierquadrat. Ausgangspunkt ist die Frosch-Grundform (Seite 25). Sie wird geöffnet.

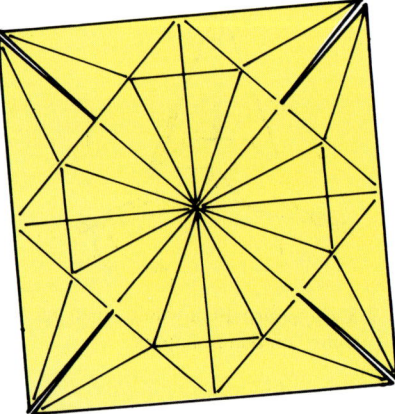

2 Die rechte Klappe wird mit einer Talfalte zur linken Seite gebracht. Wiederholung auf der Rückseite.

3 Die oberen Ränder werden zur senkrechten Mittellinie gefaltet. Der Schritt wird auf den anderen drei Seiten wiederholt.

15 Die fertige Antilope.

1 Von den Ecken bis zum inneren Quadrat einschneiden. Dann wird die Grundform wieder zusammengefaltet. Die offenen Enden befinden sich oben.

4 Die rechte Klappe wird noch einmal zur anderen Seite gefaltet. Wiederholung auf der Rückseite.

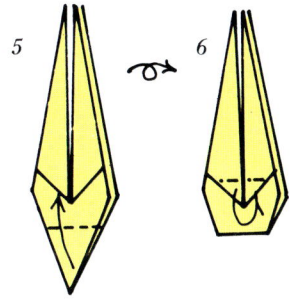

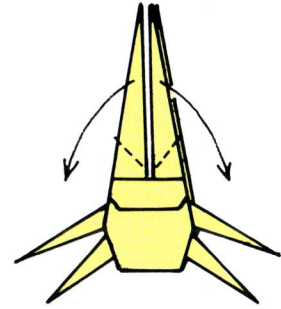

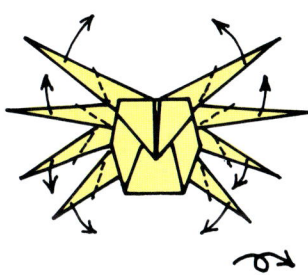

5 Die untere Spitze wird nach oben gefaltet und unter die vordere Klappe gesteckt. Das Ganze wenden.

6 Die vordere Ecke erhält eine Bergfalte und wird darunter gesteckt.

11 Das nächste Klappenpaar bekommt Talfalten. Die Klappen werden nach links unten und rechts unten gefaltet.

14 Alle Beine erhalten, wie in der Abbildung gezeigt, Talfalten. Wenden.

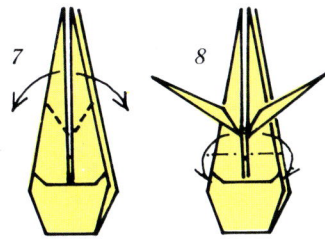

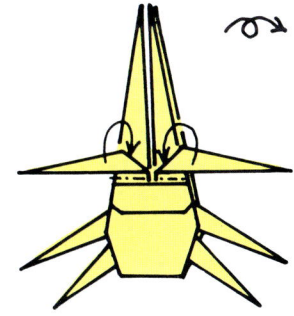

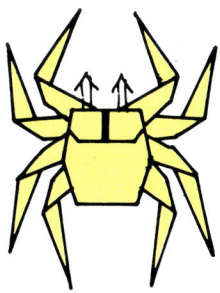

7 Man faltet die vordere linke und rechte Spitze nach unten.

8 Die beiden Klappen werden nun mit Bergfalten nach unten in das Modell gebracht. Sie bilden die Hinterbeine.

12 Mit Hilfe von Bergfalten werden sie nach unten in das Modell gebracht. Sie bilden das dritte Beinpaar. Das Ganze wenden.

15 Man zieht nun die verdeckten Ränder im oberen Teil mit Gegenbruchfaltung nach innen heraus. Sie werden flach gedrückt und bilden die Augen.

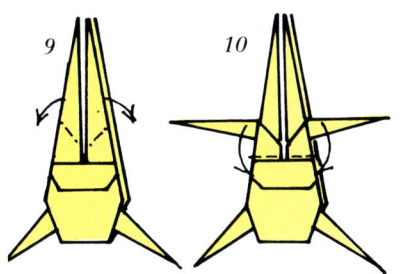

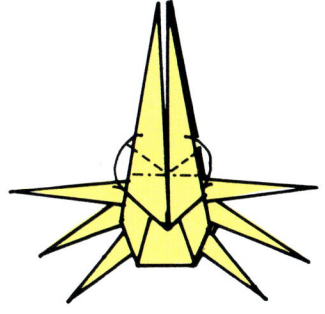

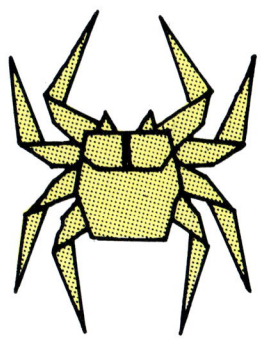

9 Das nächste Klappenpaar wird mit Bergfalten links und rechts nach hinten gebracht.

10 Die beiden Klappen werden mit Bergfalten nach unten in das Modell gefaltet.

13 Schräge Doppelfaltung des verbleibenden Klappenpaares, siehe Abbildung.

16 Die fertige Spinne.

Drachen

Papierdrachen werden im allgemeinen durch einen Rahmen aus leichtem Holz stabilisiert. Einfache Drachen können jedoch auch ohne Rahmen Stabilität gewinnen, indem man eine oder mehrere Falten im Papier plaziert. In vielen lateinamerikanischen Ländern ist es wie in Japan weit verbreitet, daß Kinder zu ihrem Vergnügen improvisierte Drachen bauen. Sie befestigen Fäden an Seiten aus den Schulheften, die auf traditionelle Weise gefaltet sind.

Ein quadratisches Stück Papier, bei dem zwei benachbarte Kanten diagonal gefaltet sind, ist bei den Origami-Anhängern als »Drachen-Grundform« (siehe Seite 24) bekannt. Wenn ein Faden wie in der nebenstehenden Illustration befestigt wird, hat man einen richtigen Drachen.

Eine einzige Falte reicht aus, um einem Blatt Papier einige Stabilität zu geben. Wenn das Papier zwei oder drei Doppelfalten erhält und dann geöffnet wird, um eine wellenförmige Oberfläche zu erhalten, haben wir die Basis für viele traditionelle Drachen. Es ist üblich, bestimmte Schnitte über die Doppelfalten zu machen, die dann Gegenfalten erhalten, um Stabilisatoren zu bilden. Für den Erfolg oder Mißerfolg des Drachenbaus ist es entscheidend, genau zu wissen, wo diese Schnitte zu machen sind – und wo der Faden befestigt werden sollte.

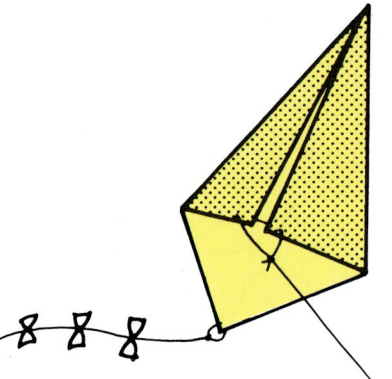

Anfertigung eines peruanischen Drachens**
(Oliviero Olivieri)

Wir nehmen ein quadratisches Blatt Papier. Außerdem wird ein Faden, ein Papierwimpel und etwas Klebeband benötigt. Zuerst wird ein diagonaler Mittelbruch angelegt.

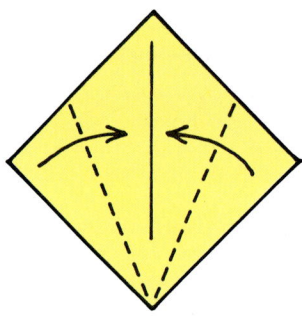

1 Zwei aufeinanderstoßende Kanten werden zur Mittellinie gefaltet. Dadurch erhält man die Drachen-Grundform.

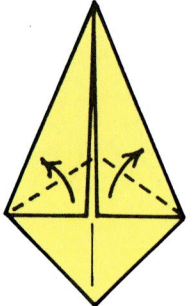

2 Die horizontalen Kanten werden so nach oben gefaltet, daß sie an den gefalteten Rändern liegen.

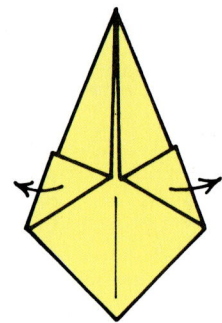

3 Man klappt das Papier auseinander.

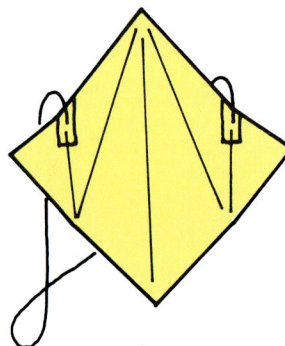

4 Die Fadenenden werden dort auf das Papier geklebt, wo die äußeren Brüche auf die Ränder treffen.

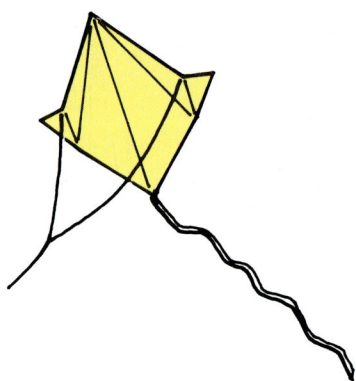

5 Zum Abschluß wird ein Schwanz befestigt, der aus einem Stück des Fadens und dem Wimpel besteht.

Apropos: Tragflächen von Kline und Fogleman

An einem Tag im Jahre 1968 faltete Richard Kline, ein Art Director in New York, ein Papierflugzeug für seinen sechsjährigen Sohn. Es war eine Aufgabe, die er vorher schon öfters übernommen hatte, aber dieses Mal versuchte er etwas anderes, ohne genau zu wissen warum. Er faltete die Führungskanten der Flügel nach unten, so daß sie einen Keil mit offenem Ende bildeten. Das Ergebnis war ein Flugzeug, das weiter flog und eine größere Stabilität aufwies als alle anderen Flieger, die er bisher gefaltet hatte. Kline war so begeistert von den Flugeigenschaften des Fliegers, daß er ihn einem befreundeten Piloten, Floyd Fogleman, zeigte. Er war verblüfft – ohne Zweifel funktionierte das Modell außergewöhnlich gut, aber er konnte sich nicht erklären, warum es überhaupt flog, obwohl er etwas von Aerodynamik verstand. Der keilförmige Flügel schien vollkommen falsch zu sein und den wichtigsten Prinzipien des Fliegens zu widersprechen. Fogleman erkannte, daß dies eine gründliche Untersuchung erforderte – vielleicht war sein Freund zufällig auf ein vollkommen neues Konzept der Aerodynamik gestoßen.

Alle konventionellen Tragflächen basieren auf dem Prinzip, daß mit zunehmender Fließgeschwindigkeit von Gasen oder Flüssigkeiten immer weniger Druck ausgeübt wird. Eine konventionelle Tragfläche wird deshalb mit einem gewölbten Oberteil und einer flachen Unterseite konstruiert. Bei der Vorwärtsbewegung durch die Luft nimmt die Fließgeschwindigkeit der Luft an der oberen Fläche zu, während sie unten konstant bleibt. Dadurch wird der Druck auf die untere Fläche zunehmen und als Folge das Flugzeug hochgedrückt, so daß es steigt. Ausgehend von diesen Zusammenhängen könnte man erwarten, daß Klines Flugzeug mit seinem verkehrten Flügel gleich nach dem Start abstürzen würde.

Kline hat keinen detaillierten Entwurf seines ursprünglichen Papierflugzeugs zu Papier gebracht, aber die beiden Freunde entwickelten danach Modelle aus Holz und Metall. Schließlich wurde die Kline-Fogleman-Tragfläche in den USA patentiert. (Die Illustration zeigt einen Querschnitt der Tragfläche aus den Patentakten.) Als die Tragfläche an der Notre Dame University mit gutem Erfolg getestet wurde, fand sie großes Interesse in der Presse.

Die Bastler von Papierflugzeugen haben dergleichen allerdings schon lange intuitiv verwendet. Der vordere Teil des traditionellen Fliegers auf Seite 14 fällt zum Beispiel etwas ab und bildet dadurch ein Flügelpaar, das der Kline-Fogleman-Tragfläche in gewisser Weise ähnelt. Ein Schiffbauingenieur war der Meinung, daß die Tragfläche nur eine Anwendung der bekannten Prinzipien der Hydrodynamik sei. Es funktioniere bei extrem leichten Modellen wie Papierflugzeugen wegen der geringen Geschwindigkeit ihres Flugs, sagt er. Wenn dies zutrifft, dann sollten sich Bastler, die sich ernsthaft mit Papierflugzeugen befassen, nicht mehr mit der Aerodynamik beschäftigen, sondern stattdessen Kenntnisse in der Hydrodynamik erwerben.

Apropos: Messer

Ein kleines Papierquadrat, das diagonal in der Mitte gefaltet wurde, gibt ein wirkungsvolles, improvisiertes Papiermesser ab. Wenn das Messer fertig ist, faltet man das Papier, um eine Linie zu markieren, an der man schneiden möchte. Das Papier bleibt gefaltet. Man schiebt das Papiermesser zwischen die beiden Lagen und zieht das Messer schräg über ein Ende der Falte.

Knoten

Wer sich für Knoten interessiert, wird vielleicht wissen wollen, was passiert, wenn man Papierstreifen statt Fäden zusammenbindet. Man wird feststellen, daß Papierknoten im allgemeinen schön aussehen. Oft weisen sie regelmäßige geometrische Formen auf. Mathematiker haben sich für ihre Eigenschaften interessiert. Der erste heute bekannte Hinweis erschien in Urbano d'Avisos Werk *Trattato della Sfera, etc.*, das 1682 in Rom veröffentlicht wurde.

Etwa 1 cm breite Streifen, die aus einem Blatt Schreibpapier geschnitten wurden, eignen sich für dieses Projekt.

Anfertigung eines Daumenknotens*

Ausgangsmaterial: ein Papierstreifen.

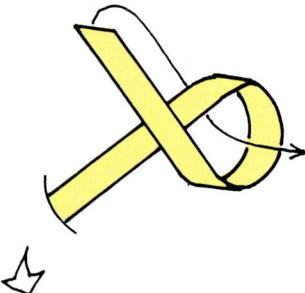

1 Man formt eine Schleife und steckt ein Ende von hinten hindurch. Der Knoten wird langsam zusammengezogen. Dabei drückt man das Papier vorsichtig flach.

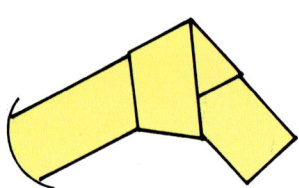

2 Dies ist das Ergebnis. Wenn man die Enden abschneidet, entsteht ein regelmäßiges Fünfeck – eine Figur, die schwierig zu zeichnen ist, aber leicht zu falten.

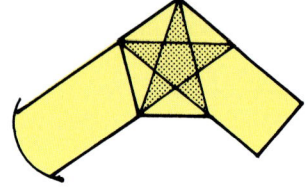

3 Wenn der Knoten gegen Licht gehalten wird, sieht man den Schatten eines perfekt geformten Sterns mit fünf Spitzen.

Anfertigung eines Reffknotens*

Man nimmt zwei Streifen.

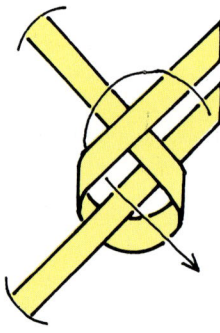

1 Mit einem Streifen wird eine Schleife gebildet. Der zweite Streifen wird von vorne eingeführt und durch die Schleife gesteckt. Dann wird er nach vorne gebracht und durch den unteren Teil der Schleife gefädelt. Langsam festziehen und Papier vorsichtig abflachen.

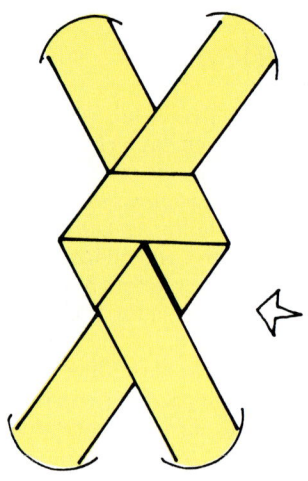

2 Der fertige Knoten. Wenn die Enden in diesem Fall abgeschnitten werden, bildet der Knoten ein perfektes Sechseck.

Anfertigung eines Achterknotens*

Benötigt wird ein Papierstreifen.

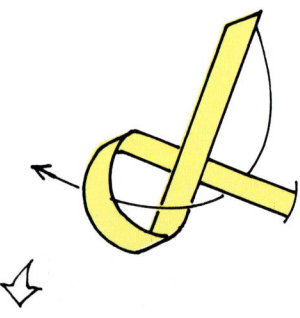

1 Der Abbildung entsprechend wird eine Schleife geformt. Das senkrechte Streifenende wird nach unten hinter den horizontalen Teil gebracht und dann von vorne durch die Schleife gesteckt. Langsam festziehen und das Papier vorsichtig flachdrücken.

*Im Uhrzeigersinn von oben links:
Karpfen (Seite 94); Reffknoten (Seite
92); Achterknoten (Seite 92); Dau-
menknoten (Seite 92)*

2 So sieht das Ergebnis aus. Werden
die Enden abgeschnitten, erhält man
in diesem Fall ein Sechseck mit
unterschiedlichen Winkeln.

3 Man sollte einmal versuchen,
einen Papierstreifen mehrmals zu
knoten und so ein dekoratives Band
herzustellen. Wenn die Bänder län-
ger werden sollen, kann man das
Ende eines geknoteten Streifens in
die letzte Tasche eines anderen stek-
ken.

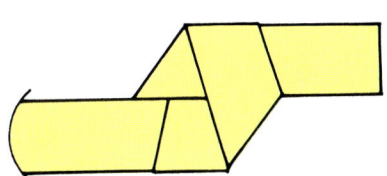

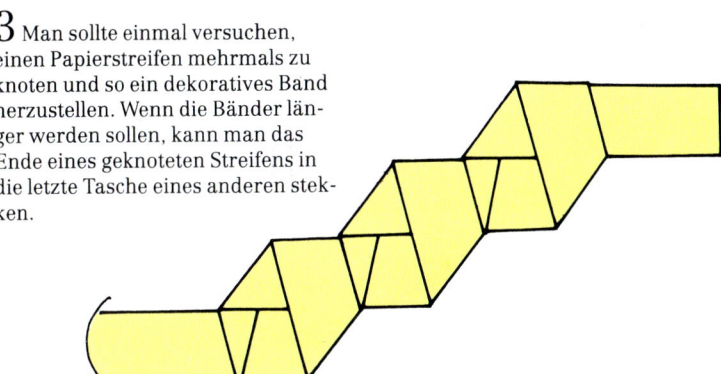

Koi-Nobori

Weil der *koi*, das japanische Wort für Karpfen, auch bei starken Strömungen gegen den Strom schwimmen kann, symbolisiert er die männliche Tugend der Beharrlichkeit und den Willen, Hindernisse zu überwinden. Deshalb ist es ein Brauch, Papierwimpel in der Form des Karpfens zu hissen, einen für jeden Sohn. Während des Tags der Kinder, der in Japan in jedem Jahr am 5. Mai gefeiert wird, werden sie an einer Stange vor dem Elternhaus befestigt. Kleine Origami-Versionen des *koi-nobori* werden im allgemeinen von Kindern bei den Vorbereitungen zum Fest gefaltet. Die tradionelle Methode des Faltens eines Karpfens, die im folgenden gezeigt wird, stellt eine Möglichkeit dar, mit der ein Fisch aus einer Fisch-Grundform (siehe Seite 24) gefaltet werden kann.

Anfertigung eines Karpfens**

Wir nehmen ein quadratisches Stück Papier und stellen die Fisch-Grundform her (siehe Seite 24).

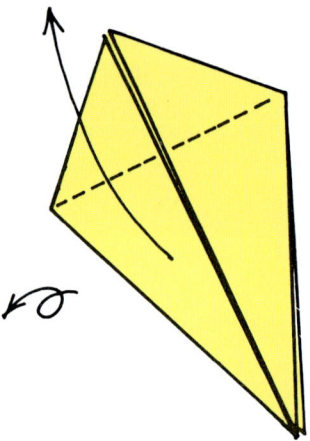

1 In einer Talfalte wird die vordere Klappe so weit wie möglich nach oben gefaltet. Die Konstruktion wird gewendet.

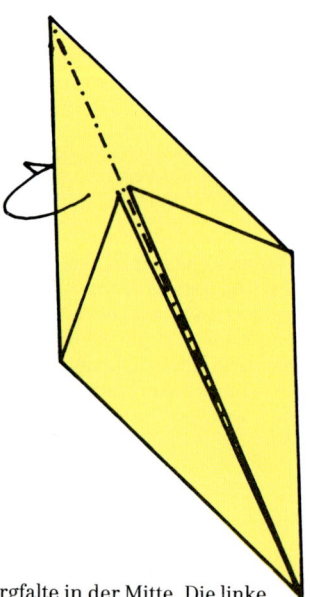

2 Bergfalte in der Mitte. Die linke Hälfte wird zurückgeklappt.

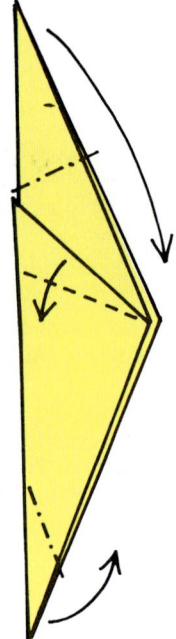

3 Gegenbruchfalten nach innen an der oberen und unteren Spitze. Die vordere Mittelklappe erhält eine Talfalte. Wiederholung auf der Rückseite. Herumdrehen.

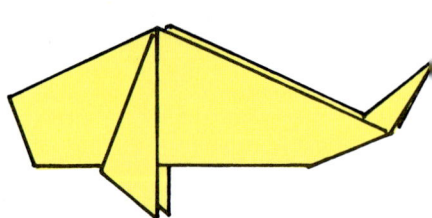

4 Der fertige Karpfen.

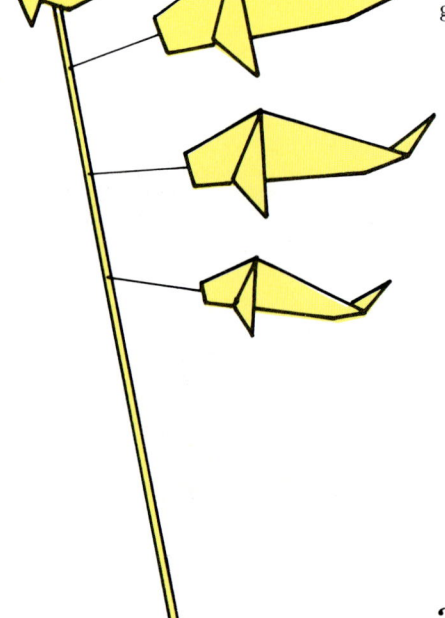

Kusudama
(Traditionelle japanische Dekoration)

Im vormodernen Japan war es üblich, eine Kugel mit süßlich riechenden Kräutern über dem Bett einer kranken Person aufzuhängen. Diese hängenden Kugeln, die man *kusudama* nannte, dienten manchmal auch als Bann, der die Krankheit abwenden sollte. Heute werden sie wegen ihrer dekorativen Qualitäten verwendet.

Im folgenden werden wir sehen, wie man eine traditionelle Origami-Version herstellt. Eine Kugel wird aus 36 Papierquadraten konstruiert. Diese können die gleiche Farbe oder – je nach Geschmack – zwei oder drei zusammenpassende Farben haben. Nach der Anfertigung der ersten Kugel könnte man weitere Kugeln basteln, vielleicht in unterschiedlichen Größen, und sie übereinander am gleichen Faden aufhängen. Japaner befestigen dazwischen gerne Wimpel aus Papier oder geripptem Seidenstoff, die durch Luftzug in Schwingung geraten sollen. Komplette Kusudama-Bausätze werden von Grimmhobby, einer Firma für Künstler- und Hobbybedarf in Tokio, angeboten.

Anfertigung eines Kusudama****

Man benötigt 36 farbige Papierquadrate, eine Nadel und Faden sowie etwas Klebstoff. Um eine Einheit anzufertigen, nimmt man ein Quadrat und führt Schritt 1 der Frosch-Grundform durch (siehe Seite 25). Dabei befindet sich die farbige Seite im Innern. Wiederholung des Schritts an den drei anderen Seiten.

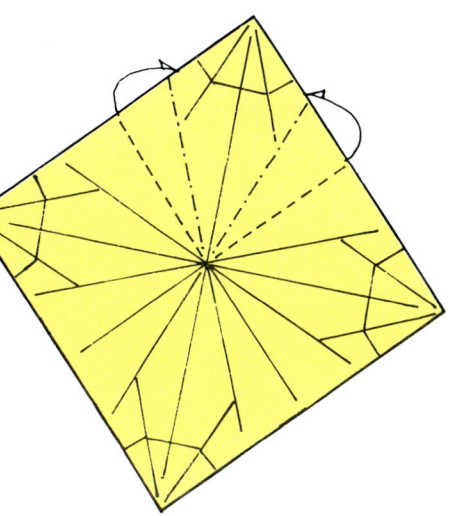

4 Nun faltet man das Papier auseinander. Die Mitte der Kante rechts oben und jene der Kante links oben werden nach hinten zur Mitte gebracht.

2 Die unveränderten Ränder werden so nach innen gefaltet, daß sie sich am Mittelbruch treffen. Wiederholung an den drei anderen Seiten.

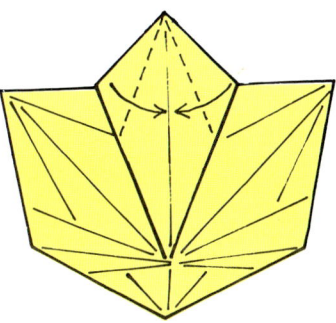

5 Dabei hebt sich die Form. Man faltet die ungefalteten Ränder der Abbildung entsprechend zum Mittelbruch.

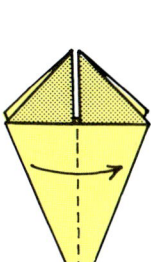

1 Die linke Klappe wird mit einer Talfalte zur rechten Seite gebracht. Wiederholung auf der Rückseite.

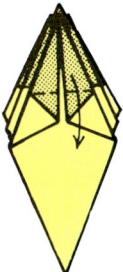

3 Die obere Spitze wird so weit wie möglich nach unten gefaltet. Wiederholung auf den drei anderen Seiten.

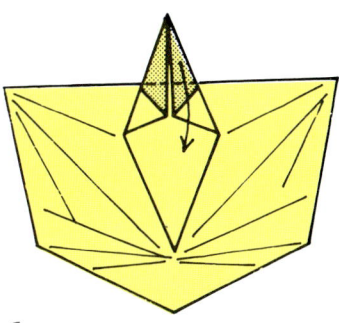

6 Auf der Linie der horizontalen Kante wird die obere Spitze nach unten gefaltet.

Kusudama (Seite 95)

Fortsetzung Kusudama

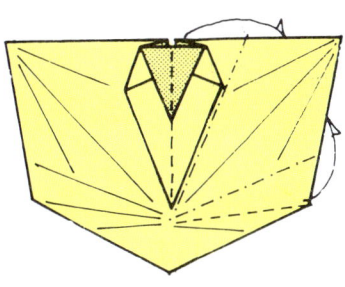

7 Man bringt die Mittelpunkte von zwei Kanten zum diagonalen Mittelbruch auf der rechten Seite. Damit wird Schritt 4 an den benachbarten Ecken des Papiers wiederholt.

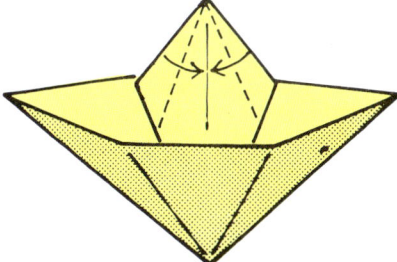

8 Die unveränderten Ränder werden nach innen zum Mittelbruch der neu gebildeten Klappe gefaltet.

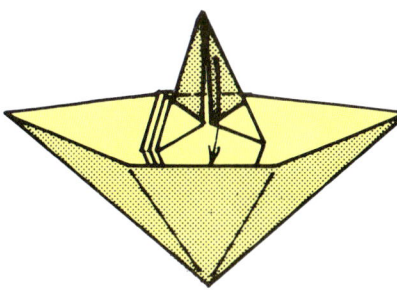

9 Man faltet die obere Spitze an der Linie der horizontalen Kante nach unten.

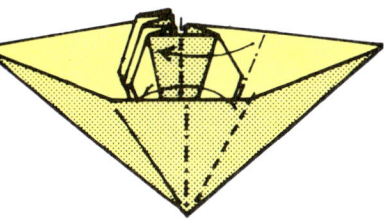

10 Die rechte Ecke wird mit einer Kippfaltung in das Modell gebracht. Damit wird Schritt 4 noch einmal wiederholt.

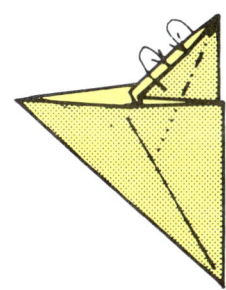

11 Die ungefalteten Ränder bekommen Talfalten, so daß sie die rechten senkrechten Kanten berühren.

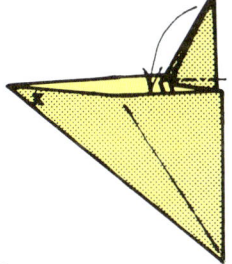

12 Die obere Spitze wird mit einer Gegenbruchfalte nach innen heruntergeklappt.

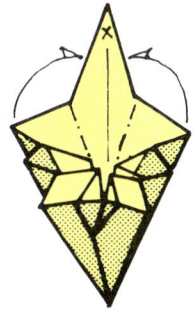

13 (Neue Lage) Schritt 4 wird an der verbleibenden Spitze X wiederholt.

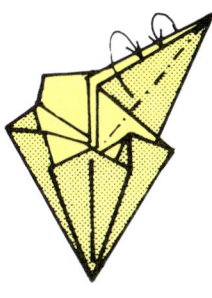

14 Mit Hilfe von Bergfalten schlägt man die ungefalteten Kanten ein.

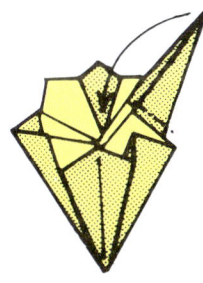

15 Mit einer Gegenbruchfalte nach innen wird die Spitze nach unten in das Modell gebracht.

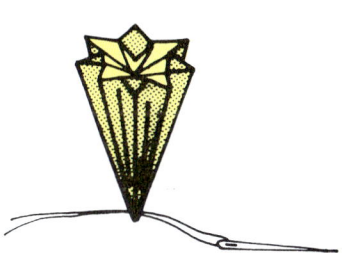

16 Die Einheit ist fertig. Am Unterteil wird ein Faden festgebunden. Die Schritte 1 bis 15 werden bei den verbleibenden Quadraten wiederholt, so daß man am Ende 36 Einheiten hat.

Zusammensetzung

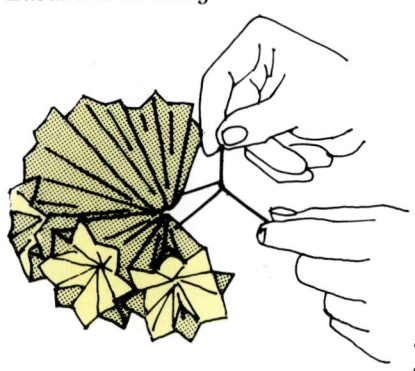

1 Man zieht einen Faden durch die
unteren Spitzen von sechs Einheiten
und bindet sie zusammen.

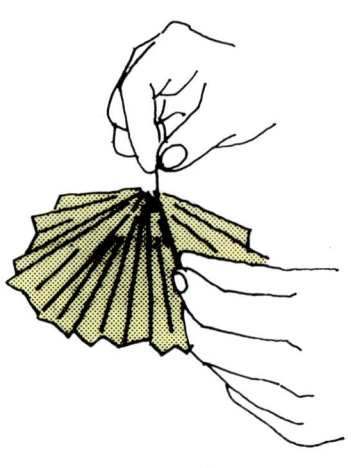

2 Dies ist die Ausgangsform des
Kusudama.

3 Durch den Büschel wird ein Faden
gezogen, an dem bereits eine Einheit
befestigt wurde (siehe Schritt 16).

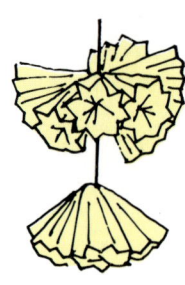

4 Nun werden elf Einheiten wie in
Schritt 1 und 2 zusammengebunden.
Durch diesen Büschel wird der
Hauptfaden gezogen.

5 Weitere elf Einheiten werden
zusammengebunden. Der neue
Büschel wird mit dem Kusudama verbunden, der nun Form annimmt.

6 Man bindet weitere sechs Einheiten zusammen und verbindet diesen
Büschel mit den anderen.

7 Schließlich wird die letzte der 36
Einheiten in die Kugel gesteckt, nachdem etwas Klebstoff an der Seite auf-
getragen wurde.

8 Die fertige Kugel.

Laminiertes Papier

Im Handel ist Papier erhältlich, das sich dadurch auszeichnet, daß es auf jeder Oberfläche eine andere Farbe hat. Hier wurden zwei Blätter unterschiedlicher Farbe durch Laminieren miteinander verbunden.

Solche zweifarbigen Papiere sind nützlich, wenn bestimmte Modelle gefaltet werden sollen, aber es ist nicht immer möglich, eine Kombination der beiden gewünschten Farben zu bekommen. Der britische Papierkünstler Mick Guy hatte einmal Probleme, eine grün-gelbe Kombination zu finden, die er für das Falten einer Osterglocke benötigte. So entschied er sich, sein eigenes laminiertes Papier herzustellen. Dabei setzte er folgende Methode ein. Und als ein anderer Faltkünstler, Andrew Severn, einen Entwurf von Toshie Takahama für eine Origami-Vase für die Anfertigung einer richtigen Vase nutzen wollte – eine Vase, in die man Wasser füllen und Blumen stellen konnte –, übernahm er diese Methode, um sich das Material selbst zu beschaffen. Indem er Seidenpapier durch einen dünnen Polyethen-Klebfilm ersetzte, gelang es ihm, wasserfestes Material herzustellen, das für das Projekt geeignet war.

Anfertigung von laminiertem Papier**

Material: Grundpapier (Folie, Geschenkpapier oder etwas anderes), Deckpapier (Seidenpapier, Tissue), Klebstoff-Spray, Stahllineal, scharfes Messer oder Rasierklinge, Papp-röhre.

1 Das Grundpapier wird in den gewünschten Maßen zurecht geschnitten.

2 Das Deckpapier bekommt dieselben Maße, wobei aber ein überstehender Rand gelassen wird, den man später abschneidet.

3 Das Grundpapier an einer gut durchlüfteten Stelle ausbreiten, weiße Seite nach oben. Es wird eine Klebstoffschicht aufgesprüht. (Die Spraydose sollte möglichst weit vom Körper weggehalten werden, damit man keine Klebstofftröpfchen einatmet.)

4 Das Deckpapier wurde vorher um die Pappröhre gewickelt. Es wird nun langsam ausgerollt und dabei auf das Grundpapier geklebt. Alle Luftblasen müssen beseitigt werden.

5 Man läßt das zusammengeklebte Papier zwei Minuten ruhen.

6 Das überstehende Seidenpapier wird abgetrennt.

7 Abschließend ist zu prüfen, ob alle Ränder zusammenkleben.

Lampenschirme

Gefaltete Lampenschirme werden öfter mit der skandinavischen Design-Bewegung in Verbindung gebracht als mit Origami. Dennoch sind einige Techniken ähnlich. Darüber hinaus ist das Entwerfen von Lampenschirmen eine gute Übung für jene, die gerne kreativ falten würden, aber behaupten, nicht zu wissen, wie man anfängt.

Ein gefalteter Lampenschirm wird im Grunde dadurch konstruiert, daß man Gegenbruchfalten und Doppelfalten kombiniert. Eine Möglichkeit, dies zu tun, besteht darin, zuerst Doppelfalten anzulegen und das Papier wieder auseinander zu falten. Dann faltet man eine Vielzahl von parallelen Bruchlinien quer über die Doppelfalten. Schließlich läßt sich das Papier zusammenklappen zur sich jeweils ergebenden Form.

Um einen Lampenschirm oder eine ähnliche Struktur zu entwickeln, benötigt man ein rechteckiges Blatt Papier. Wir nehmen ein DIN A4-Blatt und falten eine Reihe von Doppelfalten gleicher Breite. Die Enden werden zusammengebracht. Dabei liegen die Falten senkrecht. Behalten die Doppelfalten ihre Form als Doppelfalten? Wenn dies nicht der Fall ist, reicht ihre Zahl nicht aus, so daß man diese verdoppeln muß. Ist der Zylinder unverhältnismäßig lang und zu schmal für einen Lampenschirm? Dann sollte man das Papier wieder öffnen und einen Rand abschneiden, um die Proportionen zu verbessern.

Nun wird eine Reihe von gleichen oder ähnlichen Gegenbruchfalten in den Doppelfalten angelegt. Danach bringt man die Enden wieder zusammen. Man sieht, welche Form man kreiert hat. Man sollte sich dann überle-

gen, ob sie einem gefällt und – falls erforderlich – wie sie verbessert werden könnte. Verbesserungen sind möglich durch Änderung der Richtung der Gegenbruchfalten oder durch Vergrößerung (oder Verringerung) ihrer Zahl.

Hier sind drei Grundentwürfe zu sehen, die man ausprobieren und weiterentwickeln kann. In jedem Fall wird das auseinandergefaltete Papier mit seinem Bruchmuster und die fertigen Form des Lampenschirms gezeigt.

Drahtrahmen für Lampenschirme sind in den Geschäften für Handwerker- und Hobbybedarf erhältlich. Wenn man mit einem Entwurf zufrieden ist, kann man ihn in einem größeren Maßstab wiederholen, damit er auf den Drahtrahmen paßt. Die beiden Enden des Papiers sollten zusammengeheftet werden. Thoki Yenn, ein dänischer Papierkünstler, der viele Lampenschirme entworfen hat, sagt, daß Drahtrahmen nicht erforderlich sind: Eine Pappscheibe mit einem Loch in der Mitte für das Kabel reicht aus, vorausgesetzt, sie ist groß genug, um das Papier weit genug von der Glühbirne entfernt zu halten.

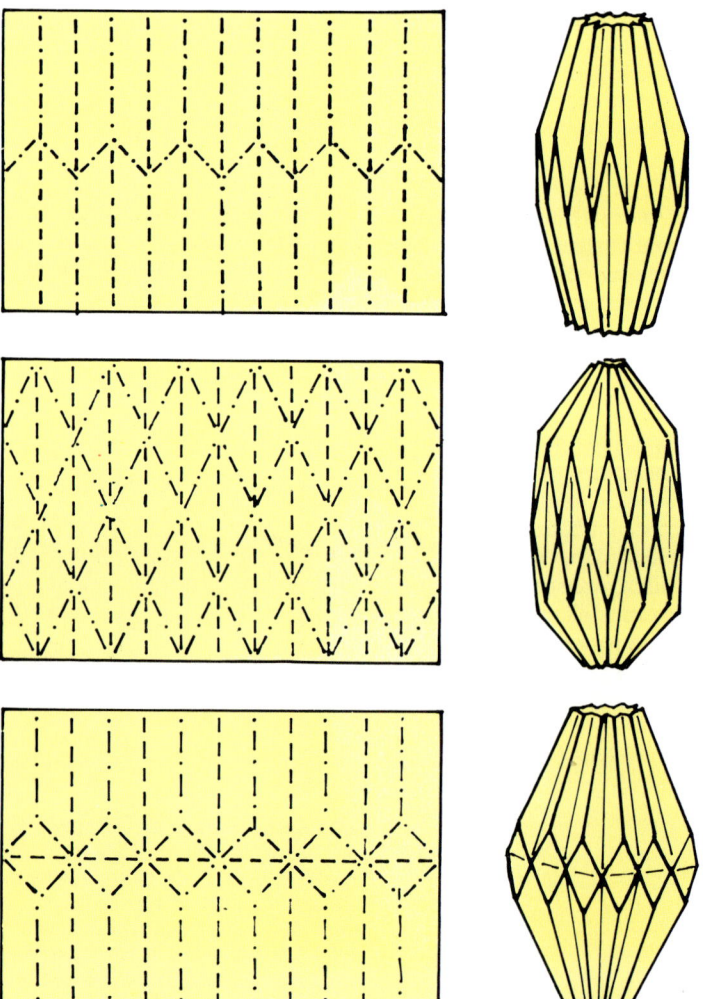

Lampenschirm (links)

Apropos: Großmaßstäbliche Modelle

Während der Zeit, als er als Origami-Berater bei einem Produktionsteam für eine BBC-Sendung arbeitete, machte Ray Bolt, ein Papierkünstler aus Birmingham, zufällig die Bemerkung zu einem Kollegen, daß er wünschte, er hätte die Möglichkeit des Versuchs, eine lebensgroße Version von George Rhoads' Elefanten zu falten. Aber er hatte weder ein Blatt, das groß genug war, noch den erforderlichen Arbeitsraum. Diese Unterhaltung führte dazu, daß ihm das Papier und der Raum vor den Fernsehkameras gegeben wurde. Bolt faltete mit der Hilfe von vier Assistenten einen Elefanten aus einem 78 Quadratmeter großen Stück Papier. Es könnte das größte Modell gewesen sein, das jemals aus einem einzigen Blatt gefaltet wurde.

Bolt stellte fest, daß das Arbeiten in einem solchen Maßstab unerwartete Probleme bereitet. Man braucht ein Team, das wie eine große Hand zusammenarbeitet. Jeder Mitarbeiter muß seinen ganzen Körper wie einen Finger einsetzen.

Siehe auch »Kleinmaßstäbliche Modelle«.

Wäsche zusammenlegen

Es gibt eine korrekte Art und Weise, verschiedene Kleidungsstücke nach dem Bügeln zusammenzulegen. Während zum Beispiel ein schlichtes Taschentuch zweimal in der Mitte gefaltet werden sollte (siehe Abbildung 1), erfordert ein Taschentuch mit Spitzenrändern ein einmaliges, diagonales Falten der oberen Lage (Abbildung 2), so daß die Spitzen an allen Seiten zu sehen sind (Abbildung 3).

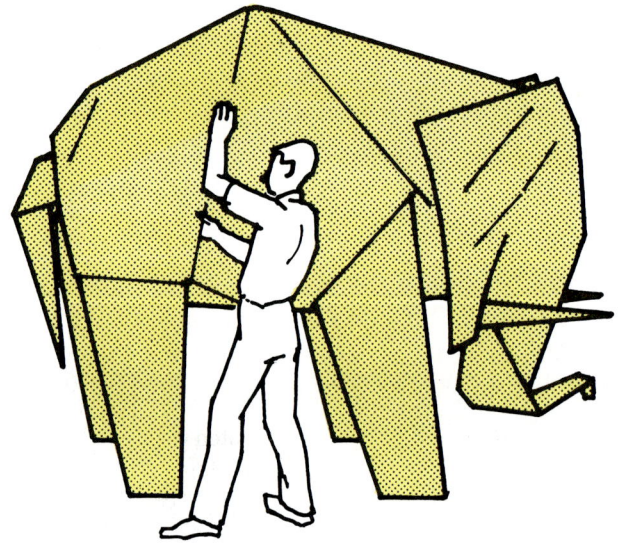

1

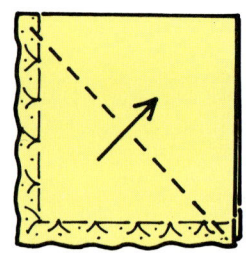

2

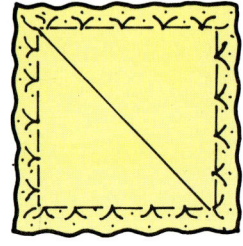

3

Blätter falten

Es könnte sein, daß Menschen in Japan Blätter zu einer Zeit falteten, als es noch kein Papier gab. Sicherlich gibt es dort eine lange Tradition bei der ländlichen Bevölkerung, auf diese Weise einfache Spielsachen herzustellen. Hier sind zwei Beispiele.

Anfertigung eines Boots aus einem langen Blatt*

Man nimmt ein langes, weiches Blatt (japanische Kinder verwenden Bambus). Nicht den Stengel entfernen.

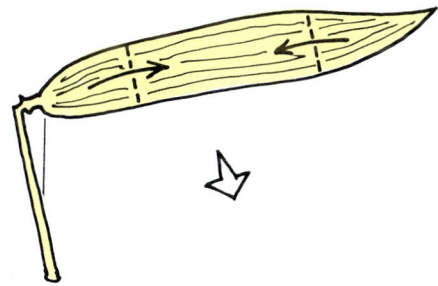

1 Die beiden Enden werden zur Mitte gefaltet.

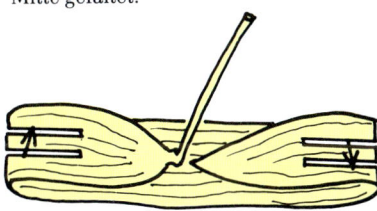

2 An jedem Ende werden zwei Schnitte oder Risse angebracht. So entstehen drei schleifenförmige Klappen. Die äußere Klappe wird angehoben und an jedem Ende wird der Reihe nach eine durch die andere gezogen.

3 Das Blatt nimmt die Form eines Boots mit einem stehenden Mast an. Man kann es in einem Bach schwimmen lassen.

Anfertigung einer Blumenpuppe*

Man nimmt eine passende Wildblume mit mehreren weichen Blättern.

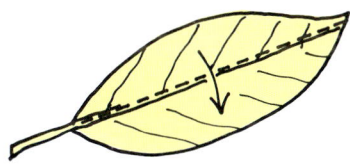

1 Die Blätter werden in der Mitte gefaltet. Die obere Hälfte wird nach unten geklappt.

2 Man wickelt ein Blatt mit der gefalteten Kante nach oben um den Stiel der Blume.

3 Um dieses Blatt wird etwas überlappend ein weiteres Blatt gewickelt. So macht man weiter, bis das Ganze so aussieht wie eine Figur, die einen Kimono trägt. Man sticht den Stengel des letzten Blattes durch die Spitze, damit die Puppe zusammengehalten wird.

Apropos: Der Lindbergh-Fall

Weil eine Banknote – Teil des Lösegelds im Entführungsfall von Lindbergh – auf außergewöhnliche Weise gefaltet war (einmal der Länge nach und zweimal quer), konnte sich der Tankwart daran erinnern, wer sie ihm gegeben hatte. Dies führte 1936 zur Festnahme und Verurteilung von Bruno Hauptmann.

Dies ist in Kürze die Geschichte der Verfolgungsaktionen, die einem der in den USA am stärksten beachteten Verbrechen dieses Jahrhunderts folgte. Anthony Scaduto weist jedoch in seinem Buch *Scapegoat: The Truth about the Lindbergh Kidnapping* (Secker and Warburg, London 1977) darauf hin, daß der Hinweis mit dem gefalteten Geld kein Anhaltspunkt für Hauptmanns Schuld sei, ganz im Gegenteil.

Es trifft zu, schreibt der Autor, daß in den Jahren 1933 und 1934 Lösegeld, das einmal der Länge nach und zweimal quer gefaltet war, in Geschäften des Bronx-Distrikts auftauchte und daß die Polizei im Glauben, sie hätte eine persönliche Eigenart des Entführers entdeckt, Ausschau nach solchen Banknoten hielt. Aber später wurden andere Noten vom Lösegeld ungefaltet ausgegeben. Und dies führte zur Festnahme von Hauptmann.

Hauptmann behauptete bis zum Schluß, daß er die Entführung und den Mord nicht begangen habe und daß er das belastende Geld aus einer Schachtel genommen habe, die ein Freund zur sicheren Aufbewahrung bei ihm gelassen hatte. Er habe sie erst geöffnet, nachdem sein Freund nicht mehr zurückgekehrt sei und sie zurückgefordert habe. Er konnte die Geschworenen mit dieser Geschichte nicht überzeugen, aber Scadutos Nachforschungen lieferten eine verspätete Erhärtung seiner Aussagen. Er zeigte, daß alle Scheine, die zwischen der Zahlung des Lösegelds und dem Sommer 1934 (als Hauptmann nach eigener Angabe das Versteck entdeckte) in Umlauf gebracht wurden, ohne Ausnahme acht gefaltete Felder aufwiesen, während keine einzige der von Hauptmann ausgegebenen Banknoten auf diese Weise gefaltet war.

Lendentuch

Ein langes Tuch kann in ein Lendentuch verwandelt werden, indem man es um den eigenen Körper wickelt und auf die traditionelle Weise der japanischen Ringkämpfer faltet. Es ist jedoch viel leichter, wenn man jemanden hat, der es einem bindet.

Anfertigung eines Lendentuchs *

Man nimmt ein langes Tuch.

1 Ein Ende des Tuchs wird vor die Magengrube gehalten. Das andere Ende wird durch die Beine hindurch nach hinten gezogen.

2 Das freie Ende wird dann von hinten nach vorne um die Taille geführt. Es wird dann durch die entstandene Schleife gesteckt. Das Tuch festziehen.

3 (Ansicht von hinten) Man wickelt das freie Ende mehrmals um das Taillenband.

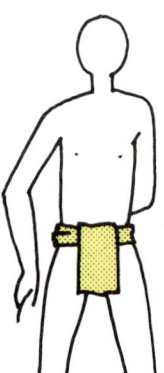

4 (Ansicht von vorne) Das andere Ende des Tuchs läßt man vorne wie eine kleine Schürze herunterhängen.

*Japanische Ringkämpfer mit Len-
dentüchern (links)*

Faltkarten

Eine Karte, die man für die älteste noch existierende Faltkarte hält, befindet sich im Stadtmuseum von Mailand. Sie stammt aus altägyptischen Zeiten und wurde auf Papyrus gezeichnet. Ein Gittermuster von Rissen und Brüchen scheint darauf hinzuweisen, daß sie ursprünglich so gefaltet wurde wie Karten weiterhin in den folgenden Jahrhunderten.

Solche Karten, auf denen sich Falten im rechten Winkel kreuzen, neigten schon immer dazu, beim Gebrauch einzureißen. In letzter Zeit gab es Versuche, Faltkarten zu entwickeln, die nicht einreißen. Sehr bemerkenswert ist dabei die japanische Miura-ori-Karte, die sich von anderen Karten dadurch unterscheidet, daß die Bruchlinien aufgrund ihrer Anordnung ein System mit Wechselwirkungen bilden, bei dem sich Falten gegenseitig schieben. Die Karte kann mit einer Bewegung auseinandergefaltet werden. Das macht viel weniger Mühe als bei einer traditionellen Karte.

Die einfache Technik, mit der man Karten falten kann und die wir hier beschreiben, kann von jedem angewendet werden. Sie wurde von kleinen Karten übernommen, die von einer kartographischen Gesellschaft in Holland hergestellt werden. Diese Technik macht es ebenfalls möglich, das gefaltete Stück mit einer Bewegung zu öffnen und es sofort zusammenzuklappen. Diese Technik ist besonders nützlich, wenn es darum geht, ein Notizblatt auf unauffällige und praktische Weise zu falten. Käufer können sie für ihre Einkaufszettel nutzen. Redner können ihr Manuskript so falten und es in der Jackentasche verschwinden lassen.

Anfertigung einer Faltkarte**

Wir nehmen ein rechteckiges Stück Papier. Zuerst wird der senkrechte Mittelbruch angelegt.

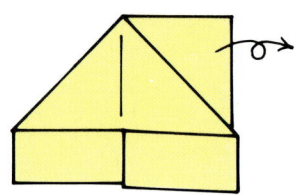

4 Nun wendet man das Papier.

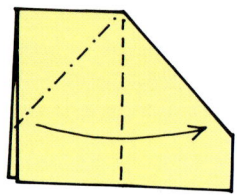

5 Noch einmal Quetschfaltungen der linken Ecke. Sie wird geöffnet.

6 Die oberste linke und rechte Klappe bekommen Gegenbruchfalten nach innen. Danach überlappen sich die Ränder in der Mitte. Wiederholung auf der Rückseite.

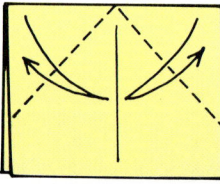

2 Die oberen Ecken werden zum Mittelbruch gefaltet und wieder zurückgeklappt.

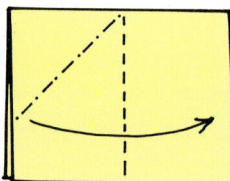

3 Quetschfaltungen der oberen linken Ecke nach vorne. Sie wird geöffnet.

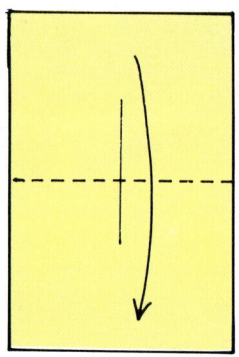

1 Mit einer Talfalte wird die obere Hälfte nach unten gefaltet.

Apropos: Mizuhiki

Bei Mizuhiki handelt es sich um gefärbte Schnüre, die aus Papier hergestellt und mit Paste verstärkt werden. Sie werden in Japan verwendet, um eingepackte Geschenke oder Opfergaben bei besonderen Anlässen einzuwickeln. Die Schnüre sind gold- und silberfarbig (bei Hochzeitsgeschenken), rot und weiß (bei freudigen Ereignissen) oder schwarz und weiß (für Kondolenzgaben bei Bestattungen).

Die Schnüre sind normalerweise zu Bündeln aus fünf Stück zusammengefaßt. Sie werden traditionell mit einfachen, doppelten oder dreifachen Schleifen geknotet. In den letzten Jahrzehnten wurden die Methoden, Mizuhiki zu binden, jedoch weiterentwickelt und viel komplizierter. Die Illustration zeigt ein geknotetes und gebundenes Beispiel für Mizuhiki. Es stellt einen Kranich dar, das Symbol für Glück. Die beiden Knoten bilden einen Kopf und Körper, die großen Schleifen stellen den Schwanz dar.

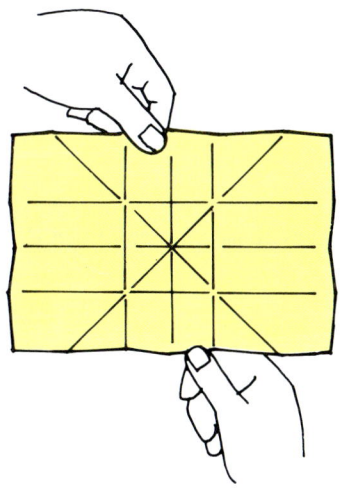

7 Die fertig gefaltete Karte. Man hält die vordere Lage zwischen Daumen und Zeigefinger einer Hand fest. Entsprechend wird die Lage auf der Rückseite festgehalten. Das Ganze wird auseiandergezogen.

8 Die geöffnete Karte.

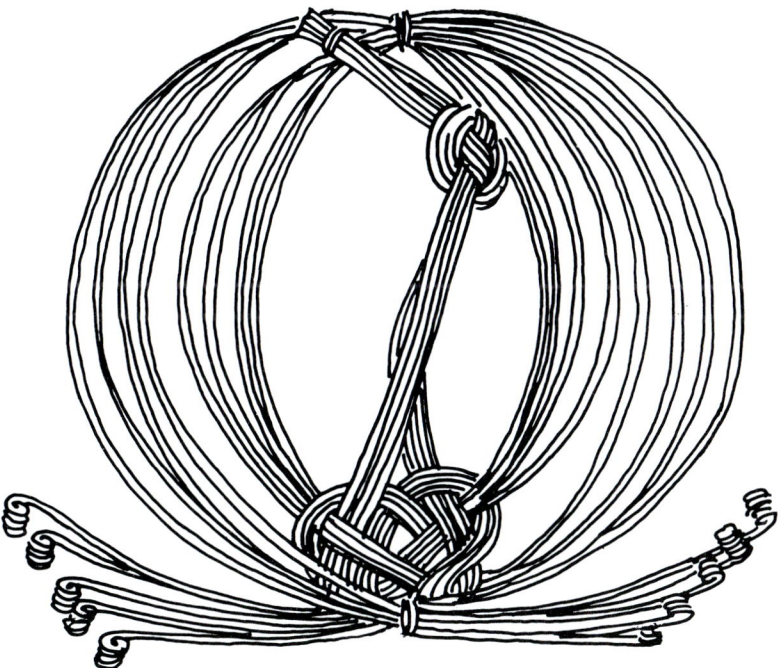

Mobiles

Origami-Modelle eignen sich besonders gut für Mobiles. Denn sie sind so leicht, daß jeder Luftzug sie in Bewegung setzt. Außerdem sind sie keine Last für Lampen oder andere improvisierte Halterungen, an denen sie hängen.

Die Art von Modellen, die sich am besten für diese Verwendung eignen, sind Darstellungen von Dingen, die von Natur aus fliegen oder schwimmen, aber es gibt keinen Grund dafür, nicht auch andere Gegenstände auszuprobieren. Neben einer Anzahl von Modellen benötigt man eine Schere, eine Nadel und Faden (belastbarer Nylonfaden wird empfohlen, aber Einzelfasern aus Nylon sind fester; man kann sie für den oberen Teil einer sehr großen Konstruktion nehmen) sowie leichte Stäbe (entweder dünne Bambusrippen, die man aus einer alten Matte zieht, oder Draht, wobei man dann eine Zange benötigt). Etwas Klebstoff ist nützlich, um die Knoten zu sichern, wenn man sich ganz sicher ist, daß alles an der richtigen Stelle ist.

Das Gleichgewicht erreicht man, indem man jedes Element der Reihe nach ausbalanciert, von unten nach oben. Man fängt mit den individuellen Modellen an. Theoretisch muß jedes Modell einen Schwerpunkt besitzen. Es sollte an einem einzelnen Faden, der an der entsprechenden Stelle befestigt wird, in einer Gleichgewichtsposition hängen. In der Praxis ist es häufig schwierig, diesen Punkt zu finden, und es ist einfacher, zwei oder drei Fäden an Stellen zu befestigen, an denen man die Lage des Modells kontrollieren kann. Man verändert diese Fäden so lange, bis das Modell richtig hängt. Dann werden sie zusammengeknotet. Bis auf einen werden alle Fäden am Knoten abgeschnitten. Bei den meisten Modellen reichen Fäden mit 30 cm Länge gut aus.

Wenn alle Modelle an Fäden hängen und ausbalanciert wurden, braucht man einen Ort, an dem man die zusammengestellten Elemente des Mobiles vorübergehend aufhängen kann, um zu messen und auszugleichen. Eine Lösung dieses Problems könnte eine Wäscheleine mit Wäscheklammern sein.

Die erste Stange wird vorbereitet, und ein kurzes Stück Faden wird in ihrer Mitte befestigt. Der Knoten sollte fest genug sein, um die Stange zu halten, aber nicht zu fest, damit man ihn noch auf der Stange verschieben kann. Nun wird der Faden eines Modells an jedem Ende der Stange festgebunden. Dabei paßt man die relativen Längen der Fäden einander an, so daß die Beziehung zwischen den Modellen gefällt. Es muß geprüft werden, ob der Zwischenraum zwischen den Modellen bei Drehbewegungen ausreicht. Die Lage des Knotens des mittleren Fadens wird auf der Stange so lange verändert, bis sich die Modelle im Gleichgewicht befinden.

Auf diese Weise kann man beliebig viele Modellpaare herstellen und die Stangen miteinander verbinden. Um eine Variation zu erreichen, sollten auch Modellpaare an einer Stange befestigt werden. Es besteht die Versuchung, die Struktur absolut symmetrisch zu gestalten. Aber ein asymmetrisches Mobile wird im allgemeinen interessanter aussehen. Man kann tatsächlich dramatische Kontraste zwischen einem Element des Mobiles und den anderen Modellen herstellen. Man stelle sich zum Beispiel einen einzelnen Adler vor, der um einen Reiherschwarm kreist.

Wenn das Mobile fertig ist, erhält der Faden eine Schleife oder einen kleinen Haken aus Draht (je nach verfügbarer Befestigungsmöglichkeit), an dem man es aufhängen kann.

Eine andere, sehr einfache Idee ist es, ein stehendes Mobile anzufertigen, bei dem sich die Elemente eher nach vorne und nach hinten neigen statt zu kreisen. Dafür benötigt man einen Block aus Polystyrol und Stangen ähnlich denen, die beim hängenden Mobile beschrieben wurden. Die Modelle werden an den Stangenenden befestigt und die Stangen in einem geeigneten Arrangement in den Block gesteckt. Sind die Stangen biegsam genug, dann schwingen die Modelle im Wind hin und her.

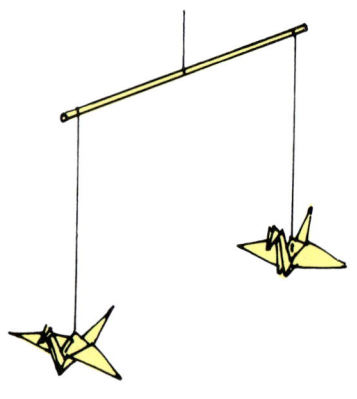

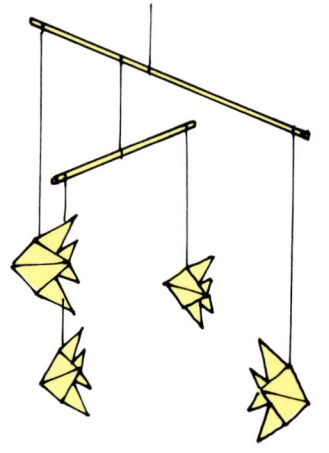

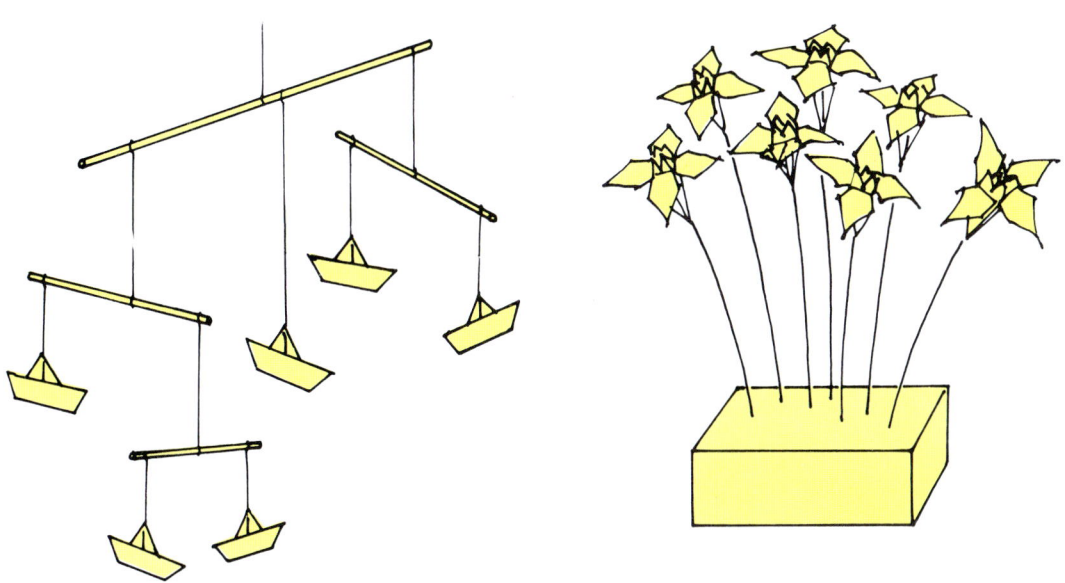

Antilopenmobile (links und Seite 86)

Modulares Origami

Von modularem Origami spricht man, wenn mehrere ähnliche und verhältnismäßig einfache Formen (Module) gefaltet werden, die zusammengesetzt eine komplexere Konstruktion ergeben. Mit etwa einem Dutzend Modulen fällt es nicht schwer, eine körperliche geometrische Figur zu bauen. Dies ist eine befriedigende Errungenschaft trotz oder gerade wegen der Tatsache, daß man sich niemals sicher sein kann, welche Figur sich ergeben wird, bis man alle Stücke zusammengebaut hat. In den Händen eines Spezialisten, zum Beispiel jenes des pensionierten Architekten Norishige Terada aus Osaka, kann es auch ein Mittel zum Bau authentischer Architekturmodelle sein, wobei mehrere Hundert Blatt Papier verbraucht werden.

Traditionelle Beispiele für modulares Origami wie Kusudama (Seite 95) können zusammengeklebt werden, aber die meisten heutigen Papierkünstler bevorzugen es, wenn ihre modularen Konstruktionen, wenn möglich, dadurch zusammengehalten werden, daß die Teile ineinandergreifen. Die folgenden Beispiele sind von dieser Art.

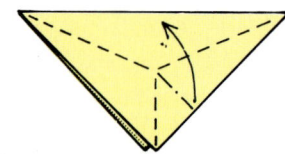

2 Die obere Lage des gefalteten Dreiecks bekommt eine Hasenohrfaltung.

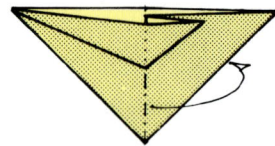

3 Bergfalte in der Mitte. Die rechte Hälfte wird nach hinten gebracht. Dabei bleibt die Klappe aber vorne.

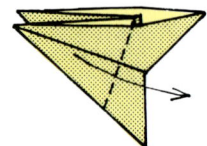

4 Die obere linke Spitze wird an einer Bruchlinie nach unten gefaltet, die im rechten Winkel zur gefalteten Kante der Hasenohr-Klappe verläuft.

5 Das Ganze wenden.

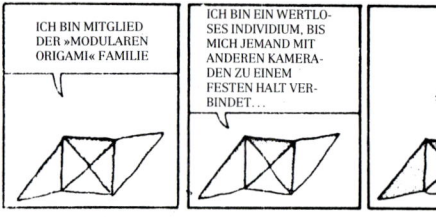

Anfertigung eines Sonnendurchbruchs**
(David Collier)

Man nimmt acht kleine Quadrate aus farbigem Papier. Ein Quadrat wird so gefaltet, daß zwei einander gegenüberliegende Ecken sich berühren. Nach dem Anlegen des Bruches wird das Papier geöffnet. Die farbige Seite befindet sich oben.

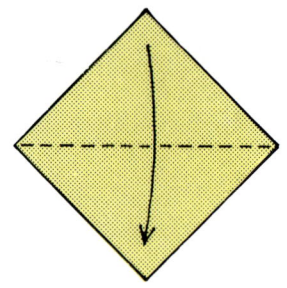

1 Mit einer Talfalte an der Diagonalen wird die obere Hälfte nach unten gefaltet.

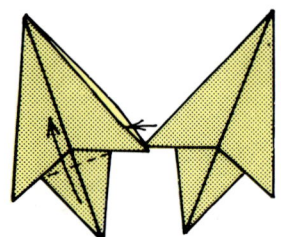

6 Die Schritte werden mit den anderen Quadraten wiederholt, so daß am Ende acht Bauteile zur Verfügung stehen. Man arbeitet auf einem flachen Untergrund. Die Ecke eines Moduls wird in die Seitentasche eines andere gesteckt. Dann wird die untere Spitze hochgefaltet.

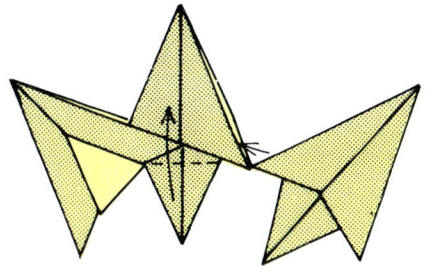

7 Nun wird ein drittes Bauteil in die Seitentasche des zweiten Moduls gesteckt. Die untere Spitze wird nach oben gefaltet. Diese Schritte wiederholt man so lange, bis alle Bauteile zusammengefügt sind.

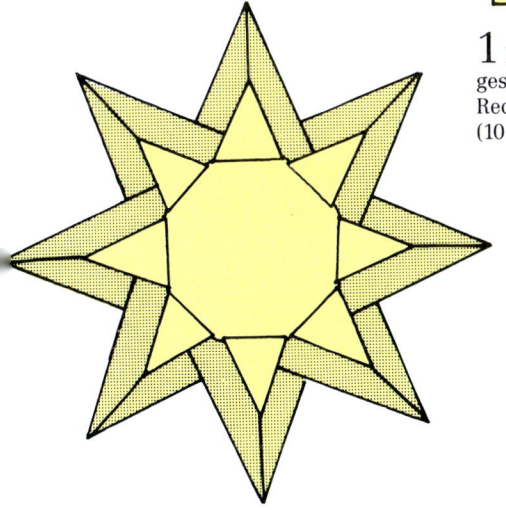

8 Der fertige Sonnendurchbruch.

Anfertigung eines Zwölfflächners **
(Dave Brill)

Wir nehmen drei Bogen Papier im DIN A4-Format.

1 Die Bogen werden in Viertel geschnitten. So entstehen zwölf Rechtecke im DIN A6-Format (10 x 12 cm).

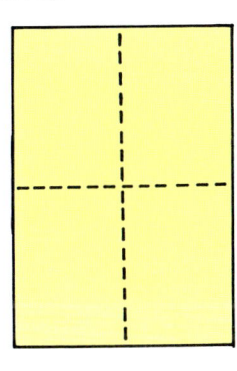

2 Man nimmt ein Rechteck und faltet die senkrechte und waagerechte Mittellinie.

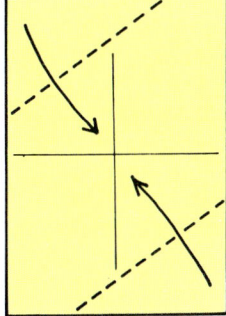

3 Zwei gegenüberliegende Ecken werden mit Talfalten zum Mittelpunkt gebracht.

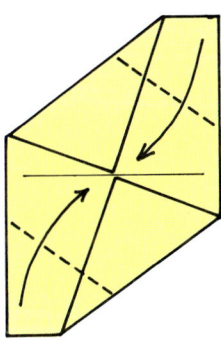

4 Die beiden anderen Ecken werden auf gleiche Weise zum Mittelpunkt gefaltet.

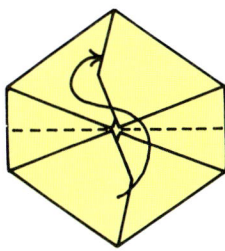

5 Das Papier wird in der Mitte zusammengefaltet. Es entsteht eine Talfalte. Dabei greifen die beiden inneren Klappen ineinander.

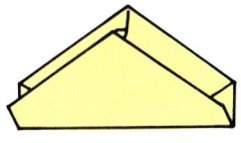

6 Flachdrücken.

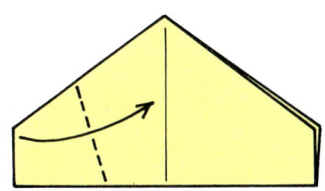

7 Punkt B wird so zur Mittellinie gefaltet, daß die Linien AB und CD parallel verlaufen.

Zwölfflächner (Seite 111)

Fortsetzung Zwölfflächner

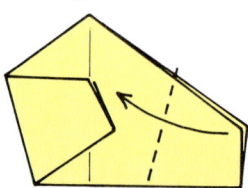

8 Punkt E wird zur Mittellinie gefaltet. Dabei kommt es zur Überlappung der linken Klappe.

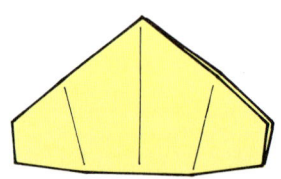

10 Damit ist ein Modul fertig. Die Schritte 2 bis 9 sind mit den anderen Rechtecken zu wiederholen.

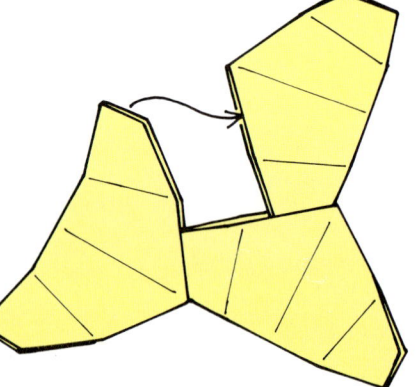

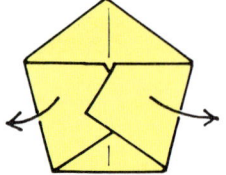

9 Dann beide Klappen öffnen.

11 Man nimmt drei Module und setzt sie zusammen, indem die Klappe des einen in die Tasche des anderen gesteckt wird (die Abbildung zeigt diesen Ablauf). Wenn die dritte Klappe hineingeschoben wurde, wird die endgültige Form allmählich sichtbar. Man stellt vier dreifache Moduleinheiten her.

Gefaltetes Geld

Das Falten von Geld ist in den USA beliebter als in anderen Ländern, wahrscheinlich weil alle amerikanischen Banknoten, egal welchen Nennwerts, dieselben Maße haben. Die Seitenlängen stehen im Verhältnis 3 : 7. In Großbritannien und in anderen Ländern verändern die Banknoten mit der Zeit ihre Form. Dies ist jedoch nicht immer ein Nachteil. Die alte englische Ein-Pfund-Note hatte ein Verhältnis der Seitenlängen von ziemlich genau 1 : 2. Deshalb war sie gut geeignet für viele Standard-Origami-Modelle mit den gleichen Proportionen. Die norwegischen 50-Kronen- und 100-Kronen-Scheine haben eine nahezu quadratische Form.

Nicht-Amerikaner, die gerne Entwürfe falten möchten, die für Dollar-Noten bestimmt sind, sich diese aber nicht besorgen können, haben die Möglichkeit, sich mit Hilfe von Papier im DIN A4-Format Material mit den richtigen Proportionen zu versorgen. Man faltet eine kurze Seite zur langen Seite und schneidet an der horizontalen Kante entlang. Dadurch entstehen zwei Stücke: Der gefaltete Teil bildet nach dem Öffnen ein Quadrat, und der andere Teil ist ein Rechteck mit den Proportionen einer Dollar-Banknote.

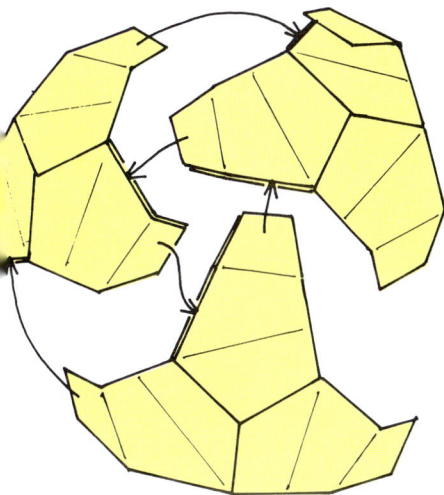

12 Drei der neuen Einheiten werden zusammengesetzt, indem die Klappen in die entsprechenden Taschen gesteckt werden.

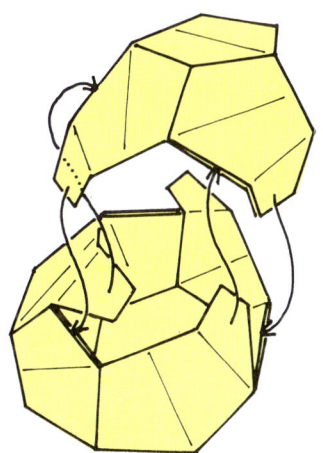

13 Die letzte Einheit wird eingefügt.

Anfertigung eines Blatts im Dollar-Format

Wir nehmen ein DIN A4-Blatt.

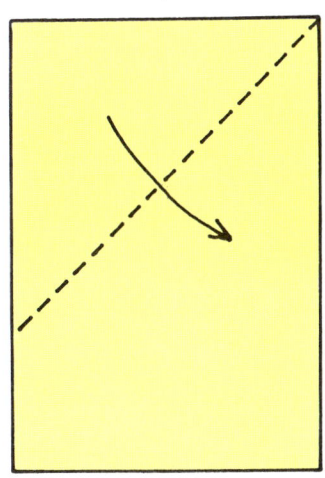

1 Die kurze Seite wird so nach unten gefaltet, daß sie an der langen Seite liegt.

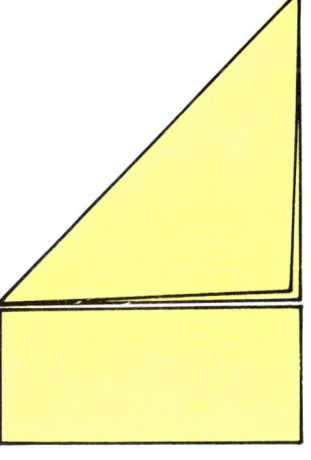

2 Man schneidet an der neuen horizontalen Kante entlang. Das kleine Rechteck hat die Proportionen eines Dollar-Scheins.

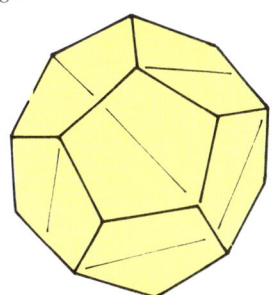

14 Der fertige Zwölfflächner.

Anfertigung eines
Porträtrings**
(Max Hulme)

Viele ausländische Banknoten können benutzt werden, um Porträtringe
mit berühmten Köpfen der
Geschichte oder Mythologie anzufertigen. Mit dem ersten Schritt erhält
man Umrandungen für den oberen
und unteren Teil des Porträts (in
manchen Fällen muß man Bergfalten
direkt am Kopf anlegen). Mit dem
zweiten Schritt entstehen die Umrandungen an den Seiten des Porträts.
Die Faltmethode, die im folgenden
gezeigt wird, kann leicht übernommen werden, um einen Ring aus
einer 10-Pfund-Note zu falten, auf
der sich das Porträt von Florence
Nightingale befindet.
In unserem Beispiel wird eine englische 5-Pfund-Note mit dem Porträt
des Duke of Wellington genommen.
Man kann auch eine andere Banknote eigener Wahl falten, siehe oben.

2 Auf beiden Seiten des Kopfes
Bergfalten gut falzen, dann wieder
öffnen. Wenden.

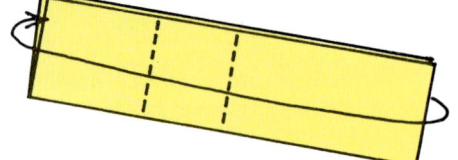 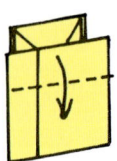

3 Man nimmt die rechte Kante und
steckt sie in die linke Kante.

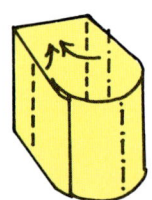

4 Nun wird die Struktur so zusammengedrückt, daß eine stehende T-
Form gebildet wird. Die beiden Lagen
der langen Seite werden geöffnet und
symmetrisch flach gedrückt.

5 Es entstehen vier Gegenbruchfalten nach innen – zwei oben und zwei
unten.

6 Man faltet die obere Kante so weit
wie möglich nach unten.

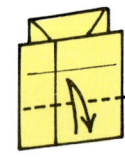

7 Die Bruchlinie wird gefaltet. Rückkehr in die alte Position.

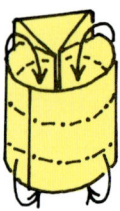

8 Die untere Kante wird so weit wie
möglich nach oben und wieder
zurück gefaltet. Man öffnet die vordere Klappe.

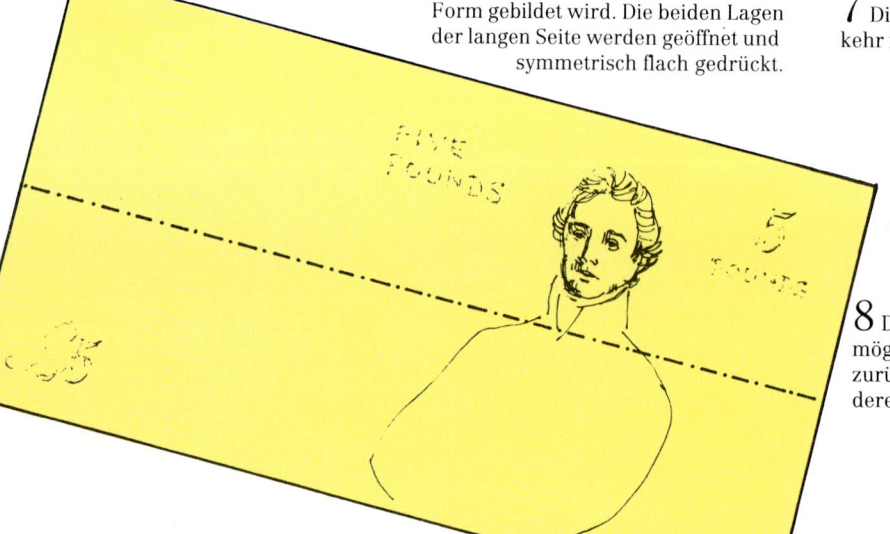

1 Bergfalte in der Mitte. Die untere
Hälfte wird nach oben hinter die
obere Hälfte gefaltet.

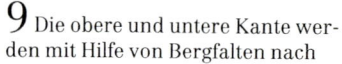

9 Die obere und untere Kante werden mit Hilfe von Bergfalten nach

innen geklappt, um den Ring zu formen.

10 Wenn man dann das Ganze umdreht, hat man den fertigen Ring.

Anfertigung eines Borgia-Rings***
(Kenneth Kawamura)

Ausgangsmaterial ist ein US-Dollar-Schein. Zuerst wird er der Länge nach in acht Streifen eingeteilt.

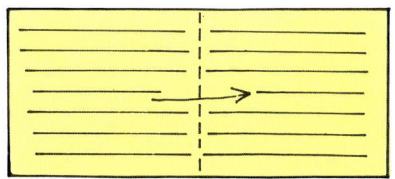

1 Der Schein wird in der Mitte gefaltet. Mit einer Talfalte wird die linke Hälfte auf die rechte Seite gebracht.

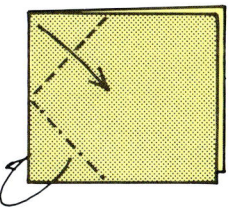

2 Der gefaltete Rand wird zur Mittellinie gefaltet, oben mit Talfalte und unten mit Bergfalte. Siehe Abbildung.

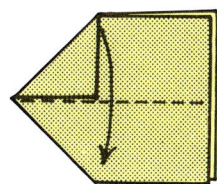

3 In der Mitte falten. Die Oberkante wird nach vorn zur Unterkante gebracht. Die Unterkante kommt nach hinten.

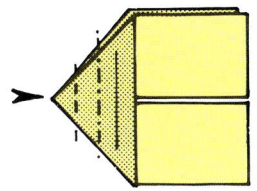

4 Doppelte Versenkung an der linken Spitze.

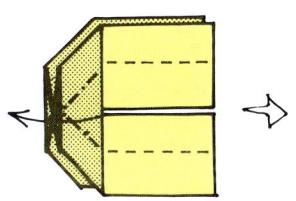

5 Die ungefaltete Kante der linken Klappe wird nach links geklappt. Dabei treffen sich Ober- und Unterkante, um eine Art von Blumenblattfaltung zu bilden. Man macht dasselbe auf der Rückseite.

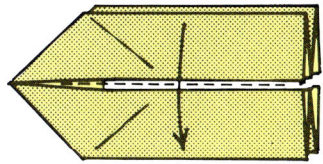

6 Die obere Klappe nach unten falten. Die untere Klappe wird nach hinten hochgeklappt.

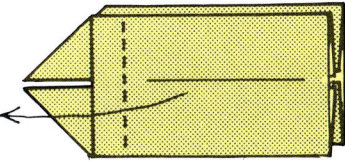

7 Die vordere Klappe wird so weit wie möglich nach links gefaltet. Wiederholung auf der Rückseite.

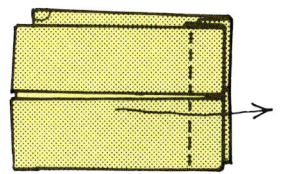

8 Man faltet die Klappen nach rechts.

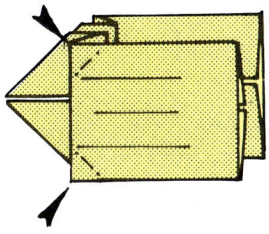

9 Gegenbruchfalte nach innen an der oberen und unteren Ecke der vorderen gefalteten Kante. Wiederholung auf der Rückseite.

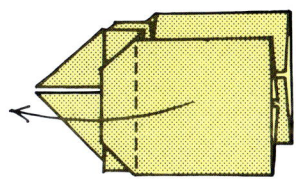

10 Man faltet die vordere Klappe nach links und macht hinten dasselbe.

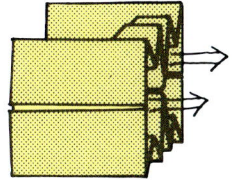

11 Die ungefalteten Kanten werden herausgezogen und flachgedrückt.

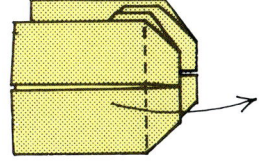

12 Mit Hilfe einer Talfalte bringt man die vordere Klappe zur rechten Seite. Wiederholung auf der Rückseite.

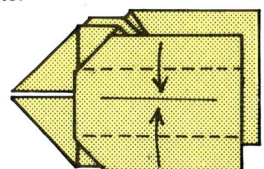

13 Ober- und Unterkante der vorderen Klappe werden zur Mitte gefaltet. Wiederholung des Schritts auf der Rückseite.

Fortsetzung Borgia-Ring

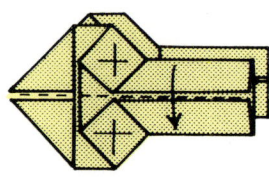

14 Die obere Klappe wird nach vorne zur Unterkante gebracht. Die untere Klappe wird nach hinten hochgefaltet.

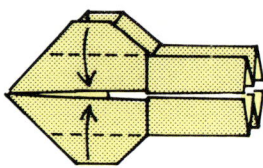

15 Auf der linken Seite werden die Ober- und Unterkante nach innen zur Mitte gefaltet. Wiederholung auf der Rückseite.

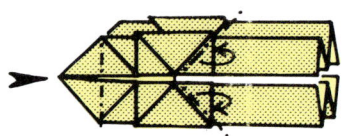

16 Auf der linken Seite drückt man die Spitze ein. Es entsteht eine Tasche. Bergfalten an den losen Ecken. Sie werden dann hinein gesteckt. Auf der Rückseite dasselbe machen.

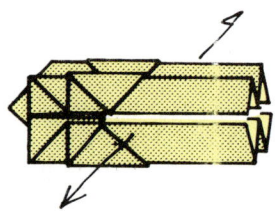

17 Das Papier wird so geöffnet, daß die gefalteten Klappen auf der rechten Seite auf eine neue Ebene gebracht werden.

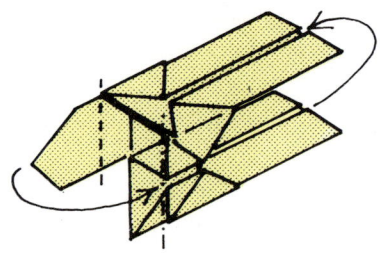

18 Die Klappen auf der rechten Seite werden gebogen und ineinander gesteckt. Man schiebt die Spitze auf der linken Seite in die Tasche.

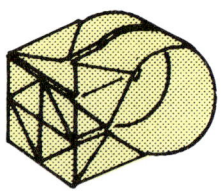

19 Der fertige Borgia-Ring. Die Vorderseite besitzt vier Ecktaschen. Sie können ein quadratisches Miniaturbild mit einer Seitenlänge von etwa 1,5 cm halten.

Modelle aus mehreren Stücken

Hierbei handelt es sich um Konstruktionen, die aus mehreren verschiedenen Typen von Bauteilen zusammengesetzt werden. Siehe auch »Modulares Origami«.

Anfertigung von Blaubarts Burg****
(Ed Sullivan)

Dieses Modell wird aus drei verschiedenartigen Einheiten zusammengesetzt: den Grundeinheiten (für Türme und Mauern), Turmstützen und Dächern. Man benötigt Papierquadrate, die alle die gleiche Größe und die gleiche Farbe auf beiden Seiten haben. Papier einer Farbe wird für die Grundeinheiten und die Stützen genommen. Die Dächer erhalten eine kontrastierende Farbe. Man muß mindestens 30 Grundeinheiten falten, um zuerst das Gerüst der Burg aufbauen zu können. Dann werden Türme und Turmstütze auf beliebige Weise hinzugefügt.

Grundeinheit

Ausgangsmaterial ist ein Quadrat mit etwa 10 cm Seitenlänge.

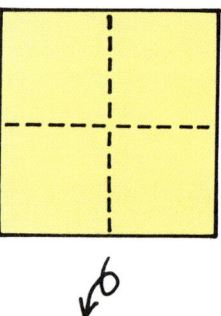

1 Auf den Mittellinien werden mit Hilfe von Talfalten Brüche angelegt. Falzen und öffnen. Das Papier wird gewendet.

Blaubarts Burg (links)

Fortsetzung Blaubarts Burg

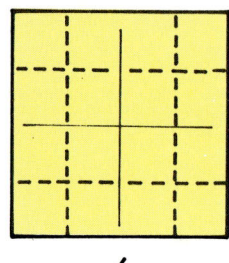

2 Alle Kanten werden der Reihe nach mit Talfalten zur Mitte gebracht. Falzen und wieder öffnen. Wenden.

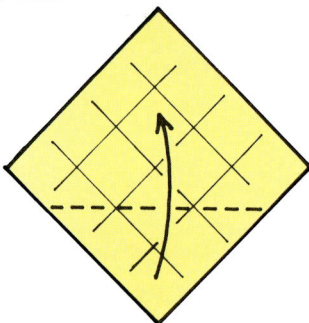

3 Die untere Ecke wird mit einer Talfalte zu der Stelle nach oben geklappt, an der sich zwei Bruchlinien schneiden.

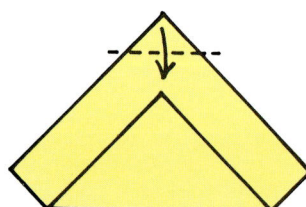

4 Man faltet die obere Ecke so nach unten, daß sie die Ecke trifft.

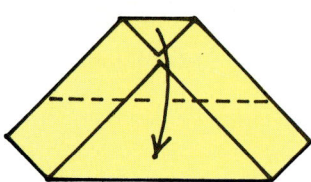

5 Die obere gefaltete Kante wird zur Unterkante gefaltet.

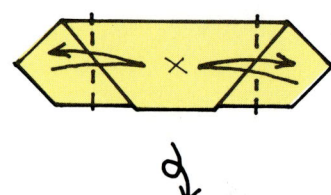

6 Die linke und die rechte Ecke werden zur Mitte gefaltet und nach dem Falzen zurückgeklappt. Wenden.

7 Man drückt die Mitte des jeweiligen senkrechten Bruchs nach unten, während man die seitlichen Ecken der Reihe nach zur Mitte des Papiers klappt. Danach kann man auf jeder Seite zwei Gegenbruchfalten nach innen anlegen.

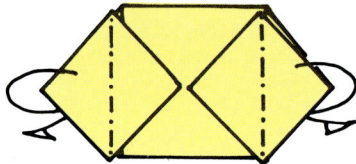

8 Die linke und die rechte Ecke werden nach hinten zur Mitte und wieder zurück gefaltet.

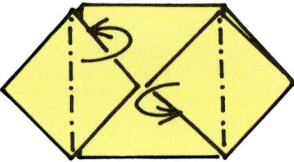

9 Die linke und die rechte vordere Ecke werden hinter die verdeckten senkrechten Kanten gesteckt. Das Ganze wenden.

10 Die obere Lage ist anzuheben. Dabei werden die Enden nach innen gezogen.

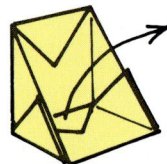

11 Die innere Klappe wird gezogen. Die Lage im Innern richtet sich dadurch auf.

12 Man kneift die Ecken, damit eine ordentliche Schachtelform entsteht. Mit einer Bergfalte wird die vordere dreieckige Klappe in die Schachtel gebracht. Damit ist eine Grundeinheit fertig.

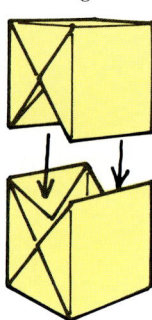

13 Man schiebt eine Grundeinheit in eine andere und erhält einen Block für die Basis eines Turms.

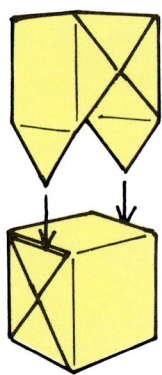

14 Beim Bau eines Turms werden die dreieckigen Klappen aus einer dritten Einheit gezogen. Diese werden dann in die Seitentaschen des Blocks gesteckt.

15 Der Turmbau wird mit weiteren Einheiten fortgesetzt, indem deren Klappen in die entsprechenden Taschen gesteckt werden.

Turmstütze

Ausgangsmaterial ist wieder ein Quadrat mit 10 cm Seitenlänge. Die Schritte 1 bis 8 der Grundeinheit werden ausgeführt.

1 Eine der vorderen Ecken wird hinter die verdeckten senkrechten Kanten geschoben. Das andere Ende ist zu öffnen.

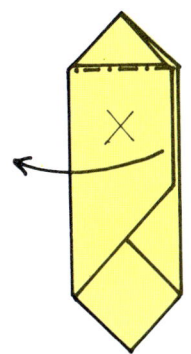

2 (Neue Lage) Die vordere Klappe wird nach links geklappt. Dabei soll die obere Spitze abgeflacht werden.

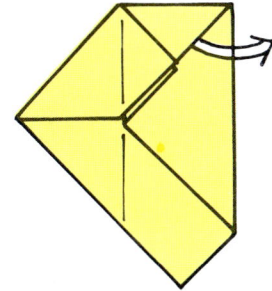

3 Man öffnet die Klappe der rechten Seite nach rechts.

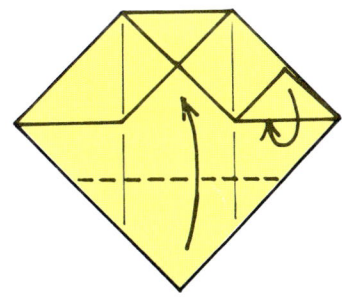

4 Die kleine dreieckige Klappe auf der rechten Seite wird mit Hilfe einer Bergfalte in das Modell gesteckt. Die untere Spitze wird nach oben gefaltet.

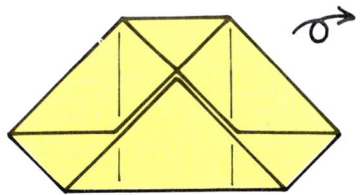

5 Man wendet die Konstruktion.

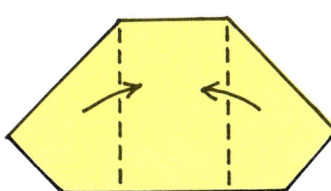

6 Die Seitenteile werden nach oben gefaltet. Sie stehen im rechten Winkel zur Unterlage.

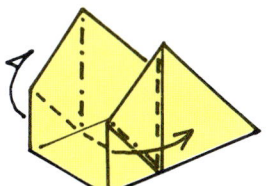

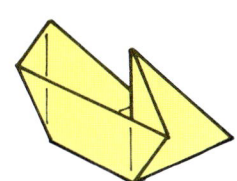

7 Schräge Doppelfaltung der vorderen Kante, die dadurch in eine neue Lage gebracht wird. Auf der linken und rechten Seite bilden sich dreieckige Klappen.

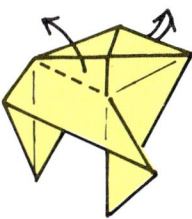

8 Das Modell steht nun verkehrt herum. Man hebt die kleinen Klappen auf der Oberseite an. Das Papier wird auf der hinteren Seite geöffnet.

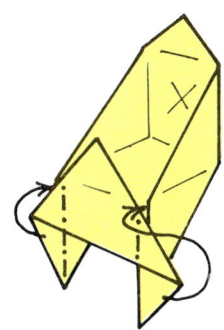

9 Die Seitenklappen werden mit Hilfe von Bergfalten hineingesteckt. Zum Abschluß faltet man wieder das Papier, das in Schritt 8 geöffnet wurde.

Fortsetzung Blaubarts Burg

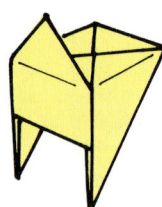

10 Um einen Turm zusammenzu-setzen, wird die obere dreieckige Klappe nach unten gefaltet. Sie wird in die Tasche einer der Grundeinheiten gesteckt, die den Turm bilden.

Dach

Wir nehmen wieder ein Quadrat mit 10 cm Seitenlänge und legen zuerst den diagonalen Bruch an.

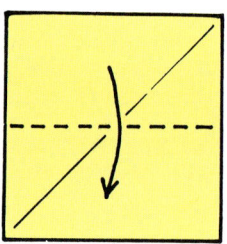

1 Man faltet das Blatt in der Mitte von oben nach unten.

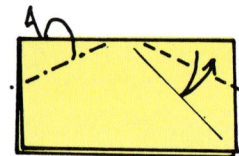

2 Die obere rechte Kante wird mit einer Talfalte an die Bruchlinie auf der rechten Seite gelegt. Mit einer Bergfalte bringt man die obere linke Kante nach hinten zur vorhandenen Bruchlinie. Das Papier wird auseinandergefaltet.

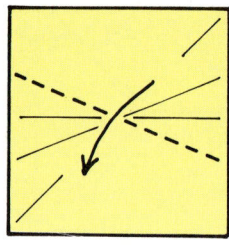

3 Das Papier wird noch einmal am bestehenden diagonalen Bruch der Abbildung entsprechend gefaltet.

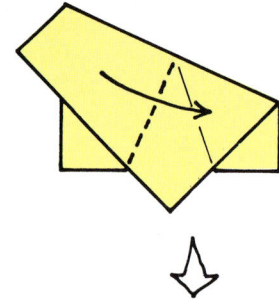

4 Man faltet das Ganze in der Mitte und bringt dabei die äußeren Ecken zusammen. Siehe Abbildung.

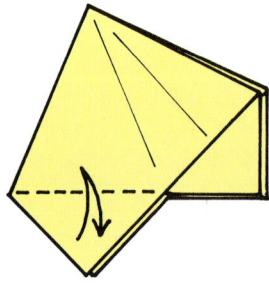

5 Beide Lagen des Dreiecks am unteren Rand werden zusammen nach oben und zurück gefaltet.

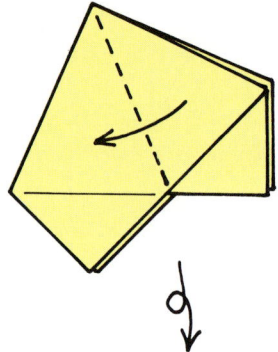

6 Man faltet die oberste rechte Klappe mit einer Talfalte zur linken Seite. Wenden.

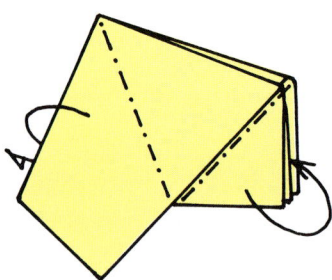

7 Unten rechts befinden sich nun drei Lagen dreieckiger Klappen. Die beiden vorderen werden nach hinten in die Tasche auf der Rückseite gesteckt. Der linke Abschnitt wird mit einer Bergfalte gefaltet. Gut falzen und wieder öffnen.

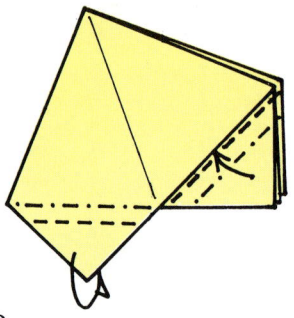

8 Der Abbildung entsprechend werden zwei Doppelfalten hergestellt. Man steckt diese in die Taschen, so daß die kleinen dreieckigen Klappen herausschauen.

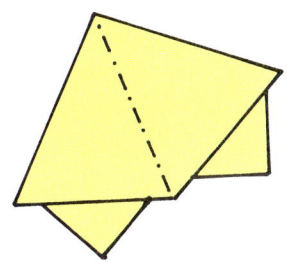

9 Man trennt die Lagen im unteren Teil, um die Form aufzuschlagen.

10 Das fertige Dach. Beim Zusammensetzen der Struktur steckt man die dreieckigen Klappen in die Seitentaschen der Grundeinheit.

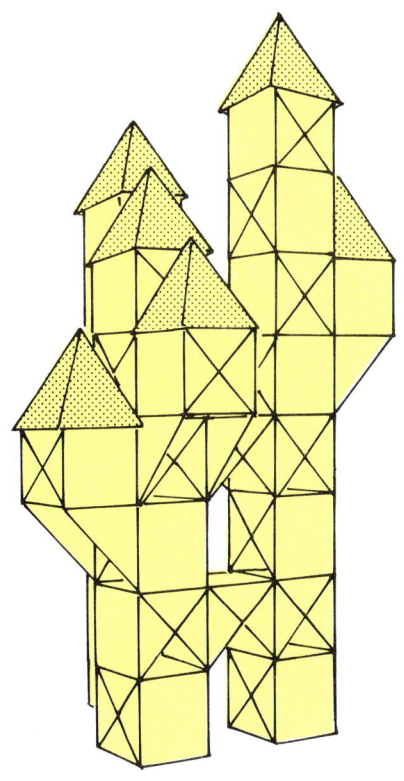

Servietten

Wenn Tischservietten so gefaltet werden, daß sie eine dekorative Form erhalten, dann erhält das Mahl die Bedeutung eines besonderen Anlasses. Viele Menschen meinen das. Und es gibt Anzeichen dafür, daß das Falten von Servietten wieder größeres Interesse findet, nachdem diese Kunst zwischen den Weltkriegen mit dem Verschwinden der Hausangestellten fast in Vergessenheit geraten war.

Servietten wurden zuerst in Palästen im Italien der Renaissance dekorativ gefaltet. Das erste Buch, das diese Kunst illustrierte, war Matthia Geigers *Li Tre Trattati*, das 1629 in Italien veröffentlicht wurde. Die dort vorgestellten Entwürfe sind kompliziert gefaltete Bearbeitungen schwieriger Gegenstände, zum Beispiel Adler mit zwei Köpfen und Dreimastyachten mit vollen Segeln. Es ist nicht leicht, sich vorzustellen, wie diese Modelle zu reproduzieren sind. Die ersten Unterlagen in englischer Sprache erschienen in einer Abhandlung von Giles Rose: *Perfect School of Instructions for Officers of the Mouth* (1682). Das Werk enthielt Anweisungen für die Tafeldiener am Hof von König Charles II. Auch hier können die Entwürfe kaum nachvollzogen werden.

Gefaltete Servietten standen erstmals im 19. Jahrhundert auf Tischen von Mittelklasse-Familien zu dekorieren. Mrs. Beeton brachte einen Abschnitt mit Faltentwürfen in einer Ausgabe ihres *Household Management*, das in den 80er Jahren des letzten Jahrhunderts erschien. Die von ihr favorisierten Entwürfe waren immer noch relativ aufwendig, aber weniger kompliziert als jene des 17. Jahrhunderts. Heute hält man es für unhygienisch, Servietten oft zu berühren. Einfache Entwürfe werden normalerweise bevorzugt.

Im folgenden werden drei einfache Servietten-Faltungen zum Ausprobieren vorgestellt. Es können sowohl Stoff- als auch Papierservietten benutzt werden. Dabei ist allerdings zu beachten, daß eine Stoffserviette ausreichend gestärkt worden sein muß, damit die Falten Bestand haben. Der erste Entwurf, der oft als Mitra bekannt ist, dient als ein Gefäß für Brötchen oder Melba-Toast. Die zweite Faltung, der Fächer, wird einfach wegen ihrer dekorativen Wirkung berücksichtigt. Der dritte Entwurf, die Bestecktasche, soll die Eßbestecke enthalten und ist besonders nützlich bei Partys, bei denen sich die Gäste selbst bedienen.

Anfertigung einer Mitra*

Ausgangspunkt ist eine in der Mitte gefaltete Serviette. Die gefaltete Kante befindet sich oben.

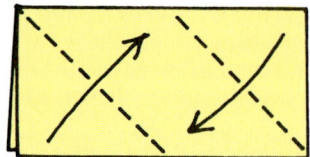

1 Man faltet die Ecke unten links zur Mitte der Oberkante. Die Ecke oben rechts kommt zur Mitte der Unterkante.

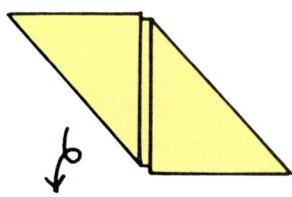

2 Man wendet die Serviette und dreht sie.

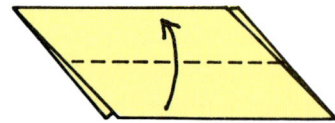

3 Mit einer Talfalte wird die Unterkante nach oben gebracht.

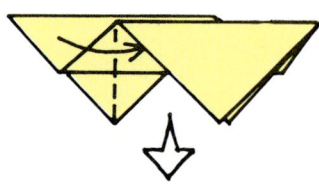

4 Die linke Spitze nach innen falten und unter die rechte Klappe schieben.

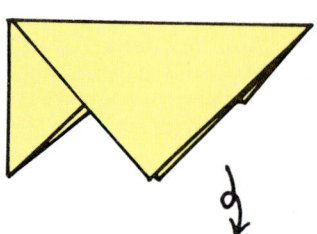

5 Die Serviette wird gewendet.

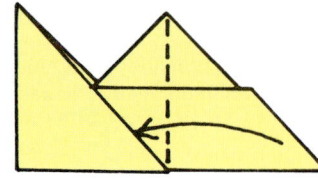

6 Man faltet die rechte Spitze nach links (Talfalte) und steckt sie unter die linke Klappe.

7 Langsam wird die Struktur geöffnet und ausgeformt, um ein Behältnis für Brötchen oder Toast zu bilden.

Anfertigung eines Fächers*

Ausgangspunkt ist eine gefaltete Serviette, die aus vier Lagen besteht. Anordnung siehe Abbildung.

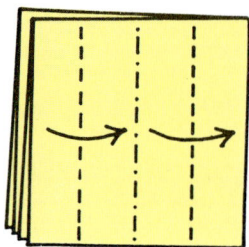

1 Die obere Doppellage wird der Abbildung entsprechend in Doppelfalten gelegt.

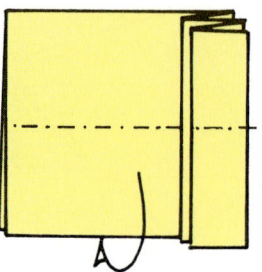

2 Bergfalte in der Mitte. Die untere Hälfte kommt nach hinten.

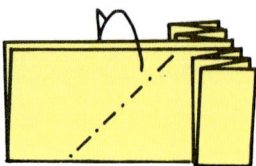

3 Die linke Kante wird mit einer Bergfalte nach hinten und nach unten gefaltet.

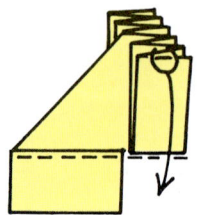

4 Man hält die Oberkante der vorderen Doppelfalte fest. Sie wird nach vorn und 180 Grad nach unten gezogen.

5 Die Doppelfalten bilden einen Fächer.

6 Der fertige Fächer, von vorne gesehen.

Anfertigung einer Bestecktasche*

Man fängt mit einer in vier Lagen gefalteten Serviette an. Anordnung siehe Diagramm.

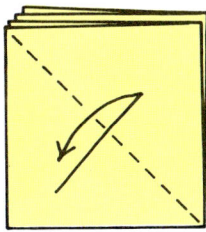

1 Man faltet die Serviette diagonal. Es entsteht eine Talfalte. Fest knikken und zurückklappen.

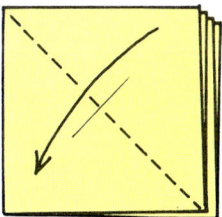

2 Die Ecke links oben der vorderen Lage wird nach unten zur Ecke rechts unten gefaltet.

3 Die beiden Ecken werden mit Hilfe von Bergfalten nach hinten zur Mitte gebracht. Die Serviette wird gedreht.

4 Die fertige Bestecktasche. Das Eßbesteck kommt in die vordere Tasche.

Windeln falten

In Kontinentaleuropa wurden die traditionellen Windeln weitgehend verdrängt von den Wegwerfwindeln – alle schwedischen Mütter verwenden sie, und vier von fünf Müttern in Frankreich und Westdeutschland. Aber es gibt immer noch Mütter, die die traditionellen Quadrate aus Stoff bevorzugen. Sie halten sie für billiger und saugfähiger.

Obwohl sie der alten Windel treu geblieben sind, haben sich dieselben Mütter zum größten Teil wenig Gedanken gemacht über alternative Möglichkeiten des Wickelns. Eine Windel, die für einen Jungen gut geeignet ist, muß nicht unbedingt für ein Mädchen geeignet sein. Und eine Windel für kleine Babys kann nicht mehr vorteilhaft sein, wenn sie größer und aktiver geworden sind. Hier werden drei Möglichkeiten gezeigt.

Wickeln einer Windel*
(Dr. Spocks Methode)

Dr. Spock stellt eine einfache Art des Faltens einer Windel vor. Eine Hälfte hat drei Lagen, die andere sechs Lagen. »Eine Junge benötigt vorne doppelte Dicke; ein Mädchen braucht den dicken Teil vorne, wenn es auf dem Bauch liegt, und hinten, wenn es auf dem Rücken liegt«, schreibt er. Die Windel muß auf beiden Seiten mit einer Sicherheitsnadel befestigt werden.

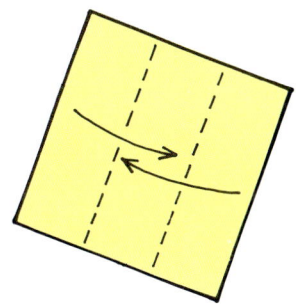

1 Die Windel wird so gefaltet, daß drei Lagen entstehen.

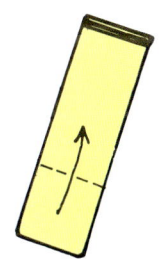

2 Bei einer Windel für einen Jungen wird der Stoff beim ersten Drittel von unten nach oben gefaltet. Ist sie für ein Mädchen bestimmt, wird das obere Drittel heruntergefaltet.

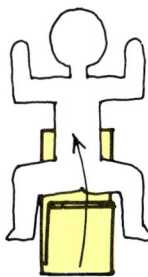

3 Der Körper wird auf die Windel gelegt. Der untere Rand wird durch die Beine hindurch hochgeklappt.

4 Die Windel wird an den Seiten von Sicherheitsnadeln gehalten.

Fortsetzung Windeln wickeln

Die deutsche nadellose Methode

Deutsche Mütter waren schockiert und überrascht, als sie erfuhren, daß Mütter in anderen Ländern Windeln mit Nadeln befestigen. Sie halten diese Praktiken für gefährlich, berichtet Marlene Stroud. Die traditionelle deutsche Methode des Wikkelns macht Nadeln überflüssig. Zuerst wird die Windel diagonal gefaltet. Der Körper befindet sich auf der Windel.

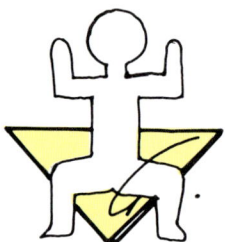

1 Die rechte Spitze wird über den Oberschenkel gezogen und unter das Bein gesteckt.

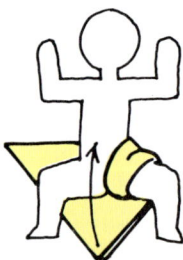

2 Man klappt die untere Spitze nach oben.

3 Sie wird an dieser Stelle festgehalten. Dabei legt man die linke Spitze darüber und steckt sie unter die Falte auf der rechten Seite.

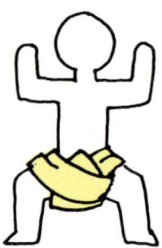

4 Die gewickelte Windel.

Die japanische »Origami«-Methode

Die japanischen Mütter haben eine etwas kompliziertere Methode des Wickelns. Sie hat deutliche Bezüge zu Origami-Techniken, behauptet Toshie Takahama. Weil die Windel durch das Falten eine relativ kleine Form bekommt, eignet sich die Methode nur für kleine Babys. Die gefaltete Windel hat an den entscheidenden Stellen sieben oder acht Lagen – mehr als andere.
Zuerst bringt man die Windel in Wasserbomben-Grundform (siehe Seite 22).

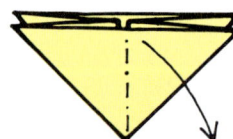

1 Die Mitte der Oberkante wird nach unten rechts gezogen. Es entsteht eine Bergfalte.

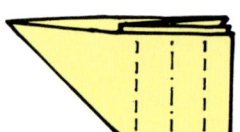

2 Die beiden Lagen der quadratischen Klappe werden der Abbildung entsprechend gefaltet.

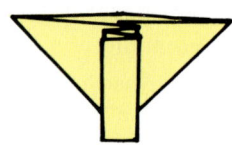

3 Das Baby wird auf die Windel gelegt.

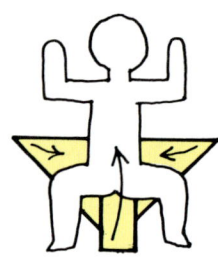

4 Die drei Ecken werden so gefaltet, daß sie auf dem Bauch des Babys liegen.

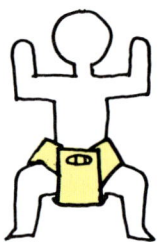

5 Die Windel wird vorne von einer Nadel zusammengehalten.

Zeitungspapier

Die meisten Haushalte haben eine ungenützte Quelle für Faltmaterial in Form alter Zeitungen. Sie eignen sich natürlich mehr für praktische Dinge als für dekorative Gegenstände. In den Abschnitten »Knaller« und »Hüte« sind weitere Objekte zu finden, die man aus Zeitungspapier falten kann.

Anfertigung von Hausschuhen***

Wir nehmen zwei doppelseitige Bogen einer großformatigen Zeitung.

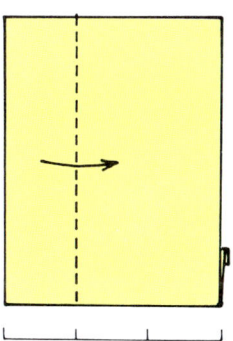

3 An einer senkrechten Linie, die beim ersten Drittel der Breite verläuft, faltet man die linke Kante nach rechts.

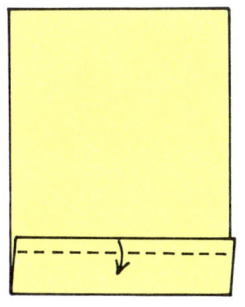

2 Drei oder vier Zentimeter derselben Kanten werden nach unten gefaltet. So entsteht ein Saum. Das Papier wird gewendet.

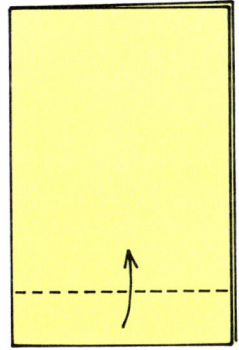

1 Man nimmt eine noch gefaltete Doppelseite und faltet die Unterkante so weit nach oben, daß sie irgendwo unterhalb der Mitte liegt.

125

Fortsetzung Hausschuhe

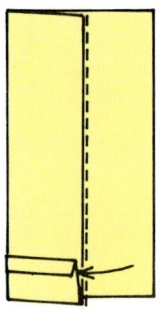

4 Die rechte Kante wird entsprechend nach links gefaltet. Dabei wird die untere Ecke in die linke Klappe geschoben.

5 (Detail) Der hintere Saum wird über den vorderen Abschnitt gehoben.

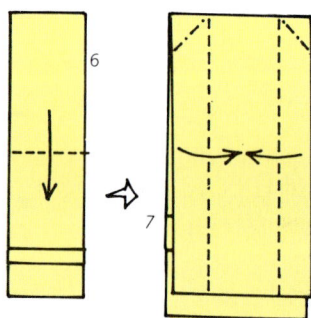

6 Die Oberkante wird so nach unten geklappt, daß sie sich etwas oberhalb der Unterkante befindet.

7 Nun faltet man die linke und die rechte Kante der vorderen Klappe zur Mitte. Quetschfaltung an den oberen Ecken.

8 Man steckt den unteren Teil der vorderen Klappe in die dahinterliegende Tasche.

9 Die Unterkante wird in einem Winkel hochgeklappt. Die Ecken auf der linken und der rechten Seite bekommen Quetschfaltungen. Das Papier wird unter den Saum geschoben.

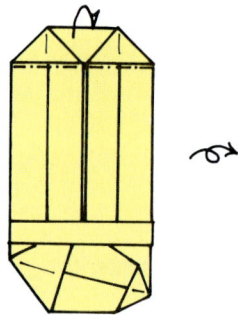

10 Der obere Teil wird mit einer Bergfalte nach hinten geknickt. Wenden.

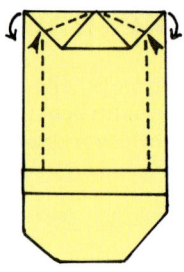

11 Man faltet die Seiten und richtet sie auf. Der Hacken wird geformt, indem die beiden Ecken nacheinander nach vorne gebracht werden.

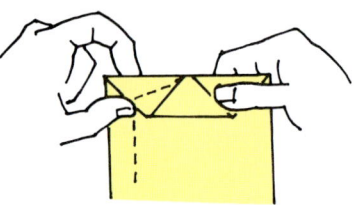

12 Die obere Lage jeder Klappe kommt nach unten. Man drückt mit dem Daumen so gegen die innere Kante, als ob die Ecke umgestülpt werden soll.

13 (Detail) Der Hacken eines Hausschuhs (für den linken Fuß) ist fertig. Man fertigt ein Hausschuh für den rechten Fuß an, indem man die Schritte 1 bis 8 durchführt, dann bei Schritt 9 die hier gezeigten Falten seitenverkehrt anlegt und dann die Schritte 10 bis 13 ausführt.

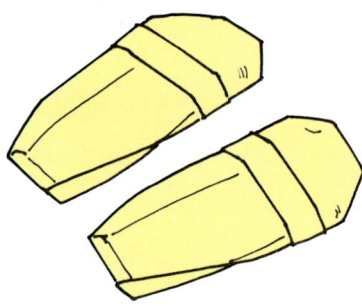

14 Die fertigen Hausschuhe.

Kissenbezüge

Die amerikanische Zeitschrift *Women's Day* enthielt im September 1974 einen Artikel über das Anfertigen von Kissenbezügen. Die Entwürfe, einer für ein quadratisches Kissen und einer für ein rundes, scheinen auf traditionellen Origami-Entwürfen zu beruhen. Dabei benutzt man Filz anstelle von Papier sowie Fäden zum Knoten, die die Falten an ihren Stellen halten soll. Diese beiden Beispiele zeigen eine weitere Möglichkeit, wie man sich traditionelles Origami im modernen Leben zunutze machen kann.

**Anfertigung eines
quadratischen
Kissenbezugs****

3 Nacheinander werden die Fäden gegenüberliegender Ecken zusammengebracht. Man knotet sie zusammen.

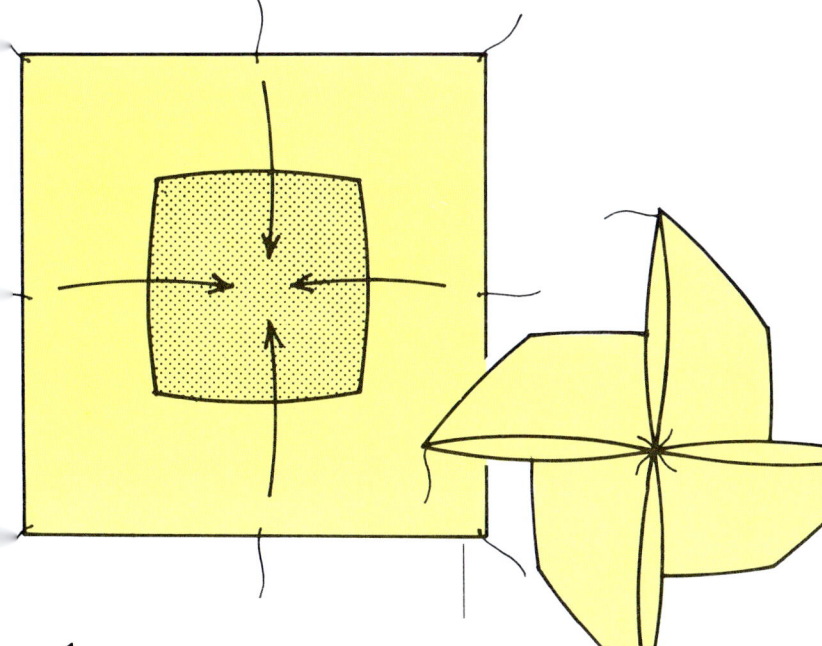

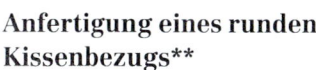

4 Der fertige Kissenbezug. Man muß nicht nähen, um ihn herzustellen.

1 Man mißt die den gesamten Umfang des zu bedeckenden Kissens. Das festgestellte Maß wird als Länge einer Seite des Quadrats genommen, das aus einem Stück auszuschneiden ist. Mit einer Nadel befestigt man acht feste Fäden, die jeweils etwa 20 cm lang sind, an Punkten des Quadrats. Diese befinden sich an den Ecken und in der Mitte jeder Seite. Man legt das Kissen in die Mitte des Quadrats. Der Reihe nach bringt man jeweils die Fäden gegenüberliegender Seiten zusammen und verknotet sie.

2 Man zieht die vier Ecken des Quadrats nach außen und ordnet sie wie die Segel einer Windmühle an. Das Kissen wird gewendet.

**Anfertigung eines runden
Kissenbezugs****

1 Man mißt den Durchmesser des runden Kissens. Dieses Maß wird als Radius genommen. Mit einem improvisierten Zirkel zeichnet man einen Kreis auf ein Stück Filz. Der Zirkel kann hergestellt werden, indem ein Bleistift an eine Nadel gebunden wird. Der Abstand entspricht dem Radius. Die Nadel wird senkrecht und fest in der Mitte des Stoffs gehalten. Der Kreis wird mit dem Bleistift am gespannten Faden umfahren. Den Kreis ausschneiden.

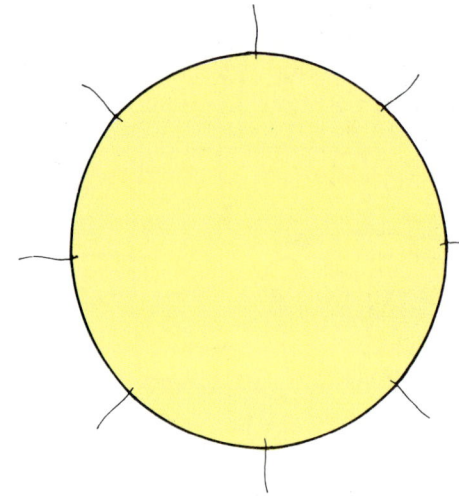

Apropos: Noshi

Bei den Japanern ist es Brauch, kleine Packungen mit offenem Ende an der oberen rechten Ecke von besonderen Geschenken zu befestigen. Sie enthalten einen herausragenden Streifen gelblichen Materials, der wenige Zentimeter lang ist. Diese symbolischen Gegenstände nennt man *noshi*, aber der vollständige Name lautet *noshi-zutsumi*. Die häufigste Erklärung führt ihre Verwendung auf tausend Jahre alte Praktiken zurück, Geschenken rohe Fisch- oder Wildbretstücke beizufügen. Sie sollen ihre Frische andeuten und folglich Freiheit von geistigen Verunreinigungen.

Schrittweise wurde der Fisch ersetzt durch Abalonen oder Seeschnecken. Im zwölften Jahrhundert wurde diese Stücke gestreckt und getrocknet; die Zahl der Stränge reduzierte sich. Auch in feine Scheiben geschnittenes Walfleisch war weit verbreitet. Aber in der Neuzeit verdrängte ein synthetisches, papierähnliches Material die echten Lebensmittel. Tatsächlich wurde der Inhalt mit der Zeit immer unwichtiger. Dafür gewann die Packung selbst in einer ihrer vorgeschriebenen Formen an Bedeutung.

Noshi-Packungen, die Ähnlichkeit mit jenen haben, die man heute sieht, waren schon im späten 12. Jahrhundert in Gebrauch. Standardisierte Faltmethoden bildeten sich bis zum 14. Jahrhundert heraus. Im wesentlichen bestehen die Faltmethoden darin, ein rotes und ein weißes Blatt Papier zusammenzulegen, gegenüberliegende Ecken übereinander zu legen, sie dann nach außen umzuschlagen. Die Ecken werden dann in vorgeschriebenen Winkeln ein- oder zweimal gefältelt. Heute falten die Japaner *noshi* kaum noch selbst; es besteht eine größere Wahrscheinlichkeit, daß sie diese in Geschäften oder Kaufhäusern kaufen. Dort können sie vollständig mit geknotetem *mizuhiki* (siehe Seite 107) erworben werden. Japaner verwenden auch Geschenkpapier, auf denen *noshi* nur als Aufdruck erscheinen.

2 Der Kreis wird in der Mitte gefaltet. An jedem Ende der Falte wird mit Hilfe einer Nadel ein etwa 20 cm langer Faden befestigt. Der Kreis wird auseinandergefaltet und wieder im rechten Winkel zur ersten Falte in der Mitte gefaltet. Dadurch kommen die beiden Fäden zusammen. An beiden Enden der neuen Falte werden Fäden befestigt. Der Kreis wird geöffnet und noch zweimal so gefaltet, daß acht Sektoren entstehen. Jedes Mal werden Fäden an den Enden der Falten angebracht. Nun haben wir acht Fäden, die in gleichen Abständen am Kreis angebracht sind.

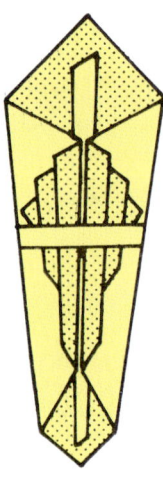

3 Das Kissen wird in die Mitte des Kreises gelegt. Zwei beliebige gegenüberliegende Fäden werden zusammengezogen und verknotet. Das gleiche geschieht mit zwei Fäden, die im rechten Winkel zum ersten Paar liegen. Dann werden die beiden anderen Paare zusammengeknotet. Abschließend werden die Falten noch ordentlich ausgerichtet.

Tato (Seite 167)

Grundformen mit verschobenem Mittelpunkt

Wenn man den Mittelpunkt bei einer der klassischen Grundformen verschiebt, kann man eine Struktur mit Klappen ungleicher Länge falten. Durch Variation der Verschiebung entstehen Klappen unterschiedlicher Proportionen. Dies könnte für jene interessant sein, die gerne kreativ falten möchten. Der amerikanische Papierkünstler James Sakoda faltet zum Beispiel den traditionellen Kranich (Seite 156) aus einer veränderten Vogel-Grundform. Er glaubt, daß der Kranich dadurch ansprechendere Proportionen bekommt.

Die Illustrationen zeigen eine Ausgangsgrundform, bei der der Mittelpunkt zu einem Punkt verschoben wurde, der auf drei Viertel der Höhe der Diagonalen liegt. Die sich daraus ergebende Form, die eine kleine Klappe im oberen Teil und größere Klappen auf der Rückseite und im unteren Teil besitzt, kann für die Entwicklung stilisierter menschlicher Figuren verwendet werden.

Anfertigung einer Ausgangsgrundform mit verschobenem Mittelpunkt

Man nimmt ein quadratisches Stück Papier. Der mittlere Diagonalbruch wird angelegt und die Mitte markiert.

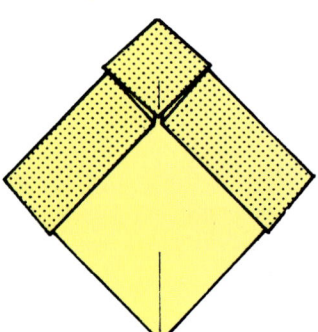

2 Die fertige Grundform mit verschobenem Mittelpunkt.

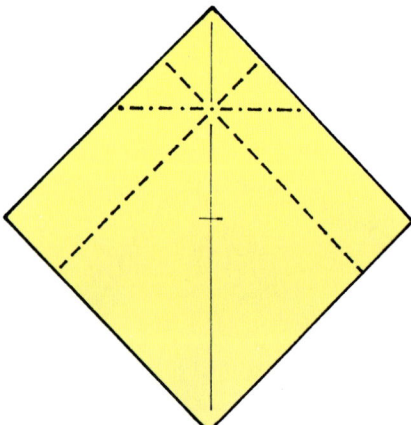

1 Der Reihe nach werden die obere linke und die obere rechte Kante zur Mitte gefaltet und zurückgeklappt. Die obere Spitze wird nach hinten zur Mitte gefaltet und wieder hochgeklappt. Es wird auf den Schnittpunkt der Bruchlinien gedrückt und die obere Spitze jetzt nach vorne zur Mitte gebracht. Die Falten sollen sich neu bilden.

Origami mit einer Falte

Es ist interessant, darüber nachzudenken, was man erreichen kann, wenn sich nur eine einzige Falte in einem Blatt Papier befindet. Die folgenden Modelle zeigen, daß sich mit Hilfe dieser Minimalmethode sowohl ein bewegliches Modell als auch ein Geräusche erzeugendes Modell herstellen läßt. Dies zeigt, daß man sich nicht unbedingt mit komplizierten Vorgängen auseinandersetzen muß, um interessantes Origami zu kreieren.

Anfertigung eines flatternden Vogels*
(Ricky Wong)

Wir nehmen ein Quadrat oder Rechteck aus dünnem Papier.

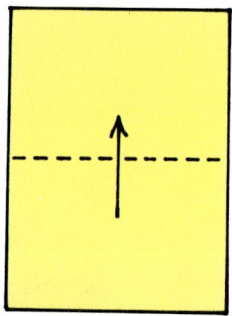

1 Das Paper wird in der Mitte gefaltet. Es entsteht eine Talfalte. Die untere Hälfte wird nach oben geklappt.

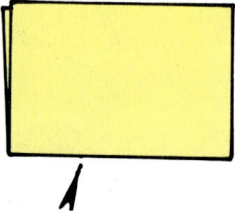

2 Öffnen; man drückt nach oben gegen die Falte, um sie zu »brechen«. Dies geschieht an einem Punkt bei einem Drittel der Länge.

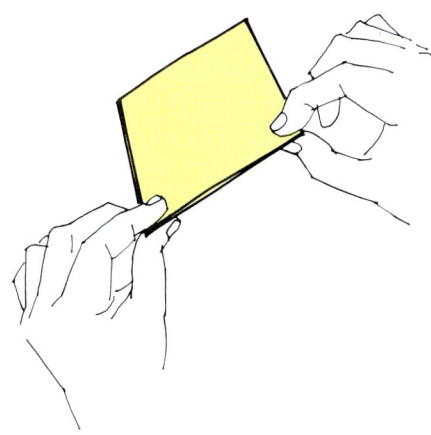

3 Der fertige Vogel. Man hält die beiden Lagen an jedem Ende oberhalb der Falte zwischen Daumen und Zeigefinger. Durch entsprechende Bewegungen der Arme läßt man die Flügel flattern.

Anfertigung einer Tröte*

Man benötigt ein quadratisches oder rechteckiges Stück Papier. Es wird in der Mitte gefaltet. Man hält das Papier an der gefalteten Kante gegenüberliegenden Seite und trennt die Kanten durch eine leichte Bewegung der Finger. Man führt die Lippen an diese Kanten und bläst. Es sollte ein schrilles und lautes Geräusch zu hören sein.

Apropos: Origami

Origami mag eine lange Geschichte haben, das Wort selbst ist aber relativ modern. Es wurde abgeleitet vom japanischen Verb *oru*, »falten«, und von *kami*, »Papier«. Nach Sumiko Momotani wurde es 1880 von S. Konishi vom Ochanomizu Kindergarten in die japanische Sprache eingeführt. Vorher wurden alternative Begriffe wie *orikata* und *orisue* benutzt.

Origami fand Anerkennung als Teil des amerikanischen Englisch, als das Wort 1961 Eingang in die neue Ausgabe von Webster's Dictionary fand. Nach der englischen Veröffentlichung der Bücher von Robert Harbin und Samuel Randlett im Jahr 1963, die das Wort »Origami« in ihren Titeln führten, wurde das Wort auch bald als Teil des Queen's English akzeptiert. Seither wurde es von anderen europäischen Sprachen übernommen. Allerdings streuben sich die Franzosen gegen seine Verwendung, indem sie ihren eigenen Ausdruck *pliage de papier* bevorzugen. Spanische Papierkünstler verwenden weiterhin das Wort *papiroflexia*, ein Begriff, der von Vicente Solorzano Sagredo geprägt wurde.

Apropos: Origamians und Origamists

Als Lillian Oppenheimer 1958 das New York Origami Center (heute das Origami Center of America) gründete und einen Titel für die Zeitschrift des Zentrums suchte, wählte sie *The Origamian*, weil der Name stark an die bekannte amerikanische Zeitung *The Oregonian* erinnerte. Die von ihr nicht vorhergesehene Folge war, daß die Leser der Zeitschrift begannen, sich und andere Papierkünstler »Origamians« zu nennen. Das Wort hat in der Origami-Gemeinschaft noch Bestand, obwohl es inzwischen mit der rivalisierenden englischen Prägung »Origamist« konkurriert. Ich bevorzuge es, beide zu vermeiden.

131

Pajarita (Seite 134)

Pajarita

Das spanische Wort *pajarita* bedeutet »kleiner Vogel«. Spanier benutzen es im allgemeinen auch für gefaltete Papiermodelle. Für die meisten Spanier ist das Papierfalten gleichbedeutend mit dem Anfertigen kleiner Papiervögel, weil fast alle dies als Kinder lernen. Es handelt sich dabei um die traditionellen »pajarita«, die unten zu sehen sind.

Das Modell könnte aus Spanien stammen, es ist aber überall in Europa bekannt. In Frankreich prägte Emil Zola den Ausdruck *»faire des cocottes à longeur de journée«*, um die Arbeit der Angestellten in öffentlichen Verwaltungen zu beschreiben. Er warf ihnen vor, Hühner herzustellen, und zwar gefaltete Papierhühner – in der Tat das gleiche traditionelle Modell, das von spanischen Kindern gebastelt wird.

Vielen deutschen Kindern ist es als Krähe bekannt, obwohl es in ihren Spielen manchmal auch als Pferd dient. In Großbritannien pflegte man es ein Steckenpferd zu nennen. Aber es ist kaum noch bekannt und scheint niemals die Zuneigung der Kinder in einem Ausmaß wie in Spanien und Frankreich gewonnen zu haben. In diesen Ländern wird der kleine Papiervogel als Symbol der Kindheit betrachtet. In Madrid gibt es einen alteingesessenen Süßwarenladen, der sich »La Paparita« nennt und in dem paparita-förmige Schokolade verkauft wird. In der nordspanischen Stadt Huesca wurde dem Paparita in einem Park ein Monument errichtet.

Anfertigung eines Paparita
**

Man nimmt ein quadratisches Stück Papier, faltet den senkrechten Mittelbruch und markiert seine Mitte.

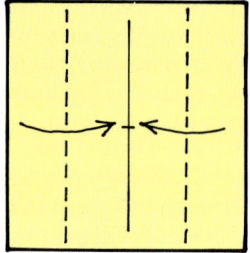

1 Der linke und der rechte Rand werden zur Mittellinie gefaltete. Es entstehen Talfalten.

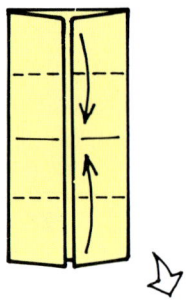

2 Die Ober- und die Unterkante werden so gefaltet, daß sie sich in der Mitte treffen.

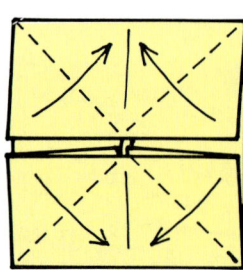

3 Man faltet die Ecken der oberen Klappe nach oben in die Mitte und die Ecken der unteren Klappe nach unten in die Mitte.

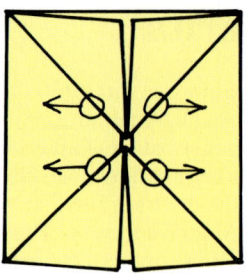

4 Der Reihe nach werden die Seiten der dreieckigen Klappen festgehalten. Dabei werden die äußeren Lagen von den inneren befreit und die Spitzen nach außen gezogen.

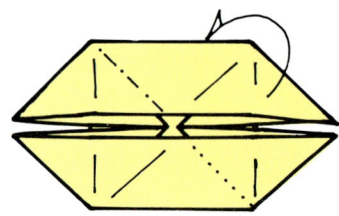

5 Nun wird die obere Hälfte diagonal nach hinten geklappt. Man dreht die Spitzen in die richtige Position.

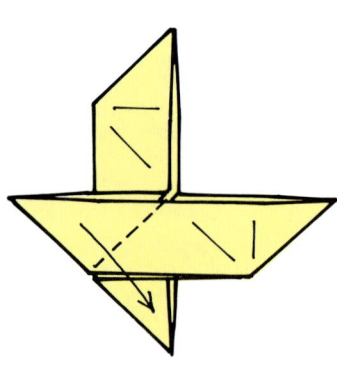

6 Die linke Klappe wird nach unten gefaltet.

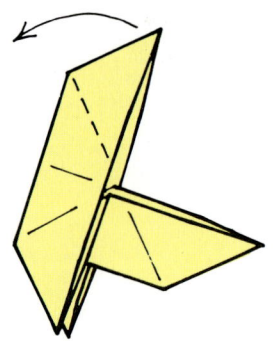

7 Gegenbruchfalte nach außen an der oberen Spitze. Das Modell wird teilweise geöffnet. Die beiden Lagen der oberen Klappe werden getrennt, so daß die Spitze zur linken Seite gebracht werden kann.

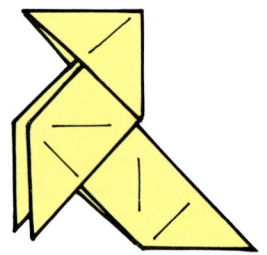

8 Der fertige Pajarita.

Papier

Schritt 5 bei der Ausfertigung des Pajarita, der hier als Abbildung 1 zu sehen ist, kann als Grundform betrachtet werden. Wenn die vier vorderen Klappen Quetschfaltungen erhalten, so daß sich die Ecken in der Mitte treffen, ist das Ergebnis eine vierfache Ausgangsgrundform, die manchmal auch als Windrad-Grundform bezeichnet wird.

Beim Origami kommt man bei vielen Modellen ohne spezielles oder exotisches Papier aus. Der wichtigste Ratschlag, den man zur Frage des Papiers geben kann, ist folgender: Man überzeuge sich davon, daß man es in ausreichenden Mengen hat.

Es ist jedoch praktisch und angenehm, aber nicht entscheidend, immer einige fertig geschnittene Quadrate zur Hand zu haben. Dieses Papier, mit leuchtender Farbe auf einer Seite und weiß auf der anderen, abgepackt und als »Origami-Papier« im Handel, kann in Geschäften für Bastelbedarf, in Spielwarenläden usw. gefunden werden. Quadrate mit 12 cm und 15 cm Seitenlänge sind gebräuchlich; es gibt aber auch größere und kleinere Größen.

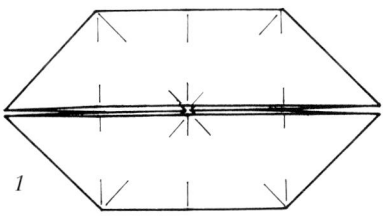

1

Das Windrad, das man üblicherweise aus dieser Grundform entwickelt, wird in Abbildung 2 gezeigt. Wenn es aus steifem Papier besteht und mit einer Nadel an einem Stock befestigt ist, dreht es sich im leichten Wind. Wenn die Grundform umgedreht wird und die vier Klappen ausgebreitet werden, kann sie in einen Tisch verwandelt werden (Abbildung 3).

Man sollte einmal die verschiedenen Sorten des Notizpapiers ausprobieren, das heute in vielen Farben hergestellt wird. Als allgemeine Regel gilt, daß das leichtere und dünnere Papier – sogar das Luftpostpapier – für das Falten besser geeignet ist als schwere Sorten.

Auf der anderen Seite hat auch schweres Papier seine Anwendungsbereiche. Es ist besonders gut geeignet, wenn man relativ einfache Modelle in großem Maßstab bauen will. Die entsprechenden Papiersorten können in Geschäften für Bastelbedarf als Papier mit behandelter Oberfläche, Flintpapier und Posterpapier erworben werden. Das Papier ist nur auf einer Seite gefärbt und wird in Bogen von 50 x 75 cm angeboten. Schlichtes, braunes Packpapier, aber auch hübsches Geschenkpapier, sollte nicht vergessen werden. Wenn man die Absicht hat, viele dieser größeren Bogen zu verarbeiten, dann sollte man daran denken, sich eine Metallschiene und ein Messer oder vielleicht eine Papierschneidemaschine zuzulegen.

Andere Papierarten werden mit Bezug zum Falten an mehreren Stellen des Buches diskutiert. Siehe auch »Folie«, »Itajime-Shibori«, »Laminiertes Papier«, »Gefaltetes Geld«, »Servietten«, »Zeitungspapier«, »Bedrucktes Papier«, »Seidenpapier« und »Washi«.

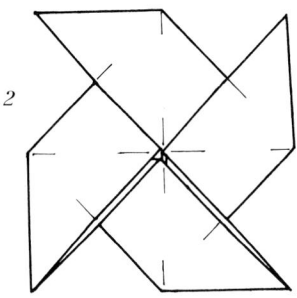

2

3

Performance Art

Performance Art ist ein Begriff, der zur Zeit in der Welt der Kunst gebraucht wird, um artistische Experimente zu beschreiben, die menschliche Aktivitäten zum Gegenstand haben, die nicht in die gängigen Kategorien von Tanz, Musik, Drama usw. passen. Charakteristisch für diese Art von Vorführungen ist die Beteiligung des Publikums am kreativen Prozeß.

Es ist fraglich, ob viele Origamilehrer und Vorführende daran denken, in der Performance Art engagiert zu sein. Der amerikanische Schriftsteller Samuel Randlett hat es allerdings so dargestellt. In England wurde Origami in einer entsprechenden Veranstaltung von Paul Jackson präsentiert (siehe »Knaller«). In Frankreich, wo Jean-Claude auf die »Choreographie des Papierfaltens« verwies, ist die Aufführung von Origami als Performance Art viel weiter verbreitet. Die Mouvement Français des Plieurs de Papier initiierte mehrere Versuche, Origami auf andere Weise als in einer einfachen Ausstellung zu demonstrieren. Man führte vor, wie Modelle konstruiert werden, und arbeitete dabei mit Licht- und Klangeffekten.

Bild-Origami

Manche Menschen schaffen gerne Montagen oder Bilder aus Origami, indem sie Modelle in einem passenden Arrangement auf Papier oder Karton kleben. Dieses Verfahren ist eher so wie Malen mit Origami. Die Modelle werden als Farbflächen eingesetzt. Auf diese Weise kann man Wanddekorationen oder Grußkarten herstellen.

Ein vollkommen anderer Ansatz zum Bild-Origami wurde von Bob Allen entwickelt. Er läßt sich mehr mit dem Zeichnen als mit dem Malen vergleichen. Er »zeichnet« mit gefalteten Papierkanten und kreiert so stark stilisierte, lineare Landschaften. Ein Beispiel wird unten beschrieben.

Anfertigung einer Möwe und Brandung
(Bob Allen)

Man nimmt ein Rechteck, das aus weißem oder leicht getöntem, beständigem Papier besteht. Das Blatt wird in drei Felder eingeteilt.

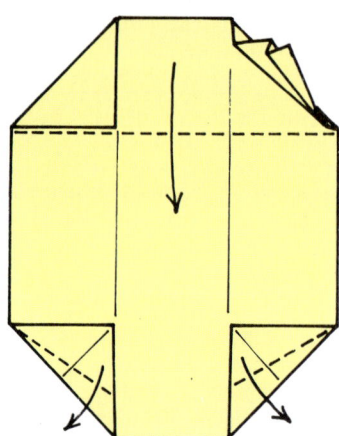

2 Im oberen Teil werden die Ecken in zwei Dreiecke unterteilt. Dafür faltet man Talfalten, die wieder auseinandergeklappt werden. Unten links entsteht an der Spitze eine zweifache schräge Doppelfalte.

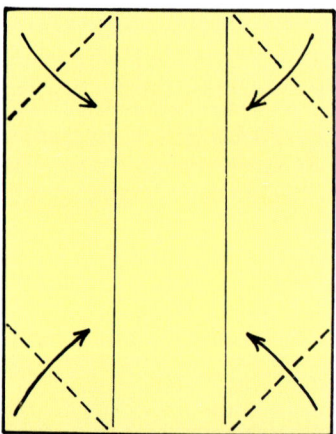

1 Die Ecken werden zu den Bruchlinien gefaltet.

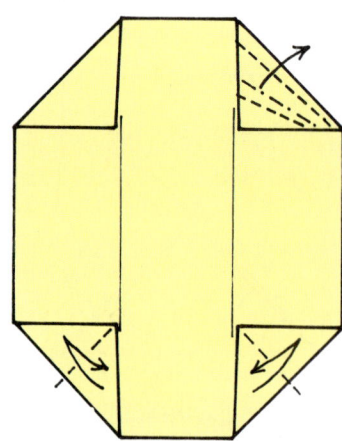

3 Im oberen Teil faltet man die beiden Ecken zum Winkel von etwa 30 Grad zur gefalteten Kante hoch. Die Unterkante an der ungefalteten Kante der rechten Klappe nach oben falten.

Möwe und Brandung (links)

Fortsetzung Möwe und Brandung

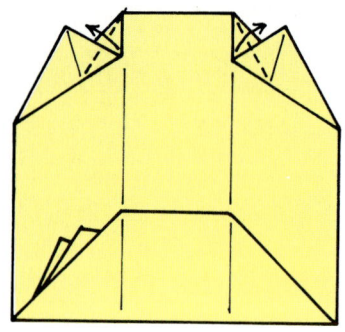

4 Oben entstehen zwei Falten – jede Falte liegt zwischen der Basis einer bestehenden Bruchlinie und einem Ende der Oberkante.

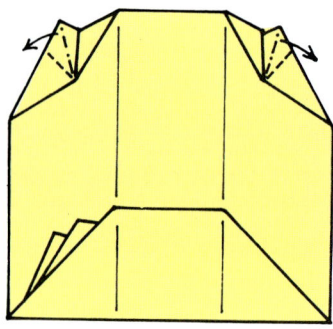

5 Man verwandelt die bestehenden Bruchlinien der beiden oberen Klappen in Bergfalten und zieht die Spitzen nach unten.

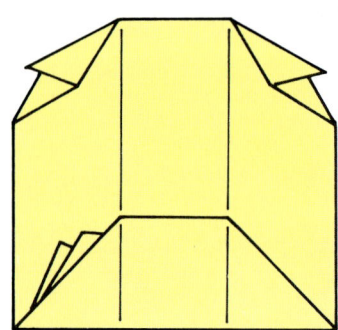

6 Das Papier wird flachgedrückt.

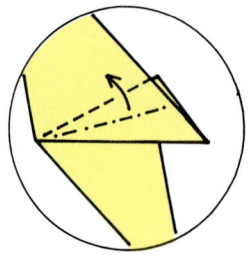

7 (Detail der rechten oberen Ecke) Quetschfaltung an der spitzen Klappe. Sie wird aufgeschlagen.

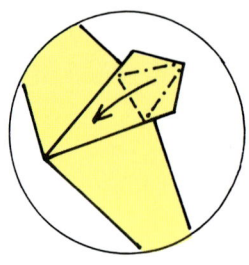

8 Die Klappe erhält eine Blumenblattfaltung, indem die beiden Ecken mit Bergfalten zurückgefaltet werden. Die obere Spitze wird wie angezeigt nach unten gefaltet.

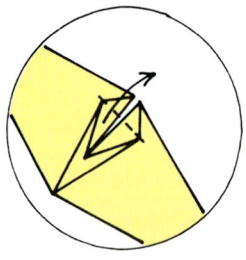

9 Man faltet die Spitze mit einer Talfalte an einer Linie zwischen den beiden Ecken der Klappe hoch.

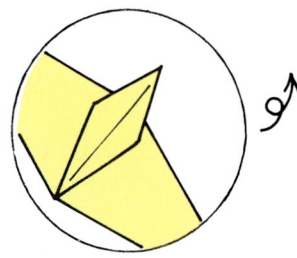

10 Die Konstruktion wird gewendet.

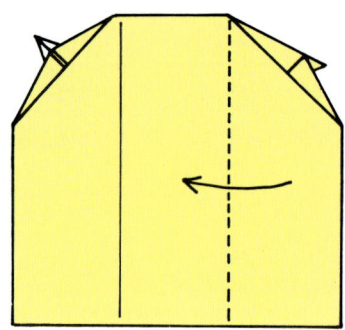

11 Man klappt die rechte Seite hinüber zur linken Bruchlinie.

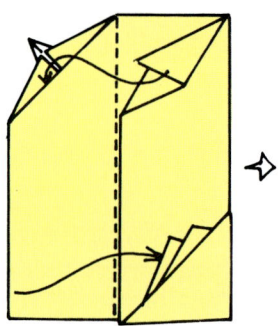

12 Die linke Kante wird zur rechten Seite gefaltet. Dabei wird die linke Ecke der Unterkante in die Tasche rechts unten gesteckt. Gleichzeitig wird die obere Klappe in die Tasche auf der linken Seite eingehakt.

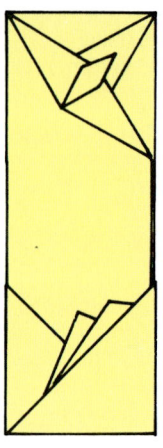

13 Das fertige Bild.

Bilderrahmen

Im Gegensatz zu vielen Methoden, Origami-Bilderrahmen zu falten, kann das folgende Verfahren leicht angewandt werden, um Bilder aller üblichen Größen und Proportionen einzurahmen. Für ein Foto der Größe 8 x 12 cm nimmt man ein DIN A4-Blatt Schreibpapier oder ähnliches Material. Zuerst wird die senkrechte Mittellinie gefaltet.

Anfertigung eines Bilderrahmens***
(Larry Hart)

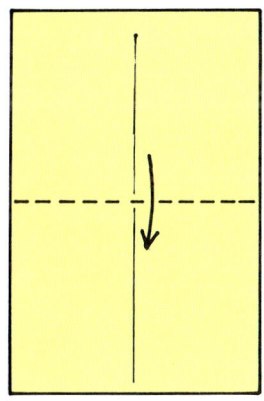

1 In der Mitte falten. Die obere Hälfte wird nach unten geklappt.

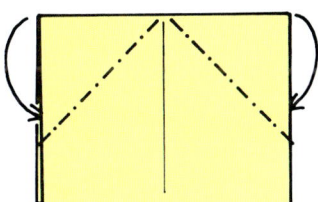

2 Gegenbruchfalten nach innen an den beiden Ecken der oberen, gefalteten Kante. Die Ecken treffen sich an dem Mittelbruch.

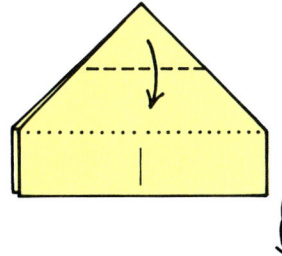

3 Man faltet die obere Spitze nach unten zu einem Punkt, der bei den verdeckten Ecken liegt. Wenden.

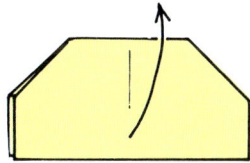

4 Die vordere Kante wird hochgezogen.

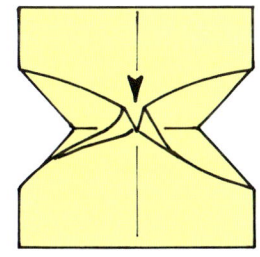

5 Dabei richten sich die inneren Klappen auf. Man drückt die gefaltete Kante jeder Klappe flach.

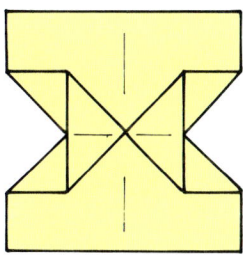

6 Das Bild wird in die Mitte des inneren Quadrats gelegt.

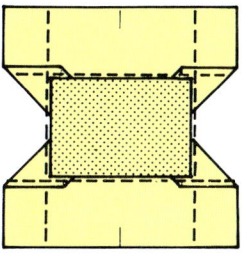

7 Um die inneren Begrenzungen des Rahmens festzulegen, faltet man der Reihe nach alle Kanten des Papiers über das Bild und zurück.

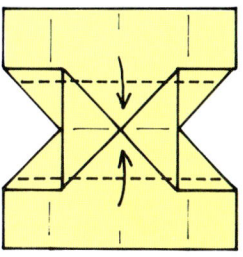

8 Auf den soeben entstandenen Bruchlinien werden die untere und obere Kante des Rahmens noch einmal gefaltet.

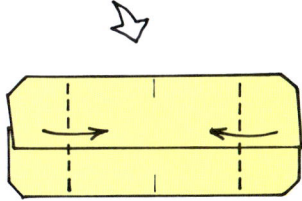

9 Die linke und rechte Kante werden entsprechend noch einmal gefaltet.

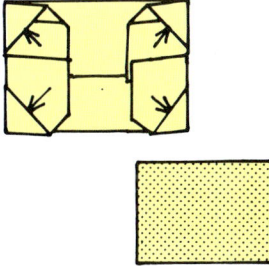

10 Abschließend werden die Ecken des Bilds in die vier Taschen des Rahmens gesteckt.

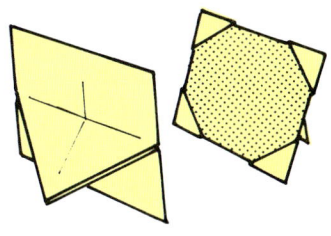

11 Die große Klappe auf der Rückseite kann aufgerichtet werden, so daß der Bilderrahmen steht.

Sprechende Füchse (unten)

Spielplatz-Modelle

Der englische Papierkünstler Dave Brill beobachtete, daß es bestimmte
Modelltypen gibt, die man als »Spielplatz-Modelle« klassifizieren
könnte. Diese Konstruktionen sind noch nicht in Büchern erschienen –
zumindest nicht in einem jener Bücher, die die Origami-Welt kennt –,
und dennoch sind sie Kindern bekannt, die sich gegenseitig zeigen, wie
sie gemacht werden. Möglicherweise wird ein Kind einem erwachsenen Origami-Anhänger einmal eines der Modelle vorführen. Vielleicht
wird er es für lohnend halten, es aufzuzeichnen.

Manche Modelle, wie zum Beispiel die Salznäpfchen (Seite 153) und
die Wasserbombe (Seite 184), werden den Kindern vielleicht von
Erwachsenen gezeigt, aber sicher nicht einige Verwendungen, für die
die Kinder sie nehmen. Solche Interpretationen bekannter Modelle
müssen als Teil dieser Tradition berücksichtigt werden.

Ein Spielplatz-Modell mag naiv erscheinen. Bei der Konstruktion
kann gegen Regeln verstoßen worden sein, es kann sorglos geschnitten
und eingerissen worden sein, was manchen Anhänger des reinen Origami stören wird. Aber es ist in vielen Fällen ein Aktionsmodell mit
einer ungewöhnlichen Wirkung; es wird wahrscheinlich genügend
Bewunderung auslösen, so daß man über die Fehler hinwegsieht.

Es folgen drei Beispiele. Der sprechende Fuchs wurde bei einem
achtjährigen französischen Jungen gesehen, die Kamera stammt von
einem achtjährigen Mädchen aus Tokio. Der krabbelnde Käfer wurde
einer englischen Kinderkrankenschwester vorgeführt.

Anfertigung eines sprechenden Fuchses**
(gesammelt von Julien Correia)

Benötigt wird ein Rechteck aus ziemlich dünnem Papier (z.B. eine Seite
aus einem Magazin). Das Rechteck
wird durchgeschnitten. Es soll ein
Quadrat und ein Streifen entstehen.
Man bestimmt den Mittelpunkt des
Quadrats durch Falten.

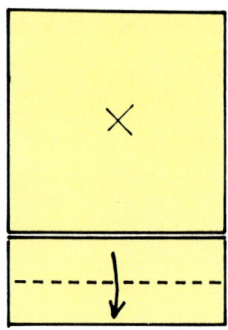

1 Der Streifen wird in der Mitte an
der Längsachse gefaltet. Die Oberkante kommt zur Unterkante.

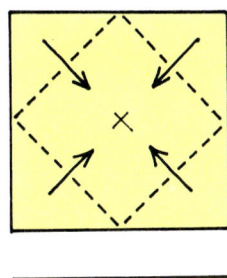

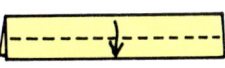

2 Die vier Ecken des Quadrats werden zur Mitte gefaltet. Die obere Hälfte des Streifens wird noch einmal nach unten gefaltet.

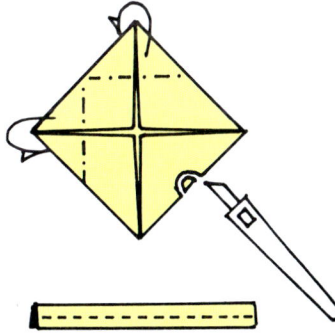

3 Zwei benachbarte Ecken werden nach hinten zur Mitte geklappt. Es entstehen Bergfalten. Man schneidet oder reißt ein kleines Loch in die gegenüberliegende Kante. Zum letzten Mal wird der Streifen an der Längsachse gefaltet.

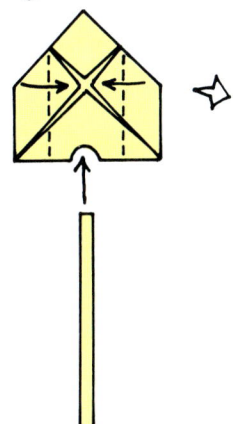

4 Man steckt den gefalteten Streifen in das Loch und schiebt ihn bis zur oberen Ecke. Die linke und die rechte Seite werden nach innen zur Mitte gefaltet.

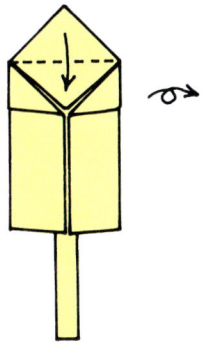

5 Die obere Spitze wird nach unten gefaltet (und damit der obere Teil des Streifens). Wenden.

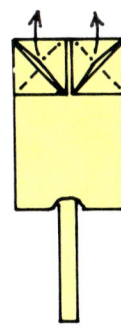

6 Die ungefalteten Kanten der beiden kleinen Quadrate werden angehoben und erhalten Quetschfaltungen.

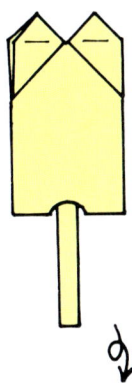

7 Das Ganze umdrehen.

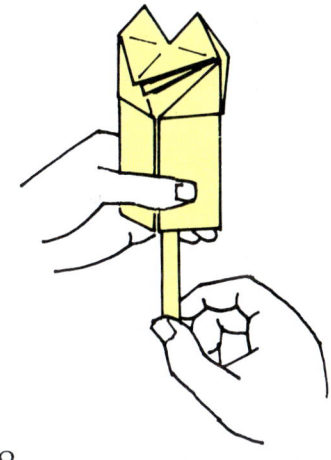

8 Der sprechende Fuchs ist fertig. Man hält den Körper mit einer Hand und bewegt mit der anderen den Streifen auf und ab. Der Rachen des Fuchses öffnet und schließt sich.

Anfertigung einer Kamera
(gesammelt von Rika Taguchi)

Benötigt wird ein Quadrat aus Papier. Ausgangspunkt ist der ausgeführte Schritt 6 von Yakko-san (Seite 190).

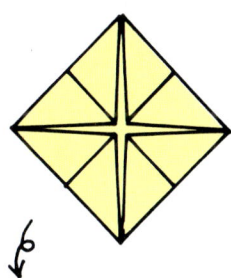

1 Das Papier wird umgedreht.

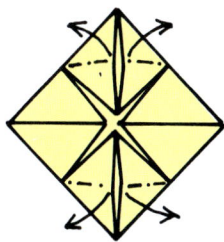

2 Die ungefalteten Kanten in der Mitte der oberen und der unteren Klappe werden nacheinander getrennt. Sie erhalten Quetschfaltungen.

Krabbelnder Käfer

Fortsetzung Kamera

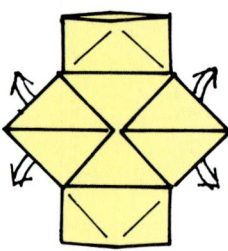

3 Man schlägt das Papier auf. (Dadurch entsteht eine traditionelle Figur, die gelegentlich japanische Laterne genannt wird.)

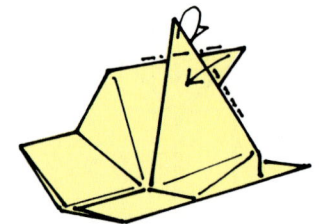

7 Jede der beiden Spitzen wird über die benachbarte Kante gefaltet, so daß das Modell in dieser Form gehalten wird.

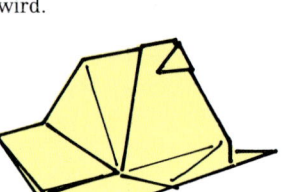

8 Die fertige Kamera.

Anfertigung eines krabbelnden Käfers**
(gesammelt von Fiona Caldwell)

Ausgangsform ist ein quadratisches Blatt Papier, möglichst farbig. Zuerst wird die Ausgangsgrundform gefaltet (Seite 20).

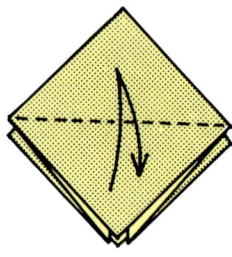

1 Man faltet die untere Spitze nach oben und zurück. Wiederholung auf der Rückseite.

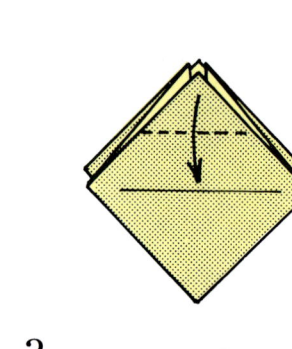

9 Die Kamera wird der Abbildung entsprechend gehalten. Ein Daumen befindet sich in der Mitte der Rückseite. Man richtet sie auf einen Gegenstand und drückt mit dem Daumen. Die beiden miteinander verbundenen Spitzen sollten sich mit einem »Klick« lösen. Manche Kinder verstecken gerne eine kleine Zeichnung im oberen Teil der Kamera, die dann als Foto gezeigt werden kann. Falls die Kamera nicht richtig klickt, wird es wahrscheinlich daran liegen, daß die beiden Spitzen zu weit übereinander gelegt wurden.

2 Die untere Spitze der vorderen Klappe wird zum neuen Mittelbruch gefaltet. Wiederholung auf der Rückseite.

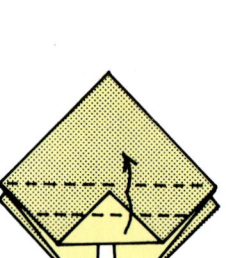

3 Die gefaltete Kante wird zum Mittelbruch gebracht und dann noch einmal umgeschlagen. Wiederholung auf der Rückseite.

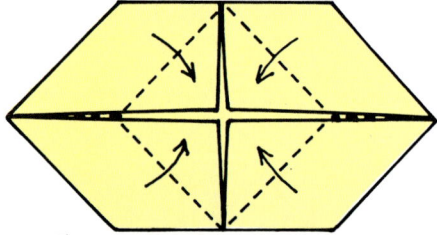

4 Die Konstruktion wird weiter aufgeschlagen, bis sie so aussieht. Wenden.

5 Die linke und die rechte Ecke werden so zusammengedrückt, daß Hasenohren entstehen.

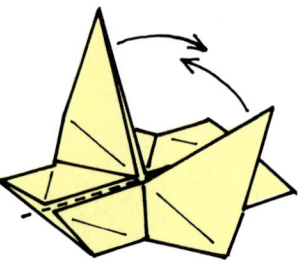

6 (Neue Lage) Man bringt die beiden stehenden Klappen zusammen. Die Spitzen sollen sich etwas überschneiden.

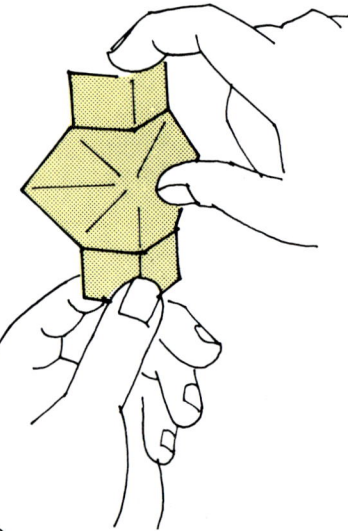

4 Man nimmt die obere linke Klappe und faltet sie auf die rechte Seite. Wiederholung auf der Rückseite

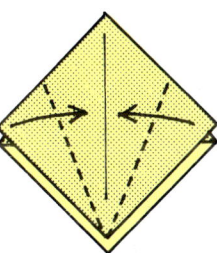

5 Die untere linke und die untere rechte Kante der oberen Klappen werden zur Mitte gefaltet. Wiederholung auf der Rückseite.

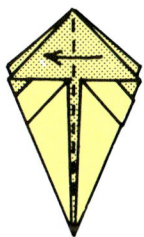

6 Man nimmt die obere rechte Klappe und faltet sie auf die linke Seite. Dasselbe auf der Rückseite.

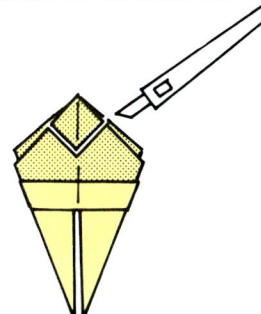

7 Die obere Spitze muß entfernt werden. Man kann sie sauber in rechten Winkeln ausschneiden oder einfach herausreißen. Diese abgetrennte Spitze ist der Käfer. Der andere Teil der Konstruktion stellt die Spur dar, auf der Käfer krabbelt.

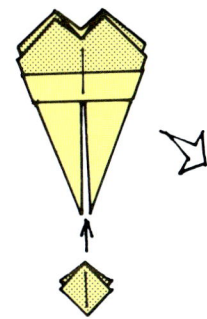

8 Der Käfer wird auf die Spur geschoben. Die unteren spitzen Enden liegen auf beiden Seiten der Achse des Käfers und zwischen den dreieckigen Klappen.

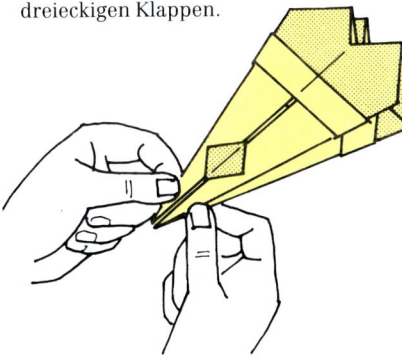

9 Man hält die beiden Spitzen fest und bewegt sie schnell hin und her. Wenn man es richtig macht (und man schafft es nicht sofort), fängt der Käfer an, auf der Spur zu krabbeln.

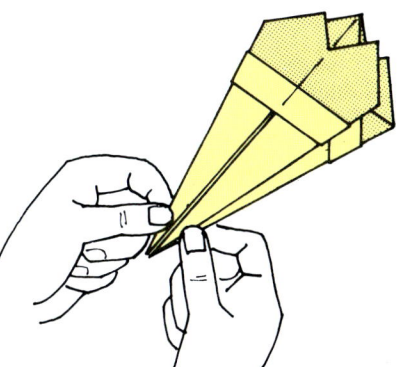

10 Man setzt die Bewegungen fort und läßt den Käfer »unter dem Teppich« verschwinden. Am anderen Ende kann man dann beobachten, wie er die Nase heraussteckt und schließlich herausfällt.

Apropos: Briefmarken

Weihnachten 1981 brachte die schwedische Post eine Sondermarke heraus, die eine ausgeschnittene Papiertaube mit einem gefalteten Schwanz zeigte. Gleichzeitig verteilte sie Blätter mit Anleitungen, die den Kindern zeigten, wie man die auf der Briefmarke abgebildete Taube anfertigt. Der Vogel dieses Entwurfs war nur zur hälfte Origami, aber der traditionelle Papierkranich (Seite 156), der regelmäßig auf japanischen 40-Yen- und 60-Yen-Marken erscheint, stellt typisches Origami dar.

Jennifer Toombs entwarf 1974, dem Jahr des hundertjährigen Bestehens der Universal Postal Union, vier »Origami«-Briefmarken für die britischen Solomon Inseln. Auf diesen Briefmarken sieht man die gefalteten Figuren eines Briefträgers, einer Brieftaube (während des Zweiten Weltkriegs wurde die Post zwischen den Inseln von Brieftauben befördert), des Pegasus und des Saint Gabriel (der Schutzheilige der Telekommunikation und der Philatelisten) vor einem Abschnitt mit der Karte der Inseln.

Weihnachten 1982 kam dieselbe Designerin zurück zum Origami. Sie stellte die Figuren von Joseph, Maria und Erzengel Gabriel auf drei Briefmarken dar, die von den Weihnachtsinseln herausgegeben wurden.

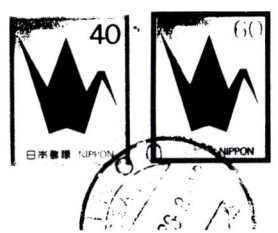

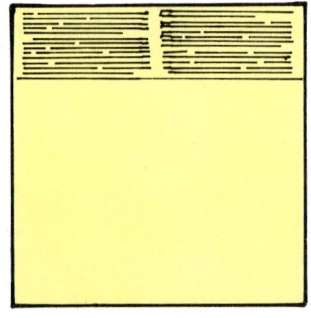

Bilderrahmen (Seite 139)

Falt-Kuriosa

Anstatt einen Vogel aus einem gewöhnlichen, schlichten oder gefärbten Blatt Papier zu falten, wie es die meisten Menschen tun würden, nahm Guiseppe Baggi ein Notenblatt. Er nannte das Modell einen »Singvogel«. Der Kanadier Gar Low faltete einmal eine Schnecke aus einer Postkarte, um seine Meinung über den Service der Post auszudrükken.

Diese Art des Papierfaltens, bei der gedrucktes Material mit komischer Wirkung eingesetzt wird, ist eine interessante Gattung. Es erfordert keine außergewöhnliche Geschicklichkeit beim Falten, um hier Erfolg zu haben, sondern nur eine Fähigkeit, gedrucktes Material zu entdekken, das sich eignet.

Junge mit Hut aus Zeitungspapier***
(Eric Kenneway)

Man benötigt ein Quadrat, das aus einer Zeitung oder einem Magazin geschnitten wird. In dem Ausschnitt soll sich im oberen Viertel einer Seite (Seite A) eine ununterbrochene Kleindruckpassage befinden. Auf der anderen Seite (Seite B) befindet sich im unteren Viertel eine leere Fläche. Es spielt keine Rolle, was auf den anderen Teilen der Seiten erscheint. Es ist eine gute Idee, nach Seiten Ausschau zu halten, auf denen sich große Anzeigen mit vielen freien Flächen befinden. Man prüft, ob sich auf der Rückseite kleingedruckte Texte an der richtigen Stelle befinden. Wenn dies der Fall ist, kann man das Quadrat ausschneiden. Durch Doppelfalten wird das Quadrat in acht Felder eingeteilt.

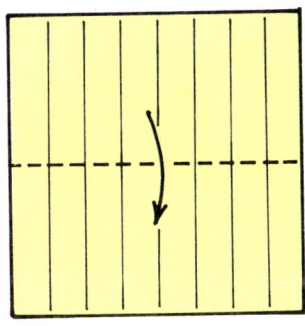

1 Seite A liegt oben. Man faltet die Oberkante nach unten zur Unterkante.

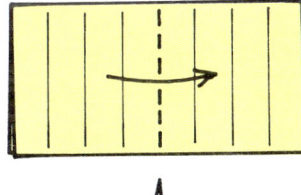

2 Die linke Hälfte wird auf die rechte Seite gefaltet. Es entsteht eine Talfalte.

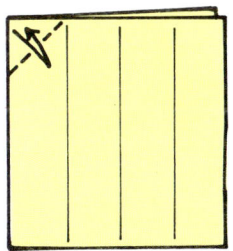

3 Die obere linke Ecke wird zum nächstgelegenen Bruch gefaltet. Gut knicken und zurückklappen. Dann wird das Papier aufgeschlagen.

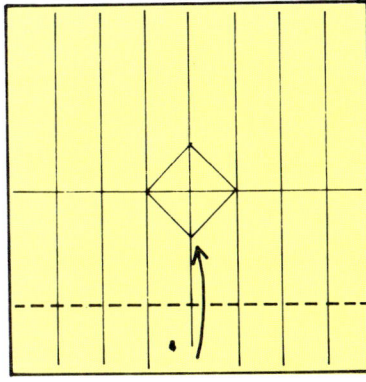

4 Man faltet die Unterkante nach oben zur unteren Spitze des Quadrats. Wenden.

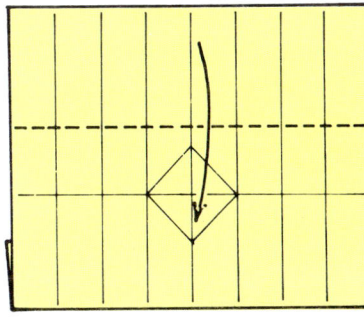

5 Die Oberkante wird nach unten zum Mittelpunkt gefaltet. Wieder wenden.

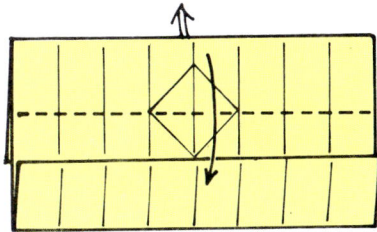

6 Der obere Teil wird an der bestehenden Bruchlinie in der Mitte des auf der Spitze stehenden Quadrats nach unten gefaltet. Dabei klappt das Papier von hinten hoch.

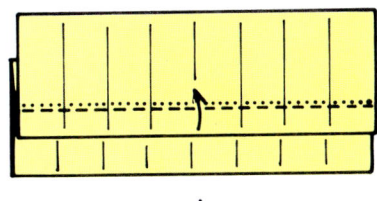

7 Die Unterkante der vorderen Klappe wird an einer Linie etwas unterhalb der verdeckten, ungefalteten Kante nach oben gefaltet. Umdrehen.

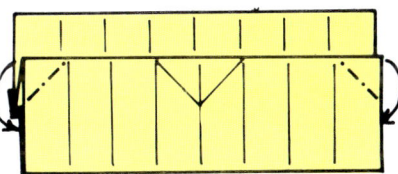

8 Gegenbruchfalten nach innen an den beiden oberen Ecken der vorderen Klappe. Sie werden eingedrückt bis zu den ersten senkrechten Brüchen auf jeder Seite.

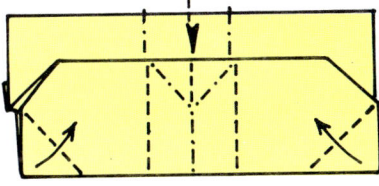

9 Zuerst klappt man die beiden unteren Ecken nach oben. Dann drückt man die Mitte des gefalteten Grats so nach unten, daß eine Kerbe entsteht.

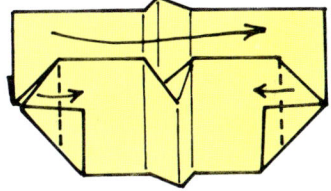

10 Die linke und die rechte Ecke werden nach innen gefaltet. Die Struktur wird in der Mitte gefaltet; man bringt die linke Hälfte auf die rechte Seite.

Fortsetzung Junge mit Hut aus Zeitungspapier

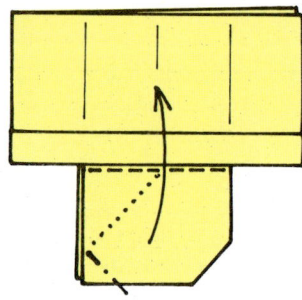

11 Die obere Lage der Unterkante anheben.

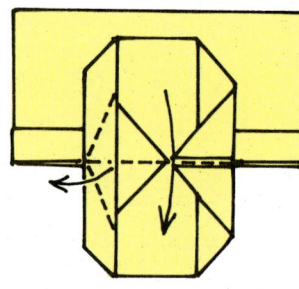

13 Man zieht die Kante dieser Lippe nach links, während man die obere Klappe nach unten faltet.

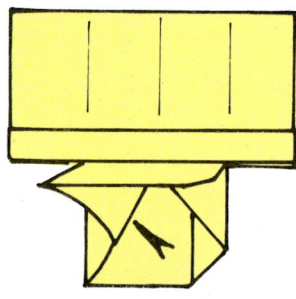

12 Man drückt gegen den inneren Grat, um eine Quetschfaltung mit einer langen Lippe, die senkrecht an ihrer linken Seite liegt, zu bilden.

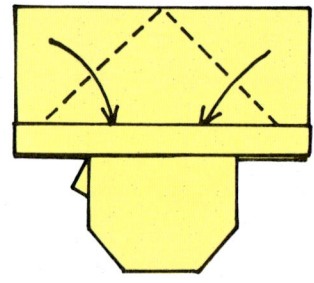

14 So entsteht ein Gesicht im Profil. Schließlich werden die beiden oberen Ecken hinter den Rand gesteckt, damit die Form eines Papierhuts entsteht.

15 Der fertige Junge, der einen Hut aus Zeitungspapier trägt.

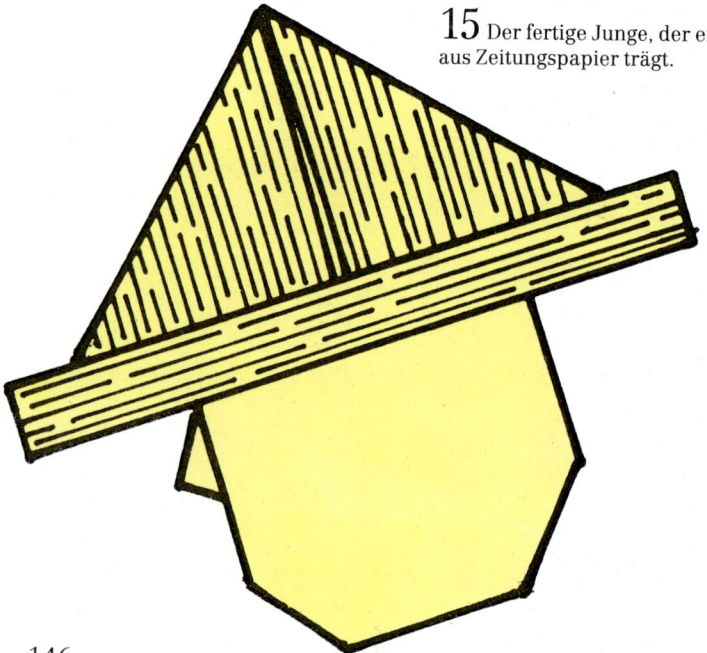

Unverfälschtes Origami

Manchmal verweisen Papierkünstler auf das »reine, unverfälschte Origami«. Sie beziehen diesen Begriff im allgemeinen auf Modelle, die nur durch Falten entstanden sind, um zu betonen, daß keine anderen technischen Hilfsmittel, z. B. Schere oder Klebstoff, eingesetzt wurden. Einige kreative Papierkünstler führen weitere Beschränkungen für sich ein.

Der Engländer John S. Smith hat diese Einstellung. Er entwickelte eine Falttechnik, die ohne die meisten traditionellen und sonst notwendigen Verfahren auskommt. Sie wird »Pureland Origami« genannt. Diese Technik soll Papierfalten für Anfänger vereinfachen und sich für den Unterricht eignen. Er fand heraus, daß besonders Gegenbruchfalten unerfahrenen Bastlern Probleme bereiten. Er erfand alternative Verfahren, die zu ähnlichen Ergebnissen führen. Inzwischen verzichtet er auf alle Faltungen, abgesehen von Berg- und Talfalte. Das bedeutet, daß eigentlich nur Talfalten benutzt werden, denn Bergfalten entstehen dadurch, daß man das Papier umdreht und eine Talfalte anlegt.

Die folgenden Diagramme zeigen, wie ein Schwan gefaltet wird. Man kann erkennen, daß das fertige Modell oder etwas sehr Ähnliches zu erreichen ist, indem zuerst Abbildung 3 gefaltet und eine Bergfalte in der senkrechten Mittelinie gefaltet wird, dann mehrere Gegenbruchfalten angefertigt werden. Diese wäre die traditionelle Methode. Die hier gezeigte Technik ist jedoch die »Pureland«-Methode.

Anfertigung eines Schwans *
(John S. Smith)

Wir nehmen ein nicht zu kleines Quadrat aus weißem Papier. Man faltet
zwei gegenüberliegende Ecken aufeinander und öffnet sie wieder.
Dadurch wird die diagonale Mittellinie markiert.

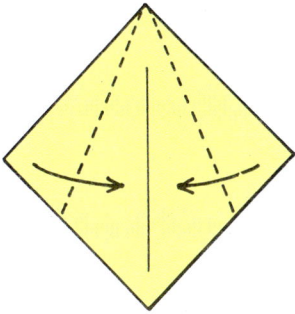

1 Man faltet zwei benachbarte Kanten nach innen an die Mittellinie.

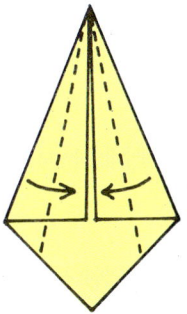

2 Die gefalteten Kanten werden so
nach innen geklappt, daß sie sich in
der Mitte treffen.

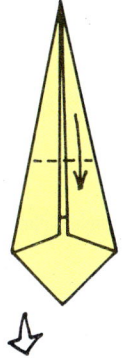

3 Die obere Spitze wird so weit nach
unten gefaltet, daß sie etwas über die
untere Spitze hinaus ragt.

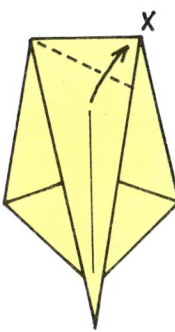

4 Man faltet die vordere Klappe
hoch. Dabei soll der Mittelbruch
durch die mit X gekennzeichnete Ecke
laufen.

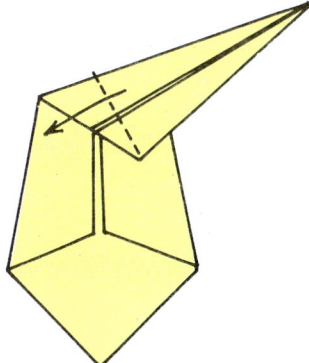

5 Die obere Klappe wird auf einer
Linie zur linken Seite gefaltet, die im
rechten Winkel zur Mittellinie der
Klappe verläuft.

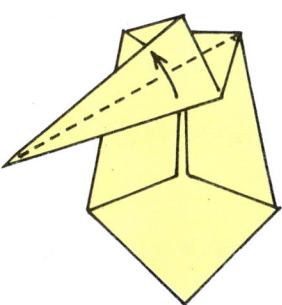

6 Man faltet die obere Klappe in der
Mitte. Dabei kommt die Unterkante
zur Oberkante.

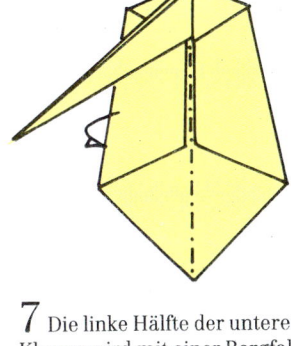

7 Die linke Hälfte der unteren
Klappe wird mit einer Bergfalte nach
hinten geknickt.

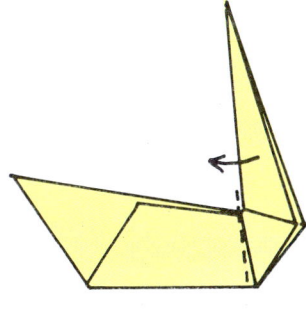

8 (In eine neue Position gedreht) Die
obere Lage der Klappe auf der rechten Seite wird nach links geöffnet.

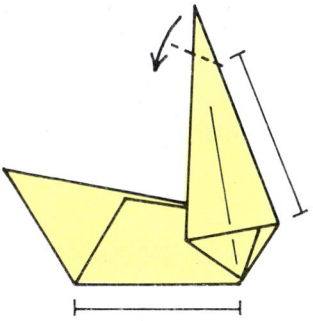

9 Die obere Spitze wird, wie dargestellt, nach unten links umgefaltet.
(Zu beachten ist der Punkt, an dem
die Falte den rechten Rand der dreieckigen Klappe schneidet – die Ent-
fernung zwischen diesem Punkt und
der unteren Ecke der Klappe entspricht der Länge der Grundlinie.)

Fortsetzung Schwan

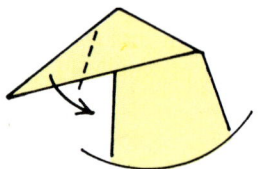

10 (Detail) Die Spitze wird mit einer Talfalte nach rechts unten gefaltet.

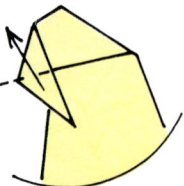

11 An der horizontalen Kante wird sie nach oben geknickt.

12 Die Spitze wird nach unten zur linken Seite umgefaltet. Siehe Abbildung.

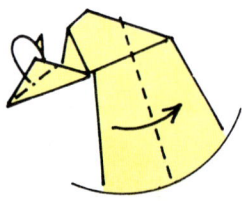

13 Bergfalte in der Mitte der kleinen Klappe. Schließlich wird die größere Klappe mit einer Talfalte geschlossen, die bei Schritt 8 geöffnet wurde.

14 Der fertige Schwan.

Von links nach rechts: Schwan (Seite 147); Haufen-Puzzle (rechts)

Puzzles

Weil man Origami mit dem Lösen von Puzzle-Problemen vergleichen
kann, ist es nicht überraschend, daß es viele Menschen gibt, die Spaß
sowohl am Origami als auch an anderen Arten von Puzzles haben.
Unter ihnen gibt es einige, die versuchen, ihre Interessen zu verbinden,
indem sie aus Papier Nachbildungen traditioneller Puzzles falten.
Wayne Brown, einer dieser Papierbastler, fertigte einen Tangram-Satz
an. Alle sieben Steine wurden aus Papierquadraten gefaltet. (Ein Tan-
gram ist ein Puzzle-Quadrat, das in sieben Stücke geschnitten wurde.
Diese Stücke können immer wieder neu zusammengesetzt werden, um
eine Vielfalt von Formen zu bilden.) Einem anderen Papierkünstler,
Anthony O'Hare, gelang es, Puzzlesteine herzustellen, die genau
zusammenpassen.

Peter Ford sammelt Konstruktionspuzzles – diese setzen sich normalerweise aus mehreren ineinandergreifenden Holzblöcken zusammen,
die man auseinandernehmen oder neu zusammensetzen soll. Er ent-
wirft Origami-Versionen von ihnen, die aus Papier bestehen und eine
noch größere Herausforderung sind, weil man mit den Stücken sehr
vorsichtig umgehen muß. Hier wird ein Beispiel vorgestellt.

Anfertigung eines Haufen-Puzzles****
(Peter Ford)

Für ein Stück benötigen wir ein
Rechteck mit den Proportionen 5 : 8
Als Material nimmt man mit Folie
beschichtetes Papier. Zuerst wird das
Blatt durch Falten in vierzig Quadrate
eingeteilt. Dann faltet man die Diagonalen an beiden Enden und die beiden kurzen senkrechten Falten links
und rechts in der Mitte.

2 Die langen Klappen im vorderen
Teil werden nach innen geschoben.
Vorgang auf der Rückseite wiederho-
len.

3 Man knickt beide Ecken der vorderen Klappe hoch.

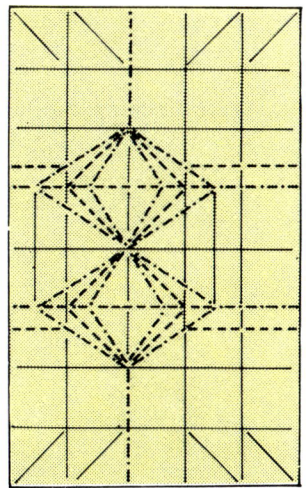

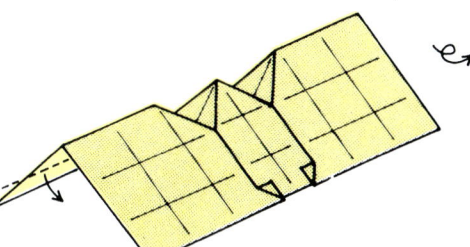

1 Die Bruchlinien werden der Abbildung entsprechend angelegt. Dann
wird das Papier zusammengeklappt.

4 Die Kante der hinteren Seite nach
innen umknicken. Wenden.

Fortsetzung Puzzle

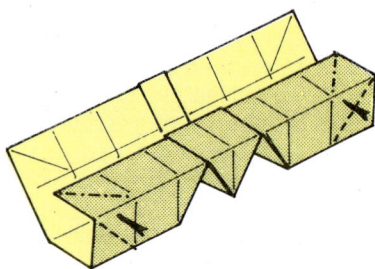

5 Die Kanten auf der linken und der rechten Seite werden nach innen geschoben.

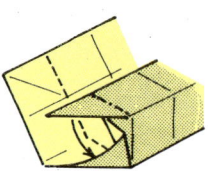

6 Die spitze Klappe hineinschieben. Der Vorgang wird am anderen Ende wiederholt. Die Bewegungen der Schritte 7 und 8 müssen aufeinander abgestimmt werden.

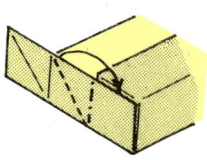

7 Schräge Doppelfalte der Kante. Dadurch soll sich der hintere Rand des Papiers aufrichten. Wiederholung am anderen Ende.

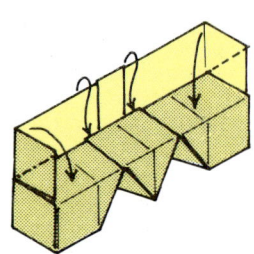

8 Die Kante der senkrechten Klappe wird hineingeschoben. Dabei entstehen an jedem Ende kleine, spitze Klappen.

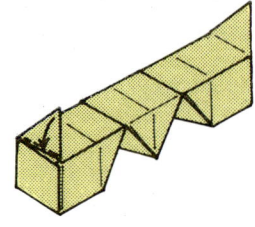

9 Man faltet die spitze Klappe mit einer Bergfalte und steckt sie hinein. Wiederholung am anderen Ende.

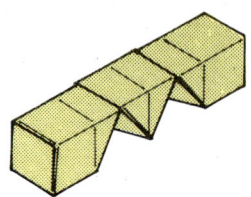

10 So sieht ein fertiger Block aus. Auf gleiche Weise werden fünf weitere Blöcke angefertigt.

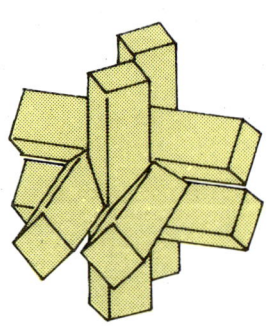

11 Sie sollen zu diesem Gebilde zusammengesetzt werden.

Apropos: Papierrollen

Es gibt eine Form der Papierkunst, bei der das Papier nicht gefaltet wird, sondern gewickelt und gerollt. Schmale Streifen werden zu engen Spulen aufgewickelt. Man läßt sie sich teilweise abwickeln und öffnen. Diese Rollen können dann durch Zusammendrücken oder Pressen in mehrere Standardformen gebracht werden, die zusammengesetzt werden und dann ein dekoratives Filigranmuster bilden. Die traditionellen Formen, die bei dieser Technik genutzt werden, basieren in der Tat auf Entwürfen der Metallfiligranarbeit.

Diese Kunstrichtung war im 15. Jahrhundert in England bekannt. Damals diente sie als Ersatz für Metall bei der Konstruktion dekorativer Kirchengitter.

Das Interesse an dieser Art der Papiergestaltung wuchs wieder im späten 18. Jahrhundert, als sie als eine Fertigkeit für junge Damen beliebt wurde. Sie wurde zur Dekoration der Oberflächen von Schränken und Schachteln genutzt. Sie wurde in den frühen 70er Jahren noch einmal als kreatives Hobby beliebt, besonders in Amerika.

Apropos: Harz

Es gibt viele Arten von Kunstharz, die in flüssiger Form für Modelle verwendet werden können. Sie werden hart, vermitteln den Eindruck einer Glasur und geben Haltbarkeit. Kunstharz kann man in Geschäften finden, die Material für Modellbauer verkaufen, aber auch in Bastelläden. Beim Gebrauch von Kunstharz sind die Anleitungen genau zu befolgen; es kann leicht entflammbar sein.

Modelle können auch eingebettet werden in Lagen oder gegossenen Blöcken aus klarem Harz. Es gibt entsprechende Ausrüstungen, zu denen kleine Gußformen gehören, aber auch solche mit Harz und Farbpigmenten. Es kann reizvoll sein, sie zu benutzen, um kleine Origami-Modelle in durchsichtigen Blöcken von Juwelengröße einzuschließen und diese dann an Ringen, Anhängern oder anderen Accessoires anzubringen.

Eine weitere Möglichkeit, den Modellen eine größere Beständigkeit zu geben, wird unter dem Stichwort »Modelle einwachsen« (Seite 186) behandelt.

Apropos: Regeln

Die meisten Menschen, die Spaß am Origami haben, werden sich in der Regel wenig Gedanken über »Regeln« machen. Aber Alice Gray formulierte folgende Regelsätze, die, wie sie glaubt, bei den meisten Papierbastlern heute instinktiv Zustimmung finden. Sie erschienen im Band 12, Nr. 2 der Zeitschrift *The Origamian*, dem Organ des Origami Center of America.

Ein Modell, das aus einem Blatt Papier hergestellt wird, ist besser als ein entsprechend erfolgreiches Modell, das aus zwei oder mehreren Blatt Papier angefertigt wird.

Wenn mehrere Blatt verwendet werden, ist es besser, sie mit einer Faltung zusammenzuhalten, als sie zusammenzukleben.

Ein Modell ohne Schnitte ist besser als ein entsprechend erfolgreiches Modell desselben Gegenstands, bei dem geschnitten wird.

Bei sonst gleichen Voraussetzungen ist ein Modell, das aus einem quadratischen Blatt angefertigt wird, besser als der gleiche Gegenstand, der aus einem Blatt mit einer anderen Form entsteht.

Wenn die fertigen Modelle gleichermaßen gefallen, ist das einfache Modell dem komplizierten vorzuziehen.

Apropos: Rupert Annuals

Können Sie sich an die Umstände Ihrer ersten Begegnung mit dem Papierfalten erinnern? Für viele fand sie zwischen den gelben Seiten des Rupert Annual statt, das seit dem Zweiten Weltkrieg regelmäßig Papierfalten behandelte. Die frühen Nachkriegsausgaben machten das Papierfalten sogar zum Teil der Geschichten.

Die Herausgeber dieser jährlich erscheinenden Hefte hatten nach dem Weltkrieg zunehmend mit der Konkurrenz anderer Veröffentlichungen für Kinder zu tun. So hielten sie es nicht mehr für ausreichend, einige der Rupert-Bär-Cartoons nachzudrucken, die seit 1920 im *Daily Express* erschienen. Sie suchten neue Ideen. Alfred Bestall, der die Rupert-Geschichten schrieb und illustrierte, schlug Papierfalten vor. Seine eigene Erfahrung mit dem Papierfalten reichte bis in das Jahr 1899 zurück, als er im Alter von sieben Jahren zusammen mit anderen Kindern auf einer Weihnachtsparty von einem Unterhaltungskünstler gezeigt bekam, wie man ein Papierboot faltet.

So wurden die Anleitungen für den flatternden Vogel (Seite 11) in die Ausgabe von 1946 aufgenommen, und andere traditionelle Modelle erschienen in den folgenden Nummern – ein Papierkessel 1947 und 1948 der Pajarita (Seite 133). 1948 erzielte das Rupert-Annual Verkaufszahlen, die einen Rekord für Kinderhefte darstellten. Kinder aus der ganzen Welt sandten nun ihre eigenen Origami-Entwürfe ein. Einige von ihnen wurden von Alfred Bestall zusammen mit eigenen Modellen vorgestellt.

Alfred Bestall erhielt sich sein Interesse am Papierfalten. Als er 1986 im Alter von 93 Jahren starb, war er Präsident der britischen Origami-Gesellschaft.

Alfred Bestall beim Papierfalten (oben)

Salznäpfchen

Diese Struktur ist das einzige Beispiel für Papierfalten, über das von den Opies in ihrem Buch *Lore and Language of Schoolchildren* (Clarendon Press 1959) berichtet wird. Das Buch enthält viele der traditionellen Spiele, die in Großbritannien von den Kindern weitergegeben werden. Obwohl es in den Büchern normalerweise nur als ein Salznäpfchen beschrieben wird, kann es auch als Gefäß für andere Dinge genutzt werden – und Kinder haben ihre eigenen Verwendungen dafür, die unten beschrieben werden, gefunden.

Anfertigung eines Salznäpfchens*

Ausgangsform ist ein quadratisches Blatt Papier. Es wird zweimal in der Mitte vorgefaltet.

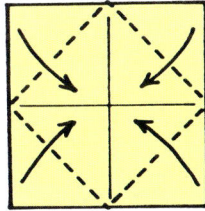

1 Die vier Ecken werden auf den Mittelpunkt gefaltet.

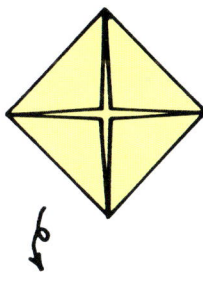

2 Die Form umdrehen.

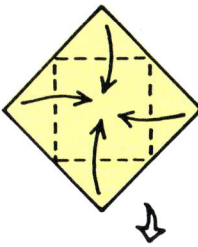

3 Die Ecken werden noch einmal nach innen zur Mitte gefaltet.

4 Die Form wenden.

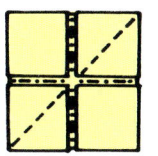

5 Man formt die Ausgangsgrundform.

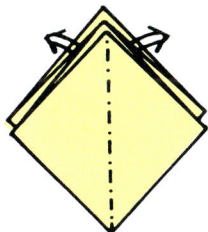

6 Man zieht auf beiden Seiten die verdeckten Klappen nach außen und richtet die endgültige Form auf.

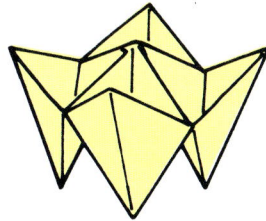

7 Das Salznäpfchen ist fertig. Wenn man das Modell aus einem großen, farbigen Papierquadrat herstellt, kann es als Gefäß für Süßigkeiten und Kekse bei Partys eingesetzt werden.

153

Anfertigung eines Läusefängers*

Bei amerikanischen Kindern ist das Salznäpfchen traditionell als ein »Läusefänger« bekannt.

1 Zunächst wird das Salznäpfchen (Seite 153) fertiggestellt. Man greift mit dem Daumen und drei Fingern jeweils in eine der vier Taschen.

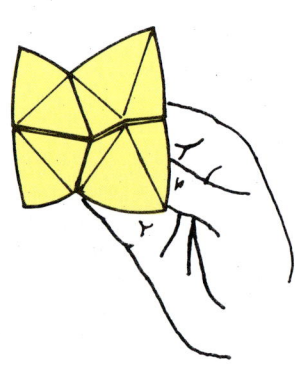

2 Durch Spreizen der Finger ergeben sich zwei verschiedene Möglichkeiten, den vorderen Teil des Modells zu öffnen. Eine Möglichkeit wird hier gezeigt.

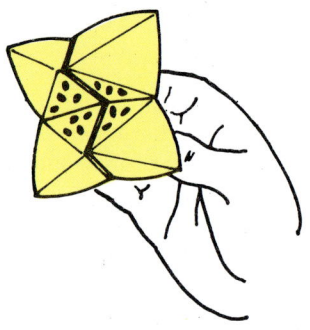

3 Dies ist die zweite Art des Öffnens. Man zeichnet viele kleine schwarze Punkte auf die Oberflächen. Sie sind zu sehen, wenn man die Struktur auf diese Weise öffnet.

Martin Gardner berichtet, daß der Trick darin besteht, das Modell wie bei Schritt 2 zu halten. Die Punkte sind also verdeckt. Man bittet jemanden, in das Modell zu husten. Beim Husten bewegt man schnell die Finger, so daß die Öffnung verändert wird und die eingefangenen »Bazillen« zu sehen sind. Früher griffen Kinder ihren Kameraden damit ins Haar, um zu zeigen, daß diese voller Läuse waren.

Anfertigung eines Wahrsagers*

Von Kindern in vielen Ländern wird diese Konstruktion als Wahrsager benutzt. Für diesen Zweck wird sie normalerweise auf eine Weise hergestellt, die der folgenden ähnelt. Wir kehren zurück zur flachen Form des Modells, also zur Abbildung 5 auf Seite 153.

1 Auf jede Fläche, die hier mit einer 1 markiert ist, schreibt man einen anderen Namen, zum Beispiel Namen von Fußballmannschaften oder Popstars. Wenden.

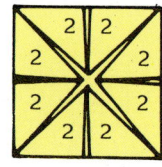

2 Auf die mit einer 2 gekennzeichneten Flächen schreibt man zum Beispiel die Namen von Farben oder Blumen. Die vier Ecken werden aufgeschlagen.

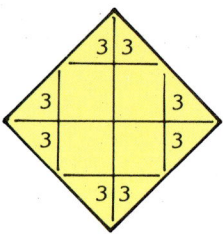

3 In jedes Feld mit einer 3 schreibt man eine jeweils andere kurze Vorhersage. Man bringt das Modell in die fertige Form und hält die Öffnung so wie bei Schritt 2 des Läusefängers. Man bittet einen Freund, die von ihm favorisierte Fußballmannschaft (oder Popstar) zu nennen. Dann öffnet man den vorderen Teil des Modells auf diese und die andere Weise, während man den gewählten Namen buchstabiert. Nun soll sich der Freund für eine der Möglichkeiten von Schritt 2 entscheiden – man schlägt die entsprechende Klappe auf und liest sein Schicksal.

Apropos: Abwechslungs- reiche Strecke

Die meisten Origami-Strukturen lassen sich auf unterschiedliche Weise falten – es gibt nicht nur eine Reihenfolge, in der die Falten anzubringen sind. Wenn andere Menschen Spaß daran finden sollen, ein bestimmtes Modell zu falten, muß die Faltmethode sorgfältig ausgesucht werden. Die Art und Weise, mit der man das Falten eines Modells anderen beibringt, kann sich deutlich von der ursprünglichen Vorgehensweise des Erfinders unterscheiden.

Wie bei einer Geschichte oder einem Musikstück sollte ein Schritt dem anderen auf natürliche Weise folgen – aber nicht immer vorhersagbar. Einige Origami-Lehrer bauen die Faltmethoden so auf, daß sie das enthalten, was die Japaner *igai-sei* nennen: das Element der Überraschung. Eine solche Methode ist nicht in jedem Fall der kürzeste oder direkte Weg. Es ist damit vergleichbar, wie es John S. Smith treffend ausdrückte, die abwechslungsreiche Strecke zu wählen.

Sembazuru

(Tausend Kraniche)

Zwei der ältesten bekannten japanischen Origami-Bücher haben sich ausschließlich mit demselben Thema befaßt – wie man einen Kranich faltet, ein Vogel mit langem Hals, der als chinesisches taoistisches Symbol für ein langes Leben und Glück übernommen wurde. Das Kranich-Symbol taucht in Jahrhunderten häufig in der japanischen Volkskunst auf. Das Falten von Kranichen ist in Japan seit mindestens zwei Jahrhunderten eine beliebte Tätigkeit. Seit dem Zweiten Weltkrieg hat der Kranich eine besondere Bedeutung gewonnen, nämlich als Symbol für Frieden.

Diese Bedeutung geht zurück auf das zwölfjährige Mädchen Sadako Sasaki, das Waisenkind und Strahlenopfer durch die Bombe von Hiroshima wurde. Als es in seinem Krankenhausbett lag, faltete es Kraniche aus dem Papier der medizinischen Verpackungen. Das Mädchen hatte die Hoffnung und den Glauben, daß seine Gebete beantwortet würden, wenn es ihm gelänge, tausend Kraniche zu falten. Zuerst betete es für seine eigene Genesung, aber später, als es andere Kinder in der Station sterben sah und zu ahnen begann, daß sie nicht wieder gesund werden würde, machte Sadako den universalen Frieden zum Gegenstand der Gebete. Das Mädchen schaffte 644 Kraniche, bevor es starb.

Diese Geschichte wurde in Japan bekanntgemacht. Bald begannen andere Kinder dem Beispiel des Mädchens zu folgen. Sie falteten Kraniche als symbolische Gebete für den Frieden und

schickten sie nach Hiroshima. 1958 wurde ein Monument im Hiroshima Park errichtet; auf der Spitze steht eine Bronzestatue eines kleinen Mädchens, das einen gefalteten Kranich hoch hält. Tausende der Papierkraniche, die in Hiroshima eintrafen, wurden in Form von Wimpeln an das Monument gehängt.

Der Österreicher Karl Bruckner schrieb in seinem Buch *Sadako will leben*, das 1961 in Wien erschien, über diese Ereignisse. Die vielen Übersetzungen des Buchs machten die Anhänger der Friedensbewegung in der ganzen Welt auf Sadakos Geschichte aufmerksam. Viele von ihnen falteten Kraniche für den Frieden und gründeten Clubs nur für diesen Zweck. Sie schickten ihre Kraniche nach Hiroshima, damit sie sich zu den anderen, bereits am Friedensturm hängenden Kranichen gesellten.

Anfertigung eines Papierkranichs***

Man nimmt ein Papierquadrat und stellt die Vogel-Grundform (Seite 25) her.

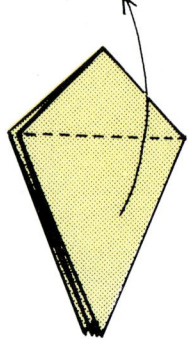

1 Die vordere Klappe wird angehoben und an einer Linie zwischen den beiden oberen Ecken gefaltet. Wiederholung auf der Rückseite.

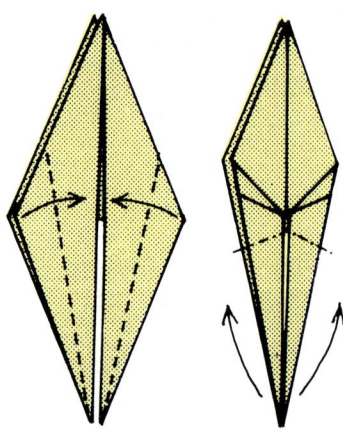

2 Die unteren Seiten werden zur senkrechten Mittellinie gefaltet. Damit macht man die Spitzen schmäler. Vorgang auf der Rückseite wiederholen.

3 Gegenbruchfalten nach innen an der unteren linken und rechten Spitze.

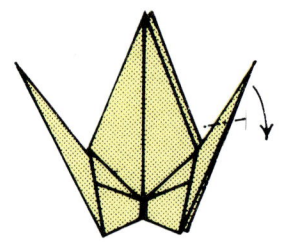

4 Mit einer Gegenbruchfalte nach innen wird an einer der beiden Spitzen der Schnabel geformt.

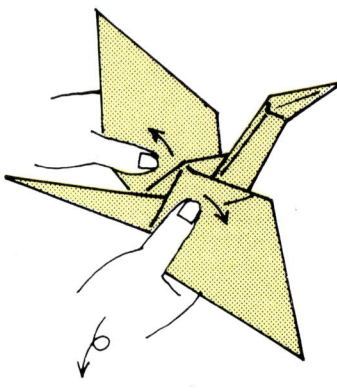

5 Die Flügel werden auseinandergeklappt. Dabei wird die mittlere Spitze vorsichtig verbreitert, so daß die Flügel in einer horizontalen Position gehalten werden.

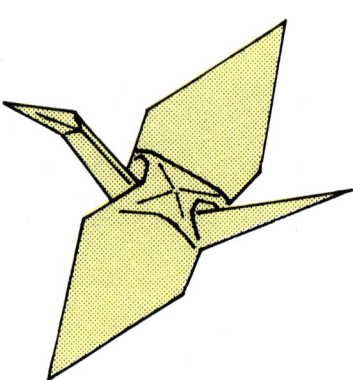

6 Der fertige Papierkranich.

Schwarzer und weißer Hund (Seite 159)

Anfertigung küssender Kraniche***

Man nimmt ein Rechteck mit den Proportionen 1 : 2. Es werden zwei Quadrate gebildet, indem man an der Mittellinie entlang schneidet. An einer Seite läßt man eine Verbindung von etwa 3 mm Breite stehen. Die Kraniche werden so gefaltet, daß sie an den Schnäbeln miteinander verbunden sind.

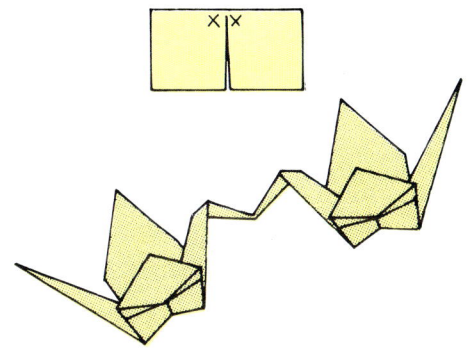

Anfertigung eines Kranichquartetts****

Ausgangsform ist ein Quadrat. Man schneidet an den Mittellinien entlang, um vier Quadrate zu bilden, die in der Mitte miteinander verbunden bleiben. Man faltet vier Kraniche (Seite 156), die über die Schwänze miteinander verbunden sind.

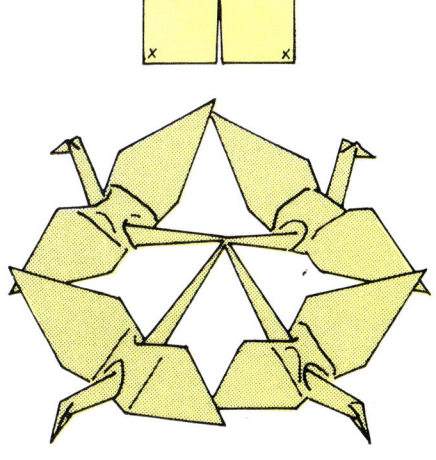

Nachdem man einen Papierkranich gefaltet hat, könnte man die eine oder andere jener traditionellen Kombinationen von Kranichen falten, die man im allgemeinen als »Tausend Kraniche« bezeichnet. Diese Figuren werden aus Quadraten oder Rechtecken hergestellt, die mit Ausnahme bestimmter Ecken in Quadrate zerschnitten werden. Auf diese Weise entsteht eine Kette von Quadraten. Wenn ein Kranich aus jedem dieser Quadrate geformt wird, ist das Ergebnis eine Kette von Papierkranichen. Je nachdem, wie die Falten in den Quadraten angelegt werden, sind alle Kraniche entweder von Schnabel zu Schwanz oder jeweils von Schnabel zu Schnabel und Schwanz zu Schwanz oder von Flügel zu Flügel verbunden.

Wenn die beiden Endquadrate einer Kette übereinanderliegen und wie ein Quadrat gefaltet werden, ist es möglich, eine geschlossene Kette von Kranichen herzustellen. Man kann sogar eine sehr lange Kette anfertigen, wenn sie viele Quadrate hat und und einige dieser Quadrate übereinanderliegen.

Bei den folgenden Beispielen ist eine Ecke jedes Quadrats mit einem X gekennzeichnet. Die entsprechende Ecke soll beim Falten des Kranichs den Kopf bilden. Es empfiehlt sich, die entsprechenden Ecken vor dem Schneiden zu markieren.

Anfertigung einer Kranich-Mutter mit Jungen****

Ausgangsform ist ein Rechteck aus Papier mit den Proportionen 1:2. Man bestimmt die horizontale Mittellinie und die Viertellinien. Der Abbildung entsprechend einschneiden. Quadrat A wird so auf Quadrat A1 gelegt, daß die mit X gekennzeichneten Ecken zusammenkommen. Sie werden wie ein Blatt gefaltet (Seite 156). Dann faltet man die anderen Quadrate.

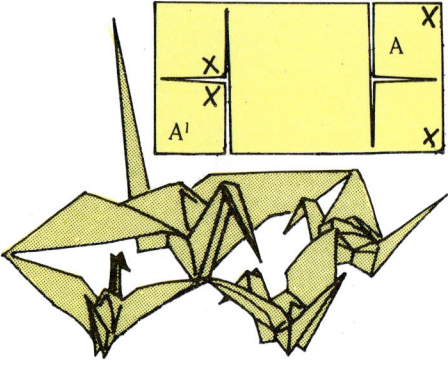

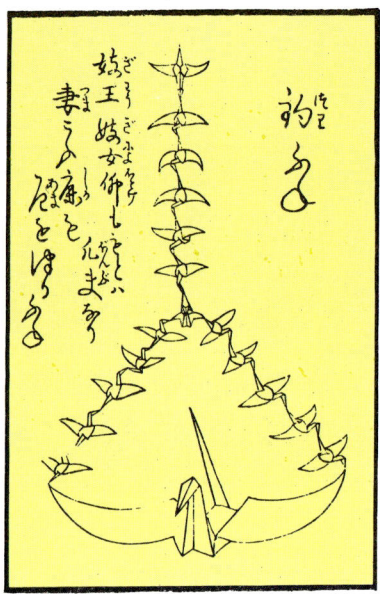

Anfertigung eines Kreises von Kranichen****

Wir nehmen ein Rechteck mit den Proportionen 1:2. Man bestimmt die Mittellinien und die senkrechten Linien, die das Blatt in Viertel einteilen. Einschneiden wie abgebildet. Quadrat A wird auf Quadrat A1, Quadrat B wird auf Quadrat B1 gelegt. Sie werden zusammen gefaltet. Dann die anderen Quadrate.

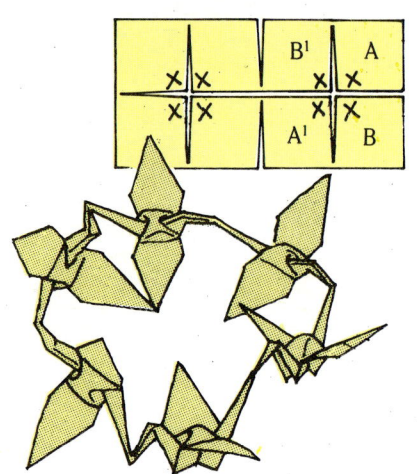

Anfertigung eines hängenden Boots von Kranichen****

Ausgangsform ist ein Quadrat. Die Seiten werden in Fünftel eingeteilt. Man schneidet das Blatt der Abbildung entsprechend ein. Man legt der Reihe nach die Quadrate A, B, C auf die Quadrate A1, B1 und C1. Sie werden zusammen gefaltet. Man faltet die anderen Quadrate.
Das Ergebnis ist eine Kette kleiner Kraniche, die sich in zwei Ketten aufteilt, an denen ein größerer Kranich hängt. Die Holzschnitt-Illustration aus *Sembazuru Orikata* (1797) zeigt eine junge Frau, die die Konstruktion eines »hängenden Boots« in ihrer Hand hält. Eine der knienden Frauen hat gerade einen Mutterkranich mit zwei jungen Kranichen fertiggestellt.

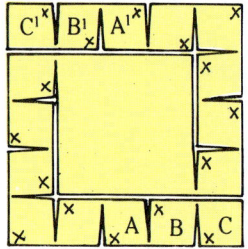

Das Verfahren der »Tausend Kraniche« mit anderen Modellen

Einige Papierbastler unserer Tage finden Gefallen an der Komplexität des Verfahrens der »Tausend Kraniche« und übernehmen es, um Verbindungen anderer Modelle herzustellen. So kann man zum Beispiel Elefanten falten und sie, Rüssel mit Schwänzen verbindend, in einem Kreis anordnen.
Der französische Maler und Designer Giles Gautherin wandte diesen Ansatz an und entwickelte so das folgende Hunde-Modell.

Anfertigung eines Hundes***
(Giles Gautherin)

Ausgangsform ist ein Quadrat aus Papier, das in die Fisch-Grundform (Seite 24) gebracht werden muß.

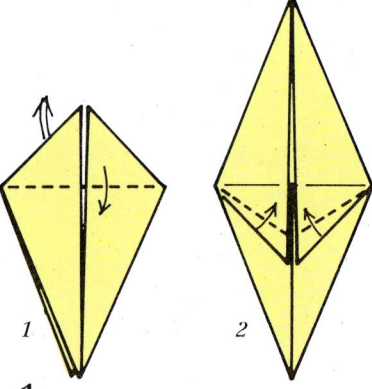

1 Die beiden kleinen oberen Klappen werden an der eingezeichneten Linie nach unten gefaltet. Gleichzeitig wird die hintere Klappe hochgezogen.

2 Die beiden kleinen vorderen Klappen werden geknickt, indem sie mit Talfalten nach oben gefaltet werden.

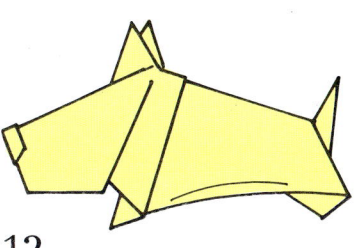

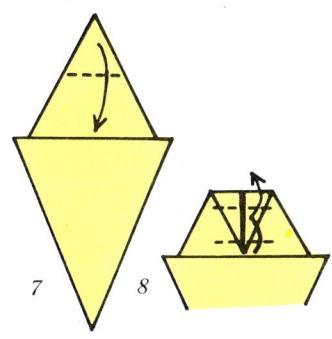

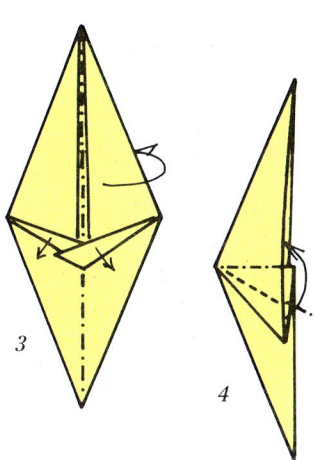

12 Der fertige Hund.

3 Man bringt sie wieder in ihre vorherige Position. Mit einer Bergfalte wird die rechte Hälfte nach hinten geklappt.

4 Die vordere Klappe wird festgehalten und nach oben in das Modell gebracht. Es entsteht eine Kippfaltung. Wiederholung auf der Rückseite.

7 Die obere Spitze wird so nach unten gefaltet, daß sie die horizontale Linie berührt.

8 Dieselbe Spitze wird mit mehreren Talfalten zurückgefaltet.

Anfertigung eines schwarzen und eines weißen Hundes***
(Giles Gautherin)

Man nimmt ein Rechteck mit den Proportionen 1:2. Das Papier hat eine schwarze Seite. Man schneidet an der gemeinsamen Seite der beiden Quadrate entlang und läßt eine Verbindung von etwa 3 mm Breite oben stehen. Diese Form wird so gedreht, daß sich die Rückseite eines Quadrats oben befindet. Dann wird aus jedem Quadrat eine Fisch-Grundform (Seite 24) gefaltet. Um ein Scottie-Paar herzustellen, werden jeweils die links beschriebenen Schritte durchgeführt. Giles benutzte auch ein Quadrat mit einem schwarz-weißen Schachbrettmuster. Es wurde so eingeschnitten wie das Blatt für das Kranichquartett (Seite 157). Er faltete daraus ein Durcheinander von schwarz-weiß-gemusterten Welpen.

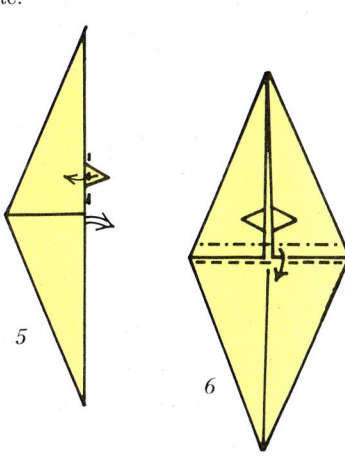

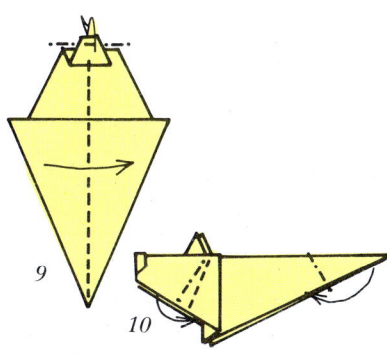

9 Mit einer Bergfalte wird das Ende nach hinten umgeklappt. Man faltet das Modell in der Mitte. Die linke Hälfte kommt auf die rechte Seite.

10 (Neue Position) An der rechten Spitze faltet man einen Gegenbruch nach innen. Kippfaltung auf der linken Seite.

5 Talfalte an der kleinen Spitze. Vorgang auf der Rückseite wiederholen. Die Form wird aufgeschlagen, indem die große hintere Klappe nach vorne gezogen wird.

6 Doppelfalte an der Mittellinie. Siehe Abbildung. Wenden.

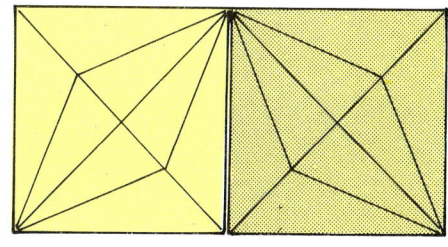

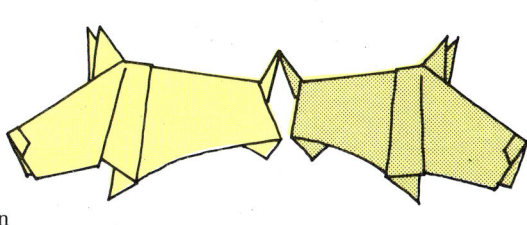

11 Die rechte Spitze erhält einen Gegenbruch nach innen. So entstehen die Hinterbeine und der Schwanz. Den Körper ausformen.

Apropos: Form und Überschuß

Die übliche Vorgehensweise bei der Entwicklung neuer Origami-Figuren besteht darin, zuerst die eine oder andere Grundform als Ausgangspunkt zu wählen (Seite 20–26). Andere Ansätze werden unter den Abschnitten »Schachteln falten« und »Diagonales Faltenlegen« sowie an anderen Stellen dieses Buches beschrieben. Alle diese Vorgehensweisen haben einen gemeinsamen Faktor. Dies wurde 1968 von John S. Smith erkannt, als er einen Bericht schrieb, in dem er sein einfaches Konzept von »Form und Überschuß« vorstellt.

Nach Smith liegt die Basis der Origami-Technik in diesen beiden Elementen. In jedem Stadium ihrer Entwicklung besitzt eine Origami-Figur notwendigerweise eine Form. Aber damit eine Entwicklung möglich ist, muß die Figur einen Überschuß in Form von einer oder mehreren Extra-Papierlagen haben. Ohne Überschuß kann eine Figur ihre Form nicht behalten, wenn eine Falte in ihr angelegt wird, ganz abgesehen von Erweiterungen – sie kann nur reduziert werden.

Die Illustrationen zeigen, daß ein ungefaltetes Quadrat aus Papier (Abb. 1) keinen Überschuß besitzt; es kann deshalb nicht gefaltet werden, ohne daß die Form verkleinert wird. Man kann sich eine Figur beschaffen, die eine genau gleiche Form hat und dennoch auch einen Überschuß hat, wenn sie auf bestimmte Weise gefaltet wird. Zum Beispiel, indem man ein Quadrat zweimal in der Mitte faltet (Abb. 2), eine Blintz-Grundform herstellt (Abb. 3) oder eine Ausgangsgrundform faltet (Abb. 4). Jede dieser Figuren hat die gleiche Form, aber der Überschuß ist jeweils anders verteilt. Deshalb können sie unterschiedlich weiterentwickelt werden.

Bei solchen Figuren kann man die Form nicht nur durch Reduktion modifizieren (was nebenbei zusätzlichen Überschuß liefern würde), sondern auch durch Erweiterungen, indem ein Teil des Überschusses hinter die Grenzen der Form gebracht wird. So sind die Form und der Überschuß einer Figur nicht festgelegt; sie werden bei der Entwicklung der Figur ständig ineinander transformiert. Wenn man erfolgreich kreieren will, ist es hilfreich, diese Wechselbeziehung des Materials im Kopf zu behalten.

Apropos: Kleinmaßstäbliche Modelle

Als Reaktion auf den Wettbewerb um den kleinsten flatternden Vogel faltete der Japaner A. Naito ein Modell aus einem Papierquadrat mit nur 2,9 mm Seitenlänge. Um dieses Modell, das nur 2 mm von Schwanz bis Schnabel lang war, auszustellen, steckte er es auf eine Nadelspitze und schloß es in einer durchsichtigen Kugel ein. Es war trotzdem mit bloßem Auge kaum zu erkennen. Nigel Keen, ein Augenoptiker, löste das Problem, indem er eine Kontaktlinse auf der Oberfläche der Kugel anbrachte, durch die die Betrachter das Objekt genau studieren konnten.

Das Siegermodell in dem Wettbewerb um den kleinsten Kranich der Welt, der 1986 stattfand, wurde aus einem aluminium-beschichteten Papierquadrat mit nur 1 mm Seitenlänge gefaltet. Der Wettbewerb war als eine Übung zur Verbesserung der Geschicklichkeit medizinischer Spezialisten organisiert, die sich damit beschäftigten, einzelne Blutgefäße zusammenzunähen. Das Siegermodell wurde von Assistenz-Professor Y. Watanabe (Anatomische Abteilung der Universität von Sapporo) mit Hilfe einer Nadel unter einem Mikroskop gefaltet.

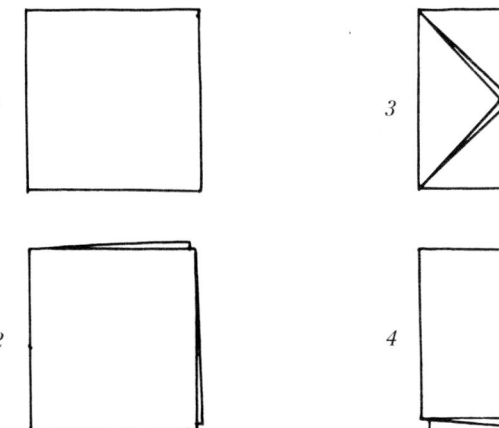

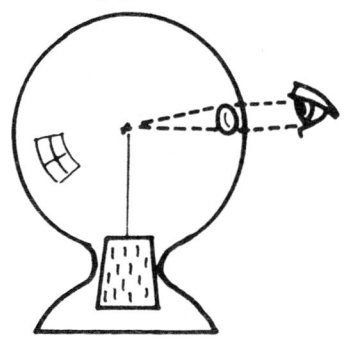

Apropos: Gesellschaften

Hier werden nur Gesellschaften aufgeführt, die ihren Sitz in einem englischsprachigen Land haben, aber die British Origami Society, die Mitglieder in der ganzen Welt hat, kann Information über Gesellschaften in anderen Ländern geben.

Australian Origami Society
c/o Clare Chamberlain
806/112 Goderich Street
Perth 6000
Australia

British Origami Society
c/o Dave Brill
12 Thorn Road
Bramhall
Stockport
Cheshire
England

Friends of the Origami Center of America
c/o Michael Shall
15 West 77th Street
New York
NY 10024
USA

New Zealand Origami Society
c/o Kim Hunt
79 Dunbar Road
Christchurch 3
New Zealand

West Coast Origami Guild
c/o Robert Lang
PO Box 90601
Pasadena
CA 91109
USA

Geräusche erzeugendes Origami

Mit gefaltetem Papier kann man sehr laute Geräusche verursachen (siehe »Knaller«, Seite 18) oder ein leises »Klick« (siehe »Kamera«, Seite 141). Wenn man in die entsprechenden Modelle bläst, lassen sich auch schrille Töne erzeugen (siehe »Origami mit einer Falte«, Seite 130). Es ist ziemlich überraschend, wieviele unterschiedliche Geräuscharten erzeugt werden können.

Anfertigung eines umfallenden Spielzeugs*
(Seiryo Takekawa)

Man nimmt ein Quadrat aus Papier. Der horizontale und der vertikale Mittelbruch werden angelegt.

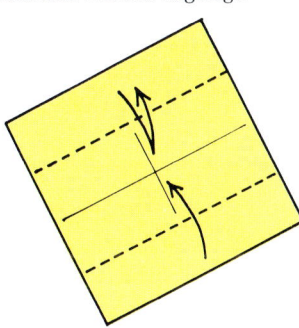

1 Man faltet die Oberkante zur Mitte und zurück. Die Unterkante wird zum Mittelbruch gefaltet und bleibt dort.

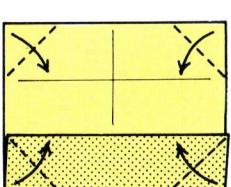

2 Die vier Ecken werden an die horizontalen Linien gelegt und gefaltet.

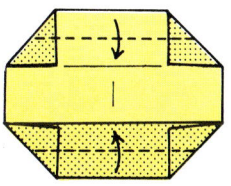

3 Die Oberkante und die Unterkante werden an die horizontalen Linien gefaltet.

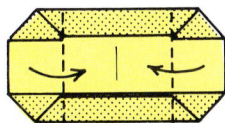

4 Die linke und die rechte Kante werden zur Mitte geklappt. Man knickt den Bruch und richtet die Seiten auf.

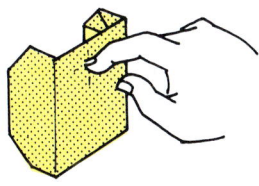

5 Das fertige Spielzeug. Es wird auf einen flachen Untergrund gestellt. Man stößt es mit dem Finger an. Wie erwartet, fällt das Modell nach vorne um.

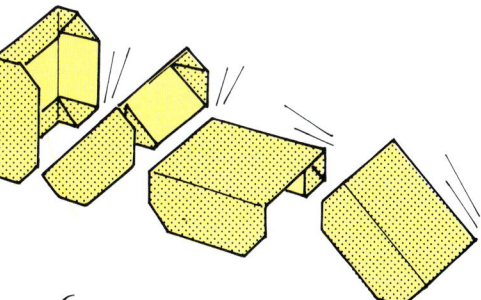

6 Wenn man es aber umdreht und so wie vorher anstößt, fällt das Spielzeug nach vorne und macht einen ganzen Salto mit einem »Rat-tat-tat«.

Apropos: Quadrat

Im Fernen Osten hat das Quadrat eine beachtliche symbolische Bedeutung, was auf den Einfluß des Taoismus zurückzuführen ist. Dies ist die Philosophie, in der die gegeneinander gerichteten Kräfte in der Natur nicht als Einzelobjekte gesehen werden, sondern als Eigenschaften aller Dinge.

Diese gegensätzlichen Kräfte, *yin* and *yang*, werden üblicherweise durch die komplementären, tropfenförmigen Segmente eines Kreises dargestellt. Sie werden aber auch repräsentiert durch ein Quadrat (*yin*), in dem sich ein Kreis (*yang*) befindet, der wiederum ein Quadrat enthält, in dem sich ein Kreis befindet, usw. Damit wird der Glaube ausgedrückt, daß alles in der Natur die Saat seines Gegenteils in sich trägt. In Schriften des Taoismus wurde das Quadrat als die Erste Form beschrieben und auch als ein Symbol des leeren Raums, aus dem die Dualität der gegeneinander gerichteten Kräfte entspringt.

Ob nun aus diesem Grund – daß das Quadrat als Mataper für etwas Fundamentales in der Natur steht – oder aus anderen Gründen, es gibt puristische Papierkünstler, die beim Falten kein Papier einer anderen Form verwenden. Es muß jedoch erwähnt werden, daß es auch andere Papierkünstler gibt, die Rechtecke mit der Begründung bevorzugen, daß sie eine »natürlichere« Form haben. Sicherlich ist es in den meisten Haushalten leichter, mit einem rechteckigen Blatt Papier zu arbeiten als mit einem quadratischen.

Sterne

Man sollte einmal versuchen, einen Stern mit vier oder acht Spitzen herzustellen und dabei die Windrad-Grundform als Ausgangspunkt zu nehmen. Man erhält diese Grundform, indem man mit einem Quadrat die Schritte 1 bis 4 zum Pajarita (siehe Seite 134, Abb. 1) ausführt. Die beiden Paare der vorderen Klappen bekommen Quetschfaltungen, so daß sich die Ecken in der Mitte treffen (Abb. 2).

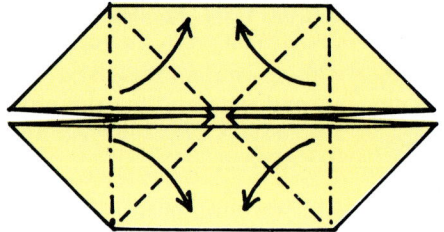 

Diese vier Eckenklappen erhalten Blumenblattfaltungen. Es bildet sich die Form eines Sterns, die man auf eigene Weise weiterentwickeln kann.

Der unten beschriebene Stern ist jedoch ungewöhnlich, weil er fünf Spitzen hat, obwohl er aus einem Quadrat gefaltet wird. Er ist nicht genau geometrisch, aber er kann als Christbaumdekoration oder als Sheriffstern für Kinder dienen.

Andere Sterne werden unter »Strecken« und »Dreiecke« beschrieben.

Anfertigung eines Sterns mit fünf Spitzen**

Man nimmt ein Quadrat und legt die Mittelbrüche an.

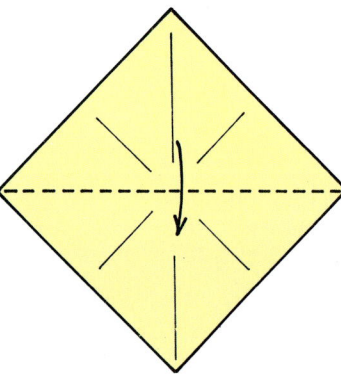

2 Die obere Ecke wird auf die untere Ecke gefaltet.

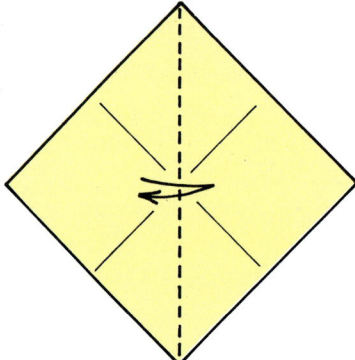

1 Die rechte Ecke wird auf die linke Ecke gelegt; der Bruch wird gefaltet und wieder auseinandergeklappt.

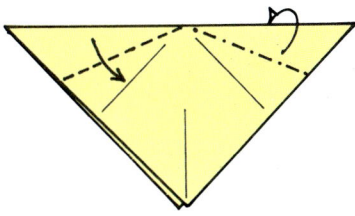

3 Die gefaltete Kante wird nach unten zur nächsten Bruchlinie gefaltet; die linke Ecke wird mit einer Talfalte nach vorne geklappt und die rechte Ecke mit einer Bergfalte nach hinten.

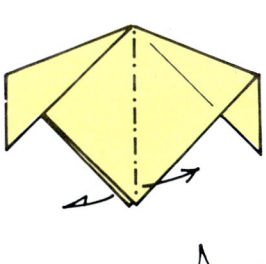

4 Man trennt die beiden Lagen im unteren Teil. Dabei wird die vordere Spitze zur rechten Seite vergrößert und die hintere Spitze zur linken Seite.

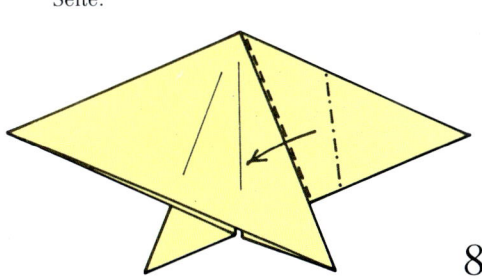

5 Die rechte Klappe wird an der gefalteten Kante nach innen geklappt. Die Spitze wird nach außen zurückgeknickt.

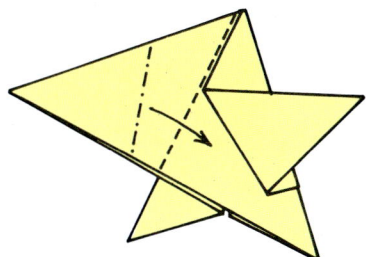

6 Man macht dasselbe mit der linken Klappe.

7 Die Figur wird gewendet.

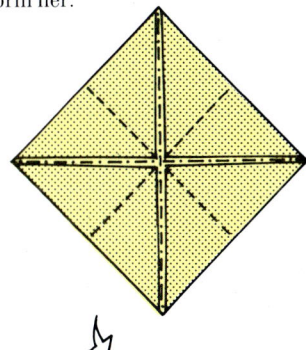

8 Der fertige Stern.

Strecken

Das teilweise Öffnen einer gefalteten Strukur wird im allgemeinen »strecken« genannt. Dabei hält man zwei Spitzen fest und zieht sie auseinander. Auf diese Weise verschwindet ein Teil der Falten, während andere erhalten bleiben. Mit dem Verfahren kann man auch eine Struktur stabilisieren, so wie beim letzten Schritt des folgenden Beispiels.

Anfertigung eines gestreckten Sterns**

Benötigt wird ein Papierquadrat. Wenn man eine dekorative Wirkung erzielen will, sollte man zwei unterschiedlich gefärbte Quadrate nehmen. Sie werden mit der gefärbten Seite nach außen aufeinander gelegt. Zuerst faltet man die Ecken in die Mitte und stellt so die Blintz-Grundform her.

1 Mit der Blintz-Grundform faltet man die Ausgangsgrundform (Seite 17).

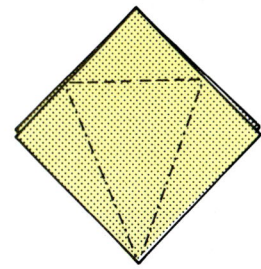

2 Es wird die Vogel-Grundform gefaltet (Seite 15). Die Form wird umgedreht.

Fortsetzung Gestreckter Stern

3 Man hält die beiden inneren Klappen zwischen Daumen und Zeigefinger der beiden Hände fest. Auseinanderziehen.

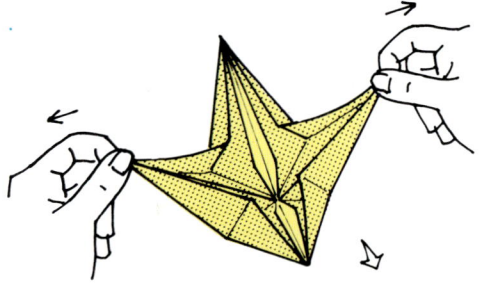

4 Man zieht sie weiter auseinander, bis die strahlenförmig angeordneten Falten in der Mitte mit einem Knall verschwinden. Die Strukur bekommt eine teilweise geöffnete, stabile Form.

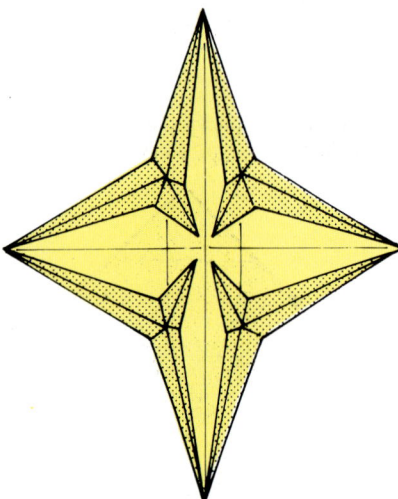

5 Der gestreckte Stern ist fertig.

Aus Bändern gefaltete Chrysanthemen (rechts) mit Blättern (Seite 166)

Bänder

Einige der Effekte, die sich erzielen lassen, wenn man in Falten gelegtes Papier streckt, können am Beispiel der Schale (Seite 47) und des Fächers (Seite 55) betrachtet werden. Wenn ein langer Streifen auf ähnliche Weise gefaltet wird, können sich interessante und überraschende Formen ergeben. Nach dem Falten der drei Chrysanthemen, die wir unten beschreiben, sollte man versuchen, die Anzahl der Blüten durch den Einsatz längerer Papierstreifen zu vergrößern. Ein weiterer Versuch kann darin bestehen, die Falten enger und in größerer Zahl zu legen, um die Winkel am Umkreis der Blumen zu verändern.

Gebrauchte Rollen von Registrierkassen und bestimmten Fahrscheinautomaten sind gut geeignetes Material für experimentelles Falten. Wenn man allerdings die Absicht hat, die Ergebnisse auszustellen, wird man sich Bänder aus farbigen Papierbogen ausschneiden.

Anfertigung einer Chrysantheme ****
(Yoshihide Momotani)

Ausgangsmaterial ist ein Papierband, auf einer Seite farbig. Die Seiten haben ein Größenverhältnis von 1 : 16.

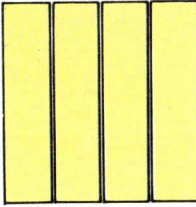

1 Man kann ein geeignetes Band herstellen, indem man ein Quadrat in vier Streifen gleicher Breite aufteilt. Die Streifen werden aneinandergeklebt.

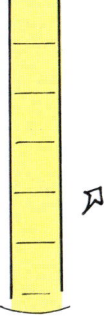

2 (Detail) Das Band wird der Länge nach in 16 quadratische Felder eingeteilt. Man faltet zuerst in Hälften, dann in Viertel usw.

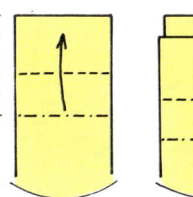

3 Die weiße Seite liegt oben. Jede Bruchlinie wird in eine Bergfalte verwandelt. Dann nimmt man die Bergfalte, die sich unterhalb des obersten Quadrats befindet, und legt sie an eine Linie, die etwa bei einem Fünftel der Distanz von oben liegt.

4 Man wiederholt diesen Schritt beim nächsten Quadrat.

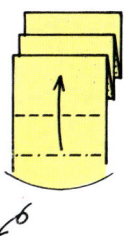

5 Wiederholung beim dritten Quadrat. Man wiederholt diese Schritte auf der ganzen Länge des Bands.

Fortsetzung Chrysantheme

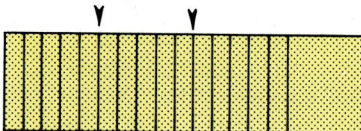

6 Man wendet das Band. Der obere Teil muß sich auf der linken Seite befinden. Man zählt fünf Bergfalten von links und öffnet die nächste Doppelfalte. Man zählt vier weitere Bergfalten und öffnet die nächste Doppelfalte.

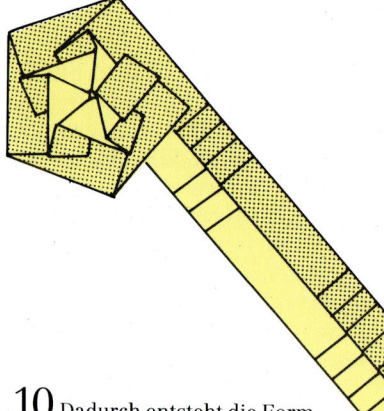

10 Dadurch entsteht die Form einer Blüte. Entsprechend ist mit den nächsten vier Falten zu verfahren.

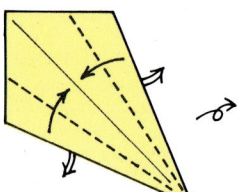

2 Die gefalteten Ränder werden in die Bruchlinie gebracht. Dabei läßt man das Papier auf der Rückseite aufspringen. Wenden.

7 Ein Drittel der Breite des Streifens wird nach oben gefaltet.

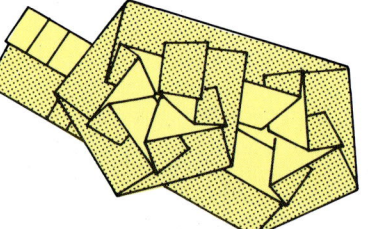

11 So entsteht eine weitere Teilform einer Blüte. Aus dem verbleibenden Falten-Abschnitt wird auf gleiche Weise eine dritte Blütenform angefertigt. Nun erhalten die Bandabschnitte zwischen den Blüten schräge Doppelfalten, damit sich die Blüten überlappen.

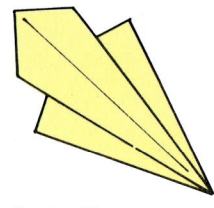

3 Das fertige Blatt.

Aufkleben

Abschließend kann man die Blüten mit den Blättern auf ein Stück Papier oder Karton kleben.

Blatt

Für die Blätter nimmt man ein Quadrat aus grünem Papier. Seine Seiten sollten doppelt so breit wie das Band sein. Zuerst wird die diagonale Bruchlinie zwischen zwei Ecken angelegt.

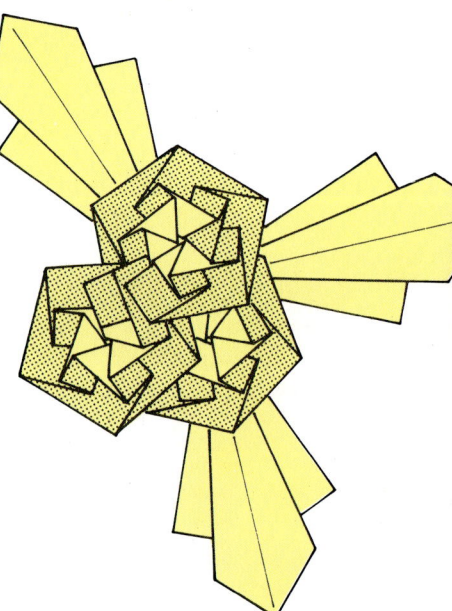

8 Das Band wird auf der linken Seite zwischen Daumen und Zeigefinger festgehalten. Man zieht die Ecke der ersten Falte nach unten.

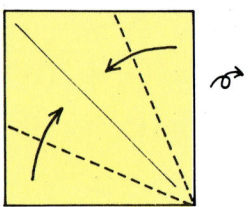

9 Die neuen Falten werden flachgedrückt, um die Form zu festigen. An den unteren Ecken der nächsten vier Falten wird der Reihe nach gezogen.

1 Zwei benachbarte Kanten werden auf die Diagonale gefaltet. Umdrehen.

Tato

Ein *tato* ist ein traditioneller Typ eines gefalteten Papierbeutels, in dem japanische Hausfrauen kleine Gegenstände wie Nadeln, Fäden, Knöpfe usw. aufbewahren. Manche Menschen halten sie auch für nützlich, um darin Briefmarken aufzubewahren. *Tatos* haben oft die Form eines sechs- oder achteckigen, stilisierten Blütenmusters. Michio Uchiyama benutzte sie als Basis für die Entwicklung vieler stilisierter Blütendesigns, die im Museum für Volkskunst in Tokio ausgestellt werden.

Anfertigung eines Tato**

Aus einem Quadrat wird die Fisch-Grundform gefaltet (Seite 24).

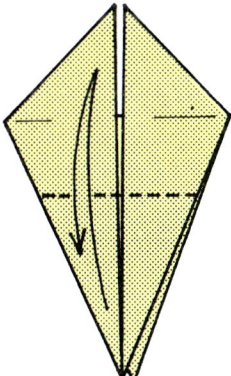

1 Die untere Spitze wird zur oberen Spitze gefaltet und zurückgeklappt. Wiederholung des Schritts auf der Rückseite.

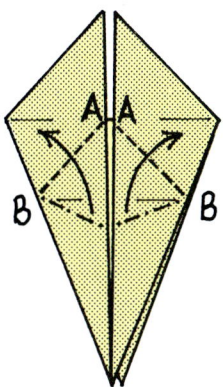

2 Man nimmt die Punkte A und B auf den Bruchlinien als Markierungen und trennt die mittleren Kanten, während man die untere Spitze wieder nach oben bringt. Wiederholung auf der Rückseite.

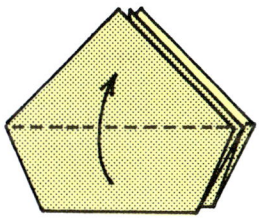

3 Die Unterkante der vorderen Klappe wird an der Linie zwischen den mittleren Ecken nach oben gefaltet.

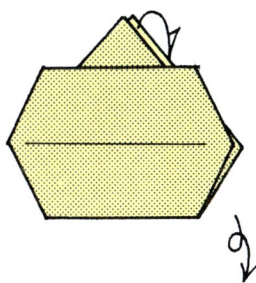

4 Die hintere Klappe wird mit einer Bergfalte nach unten geklappt. Wenden.

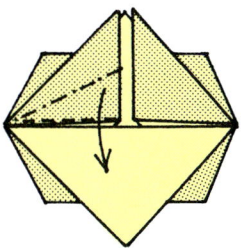

5 Quetschfaltung der oberen linken Klappe.

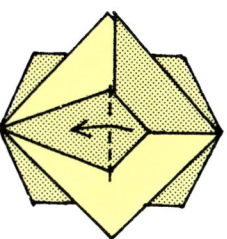

6 Ihre Spitze wird nach links gefaltet.

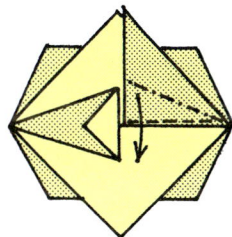

7 Quetschfaltung der oberen rechten Klappe.

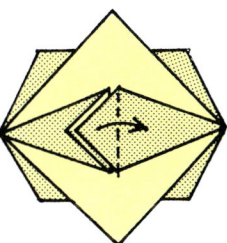

8 Man faltet ihre Spitze zur rechten Seite.

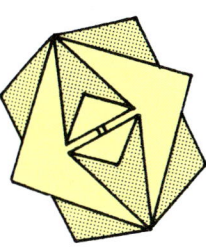

9 Das fertige Tato-Modell. Es hat wie die meisten dieser Taschen eine große Klappe auf jeder Seite. Wenn man diese auseinanderzieht, öffnet sie sich; läßt man sie wieder los, nimmt sie wieder ihre alte Form an.

Apropos: Unterrichten

Im folgenden wird auf Vorbereitungen hingewiesen, die man treffen kann, wenn man Origami zum ersten Mall vor einer Gruppe unterrichten und demonstrieren soll.

1 Bevor man sich Gedanken macht, muß man wissen, wieviele Teilnehmer erwartet werden und wie lange man unterrichten soll. Weitere Informationen könnten hilfreich sein: Anordnung der Sitze, Alter der Teilnehmer usw. Ohne dieses Minimum an Informationen kann man die Veranstaltung nicht richtig vorbereiten.

2 Unter Berücksichtigung der Größe des Publikums und der verfügbaren Zeit sollte man sicherstellen, daß für jeden genügend Papier zum Falten vorhanden ist – möglichst etwas mehr als ausreichend. Man kann das Papier, das übrig bleibt, bei der nächsten Gelegenheit verwenden.

3 Man bereitet das Papier, das man während der Demonstration selbst benutzt, vor. Es sollte viel größer sein als das normale Origami-Papier, wenn man mehr als nur eine Handvoll Teilnehmer hat.

4 Man entscheidet sich für bestimmte Modelle, die man unterrichten will. Man sollte sich vergewissern, daß man nicht nur *weiß*, wie sie zu falten sind, sondern daß man auch in der Lage ist, dies zu *erklären*. Man kann dies üben, indem man beim Durcharbeiten der einzelnen Faltschritte laut spricht.

5 Als Regel gilt, daß es besser ist, mehrere einfache Modelle zu nehmen als ein oder zwei schwierigere Aufgaben. Dies gibt nicht nur allen Teilnehmern eine größere Chance, eine Figur erfolgreich zu falten, sondern ihnen auch die Möglichkeit, eine größere Vielfalt von Dingen mit nach Hause zu nehmen: etwas Praktisches, etwas Dekoratives, vielleicht ein oder zwei Spielsachen.

Apropos: Therapie

Als der Engländer Charles Gibbes 1914 Hauslehrer des unglücklichen, neunjährigen Zarewitsch, dem jüngsten Kind von Nikolaus II., wurde, hatte er Kommunikationsprobleme mit dem in sich gekehrten Jungen, dessen Krankheitsgeschichte bekannt ist. Gibbes gewann das Vertrauen des Kindes mit einer Methode, die wahrscheinlich schon oft vorher und sicherlich viele Male seither angewandt wurde. Er zeigte dem Jungen, wie man etwas aus einem Stück Papier anfertigt. Zuerst lernte der Zarewitsch das Falten eines Papierhuts. Dies ermutigte ihn zum Sprechen, wie Gibbes in seinem Tagebuch festhielt.

Die Sprachtherapeutin Gwyneth Radcliffe machte ähnliche Erfahrungen, aber sie schreibt: »Auch ich setze Origami auf vielfältige Weise als Teil der Therapie selbst ein. Weil der Gegenstand das Interesse von Kindern mehrerer Altersgruppen weckt, ist Origami gut geeignet, die Aufnahmefähigkeit zu verbessern. Damit dient es als Mittel zur Förderung der Sprachentwicklung und besonders zur Verbesserung der Fähigkeiten, bei denen es auf das Behalten der Reihenfolge ankommt. Es kann sich auch bei der Artikulationstherapie als nützlich erweisen (z. B. kann man mit Papierpuppen Lippenbewegungen vorführen). Schließlich habe ich Origami dafür genutzt, die Verlegenheit der Kinder zu überwinden, die dadurch entsteht, daß sie für die Therapie aus der Klasse genommen werden. Ich habe herausgefunden, daß es vorteilhaft ist, wenn ein Kind seine gefalteten Arbeiten in die Schule mitbringen kann. Dies bringt ihnen eine solche Anerkennung bei den anderen Kindern in der Schule, daß sogar widerstrebende Patienten gerne mitarbeiten, um sich ihre Origami-Modelle zu ›verdienen‹ und diese ihren Klassenkameraden zeigen zu können.«

Folgendes ist erwähnenswert. Weil Origami in seiner reinen Form überhaupt keine Hilfsmittel außer einem kleinen Blatt erfordert, ist es sowohl sicher als auch leicht zu handhaben. Es kann geistig verwirrten und auch Patienten, die an das Bett gebunden sind, Spaß bereiten. Origami läßt sich durch die Tastsinne erfassen, so daß auch Blinde und Sehbehinderte Vergnügen am Falten finden können.

Der japanische Papierkünstler Saburo Kase, der seit seiner frühen Kindheit blind ist, ist ein begabter Erfinder neuer Origami-Entwürfe. Er bringt regelmäßig Blinden und Menschen mit anderen Behinderungen Origami bei. Wenn er Blinde unterrichtet, führt er ihre Fingerspitzen mit seinen Fingerspitzen über das Papier. 1981, dem Internationalen Jahr der Behinderten, wurde er zu einer Reise durch Amerika eingeladen. In acht Städten gab er Behinderten und anderen Origami-Unterricht.

Apropos: Daumennagel-Falten

Magret Campbell beschreibt in ihrem Buch *Paper Toy Making*, das zuerst 1937 bei Pitman in London erschien und 1975 bei Dover in New York nachgedruckt wurde, eine eigenartige Methode, mit der man einen schmalen Papierstreifen in Falten legen kann. Für sie eignet sich auf diese Weise gefaltetes Papier für die Dekoration eines Origami-Schirms oder dafür, als Blütendarstellung in Papierschalen gelegt zu werden. Es lohnt sich tatsächlich, diese Technik einmal auszuprobieren, allerdings nur mit dem Ziel, eine neue Erfahrung zu machen.

Anfertigung eines Papierbands mit Ziehharmonikafalten

Man benötigt einen Papierstreifen, der 0,2 cm breit und 10 cm lang ist. Man nimmt den Streifen zwischen den Zeigefinger und Daumen einer Hand. Man bringt die Daumenspitzen zusammen, nach oben gerichtet. Der Streifen liegt der Länge nach am gegenüberliegenden Daumen. Das Papier befindet sich zwischen den Daumennägeln. Nun läßt man jeden Daumennagel abwechselnd über den anderen klicken und macht so weiter. Es sollte sich wie das regelmäßige Ticken einer Uhr anhören. Dabei bewegt sich der Papierstreifen hin und her wie ein Metronom. Beim Durchlauf durch die Daumen wird der Streifen in Falten gelegt.

Gefaltete Fahrkarten

Fahrkarten stellen sofort verfügbares Material für improvisiertes Papierfalten dar, das die Langeweile langer Bus- und Bahnfahrten erträglicher machen kann. Leo Tolstoi war ein solcher Fahrkartenfalter. Die Londoner Busfahrkarten sind nicht mehr so farbig und interessant wie früher, aber andere Städte sind da besser daran.

Alle Pariser Metrokarten sind zum Beispiel gelb und haben einen braunen Streifen in der Mitte. Weil die Fahrkarten nicht an den Schranken abgegeben werden müssen, liegen viele benutzte Karten an den Ausgängen der Metrostationen herum. Das brachte Pariser Papierkünstler auf die Idee, die Möglichkeiten des Fahrkartenfaltens zu erkunden. Diese erwiesen sich als besonders gut geeignet für Modelle, die aus mehreren Teilen zusammengesetzt werden.

Anfertigung einer Palme** *(Didier Boursin)*

Man benötigt elf Fahrkarten der Pariser Metro oder ähnliche kleine Rechtecke aus Papier oder Karton. Sechs Karten bilden Blätter, drei werden für den Stamm gebraucht und zwei Karten werden Manschetten, die den Rest zusammenhalten.

Man faltet alle Fahrkarten in der Mitte, indem man die Unterkante zur Oberkante bringt. Drei Karten werden für den Stamm zur Seite gelegt.

Fortsetzung Palme

Blätter

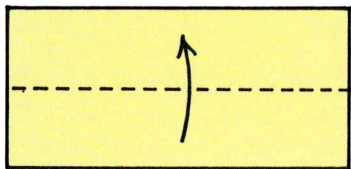

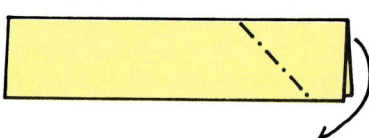

1 Man nimmt drei Fahrkarten. Bei jeder Karte wird an einem Ende eine Gegenbruchfalte nach innen gefaltet.

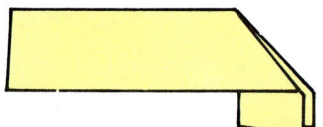

2 Dadurch entsteht diese Form.

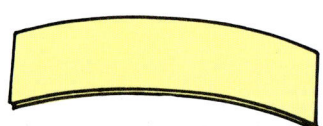

3 Man nimmt drei weitere Fahrkarten und biegt diese, indem man sie durch Finger und Daumen zieht.

Manschetten

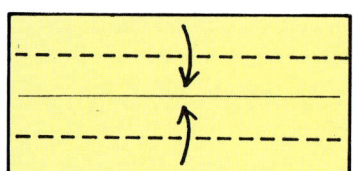

1 Die Oberkante und Unterkante werden so nach innen gefaltet, daß sie sich in der Mitte treffen.

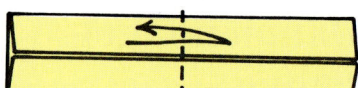

2 Mit einer Talfalte werden die beiden Enden zusammengebracht. Falzen und wieder öffnen.

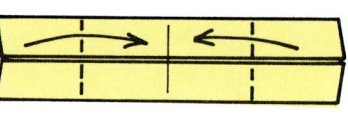

3 Die gleichen Enden werden nach innen zur Mitte gefaltet. Dann wird die Form gebildet.

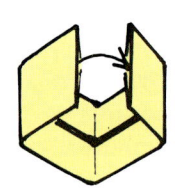

4 Ein Ende wird in das andere gesteckt.

5 So entsteht eine dreieckige Manschette. Man wiederholt die Schritte 1 bis 4 mit einer anderen Fahrkarte und erhält eine zweite Manschette.

Zusammenbauen

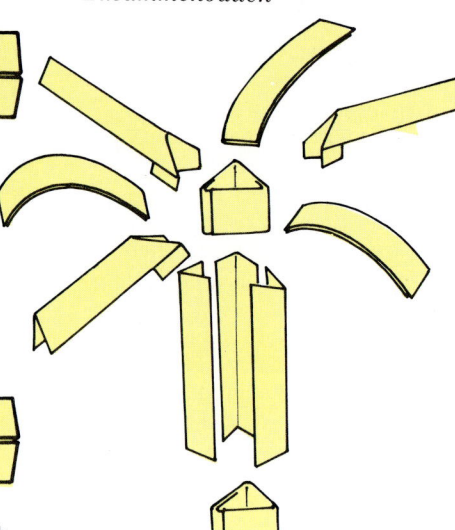

1 Man setzt den Stamm zusammen, indem man die drei halbgeöffneten Teile sich überlappen läßt. Dann zieht man die Manschetten von oben und unten darüber. Die Blätter werden in die obere Öffnung gesteckt.

2 Die fertige Palme.

Seidenpapier

In vielen Drogerien und großen Supermärkten kann man Schachteln mit Seidenpapier (Tissue) unterschiedlicher Farbe kaufen. Dieses Material bietet die Möglichkeit, die Art dekorativer Blüten anzufertigen, die unten beschrieben wird. Dabei muß man vorsichtig und mit Gefühl falten. Auch kommt das eigene Urteilsvermögen mit ins Spiel. Man wird es nicht schwer finden, diese Blüten herzustellen – aber es ist nicht leicht, wirklich gute Ergebnisse zu erzielen.

Anfertigung einer Rose***
(Megumi Biddle)

Man benötigt mindestens vier pink-farbene (oder weiße oder gelbe) Sei-denpapiertücher und ein grünes Tis-sue.

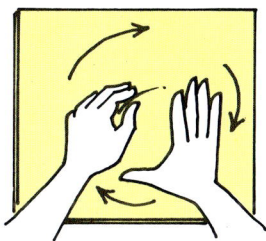

1 Man legt zwei rosafarbene Tücher übereinander auf einen flachen Untergrund. Mit Finger und Daumen einer Hand greift man in die Mitte. Mit der anderen Hand führt man Kreisbewegungen um die Mitte aus.

2 Mit den Fingern der linken Hand werden saubere Falten herausgera-beitet. Dabei wird die Mitte weiter festgehalten und die Kriesbewegung fortgesetzt.

3 Man hebt das Papier hoch und hält dabei weiterhin die Mitte.

4 Das Papier wird so gedreht, daß die Form einer Eistüte entsteht.

5 Der Hauptteil der Blüte ist fertig. Man legt ihn für einen Augenblick zur Seite.

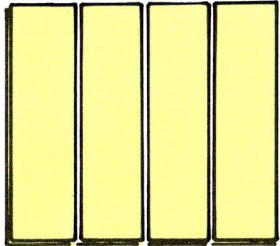

6 Man legt zwei weitere pinkfarbene Siedenpapiertücher übereinander und schneidet sie in vier gleichgroße Streifen.

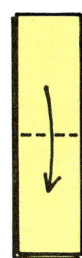

7 Jeder Streifen wird mit seinen bei-den Lagen in der Mitte gefaltet.

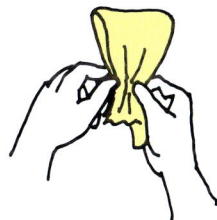

8 Jeder Streifen wird etwa ein Drit-tel oberhalb der freien Enden zusam-mengefaßt. So entstehen die äußeren Blütenblätter. Sie werden für einen Augenblick zur Seite gelegt.

9 Nun legt man die grünen Tissue-Tücher übereinander und unterteilt sie senkrecht in Viertel.

10 Man nimmt die Streifen und rollt sie zwischen den Fingern zusammen.

171

Rosen aus Seidenpapier (Seite 171)

Fortsetzung Rose

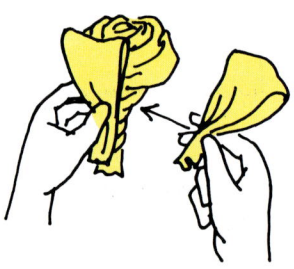

11 Die vier äußeren Blütenblätter werden um den Hauptteil der Blüte angeordnet.

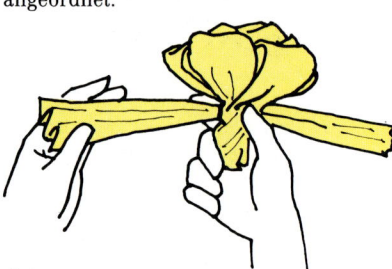

12 Die aufgerollten grünen Streifen werden um den unteren Teil der Blüte gelegt.

13 Sie werden mit einem einfachen Knoten festgezogen.

14 Die vier Lagen des grünen Tuchs werden getrennt. Man wickelt ihre Enden zwischen Daumen und Zeigefinger auf, um Blätter auszuformen.

15 Vorgehensweise bei Schritt 14. Damit ist die Rose fertig.

16 Man kann eine oder zwei weitere Rosenblüten anfertigen und sie zusammen in ein Glas stecken.

Dreiecke

Um nicht immer nur Quadrate und Rechtecke zu falten, sollte man zur Abwechslung einmal das Falten von Dreiecken ausprobieren. Das Dreieck ist eine Form, die sich besonders gut für sitzende Vögel eignet – mit einer Ecke kann der Hals und der Kopf geformt werden, und mit den beiden anderen Ecken läßt sich ein Flügelpaar anfertigen. Im folgenden wird gezeigt, wie man Dreiecke herstellen kann.

Anfertigung eines rechtwinkligen Dreiecks*

Ausgangsform ist ein Quadrat aus Papier.

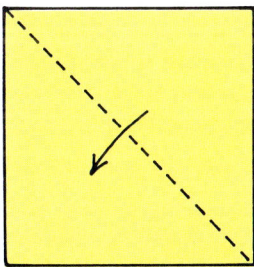

1 Es wird diagonal gefaltet. Dabei werden zwei gegenüberliegende Ecken aufeinandergelegt.

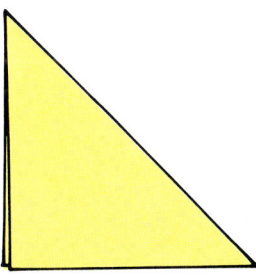

2 Das Ergebnis ist ein rechtwinkliges Dreieck, das aus zwei Lagen besteht. Man schneidet an der Falte entlang, um zwei gleiche Dreiecke zu erhalten.

Anfertigung eines gleichseitigen Dreiecks*

Man nimmt ein Rechteck mit nahezu beliebigen Proportionen (aber kein Quadrat). Am Anfang werden die langen Kanten aufeinandergefaltet, um den Mittelbruch zu markieren.

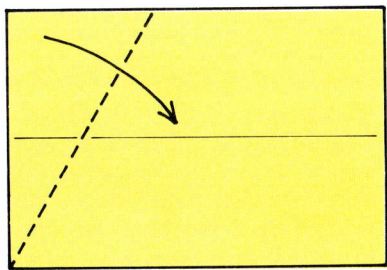

1 Man faltet die linke Kante nach unten und legt dabei das obere Ende auf die Mittellinie. Wichtig ist, daß das untere Ende der Falte genau in der Ecke liegt.

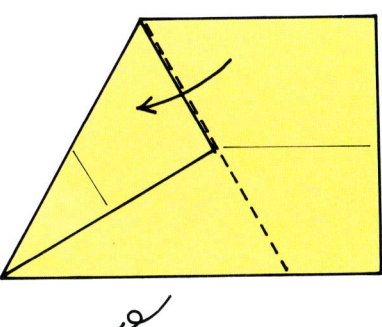

2 Die rechte Seite wird an der ungefalteten Kante nach links gefaltet. Wenden.

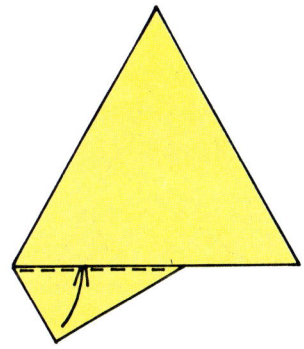

3 Das überstehende Papier am unteren Rand wird hineingesteckt.

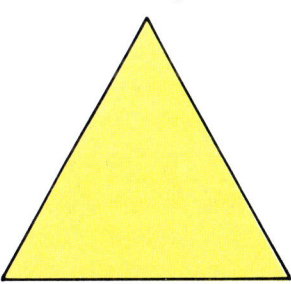

4 Das gleichseitige Dreieck ist fertig. Man kann entweder dieses gefaltete Dreieck verwenden oder das Papier aufklappen und das Dreieck an den Bruchlinien entlang ausschneiden. Larry Hart fertigt gerne Dreiecke an, indem er Banknoten auf diese Weise faltet. Daraus faltet er dann den Davidstern mit sechs Spitzen.

Anfertigung eines Davidsterns**

Man benötigt ein gleichseitiges Dreieck aus Papier.

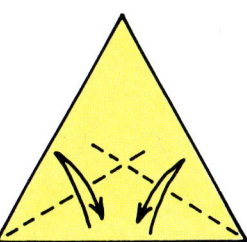

1 Man faltet zweimal benachbarte Kanten zusammen, falzt und klappt sie wieder auf. Der Punkt, an dem sich die Brüche schneiden, markiert den Mittelpunkt des Dreiecks.

Fortsetzung Davidstern

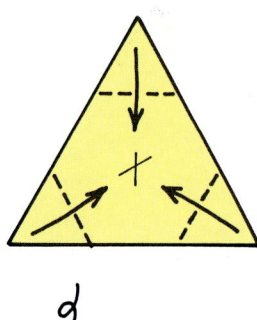

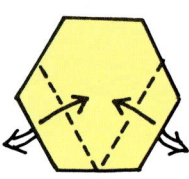

2 Man faltet die Ecken auf die Mitte. Die Form wird gewendet.

3 Zwei Seiten werden nacheinander zur Mitte gefaltet. Dabei sollen die Spitzen von unten hervorspringen.

4 Man faltet die Oberkante zur Mitte und steckt gleichermaßen eine Ecke unter die rechte Klappe, damit sie gehalten wird. Wenden.

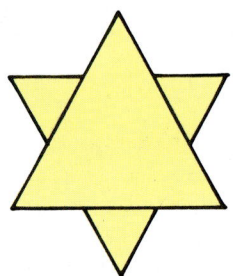

5 Der fertige Davidstern.

Troublewit

Troublewit ist ein gewöhnliches Stück gefaltetes Papier oder scheint es zu sein. Es wird von einem Unterhaltungskünstler gehalten, der es schnell verändert, um eine Vielzahl unterschiedlicher Gegenstände darzustellen. Damit die Vorführung unterhaltend ist, muß der Künstler dabei eine Geschichte erzählen, egal wie erfunden sie wirken mag. Die Erzählung wird mit Hilfe sich verändernder Troublewit-Muster illustriert.

Manchmal wird behauptet, Troublewit sei in China erfunden worden. Das kann sein, aber es ist nicht weniger wahrscheinlich, daß ein Engländer die Idee hatte. Es ist eine Form der Unterhaltung, die überall in Europa während des 18. Jahrhunderts außerordentlich populär wurde. Die Kenntnis davon verbreitete sich auch nach Osten.

Troublewit gewann in der viktorianischen Ära neue Popularität. Es wurde von dem brühmten Zauberer David Devant als Teil seiner Bühnennummer übernommen. 1896 enthüllte er seine Methode, Troublewit herzustellen und vorzuführen, in einem Artikel von L. S. Lewis im *The Strand Magazine*. Devants Methode war einfacher als frühere Versionen. Sie wird immer noch von Unterhaltungskünstlern wie Steve Biddle bei Kinderveranstaltungen verwendet.

Troublewit scheint nur ein Blatt Papier zu sein, das in Falten gelegt wurde. Aber es gibt Doppelfalten, die über die sichtbaren Falten laufen. Und es gibt Gegenbruchlinien an den Stellen, an denen sich die Falten kreuzen. Damit ist es möglich, Teile des Papiers in einen rechten Winkel zueinander zu bringen. In Ozanams Version wird das Blatt zuerst in acht gleiche Felder eingeteilt, die dann in Falten gelegt werden. In Devants Version unterteilen primäre Doppelfalten sechs gleiche Felder und einen schmalen Mittelstreifen. Es folgen Anleitungen sowohl für die Anfertigung als auch für die Manipulation eines Troublewit. Sie beruhen auf David Devants Methode.

Anfertigung eines Troublewit****

Wenn man es vor einem Publikum vorführen möchte, benötigt man einen sehr großen Bogen Zeichenpapier oder Aquarellpapier. Beim ersten Versuch oder zum privaten Vergnügen ist es besser, ein DIN A4-Blatt Schreibpapier zu nehmen. Man schneidet die Ränder ab, so daß ein Rechteck mit Seitenlängen von 19 und 28 cm entsteht. Die folgenden Maßangaben gehen von diesen Proportionen aus.

Konstruktion

Man unterteilt das Papier. Danach
befinden sich auf jeder Seite drei
streifenfömige Felder mit einer Breite
von 3 cm. In der Mitte befindet sich
ein Streifen, der 1 cm breit ist.

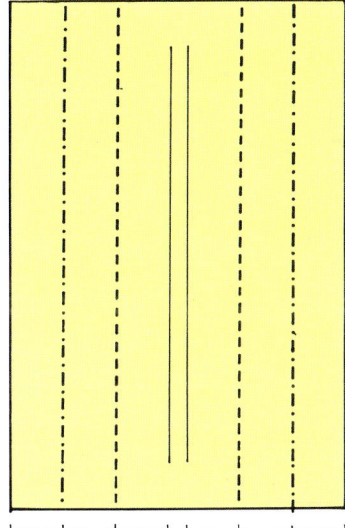

1 Zwischen den Feldern werden
Berg- und Talfalten angelegt.

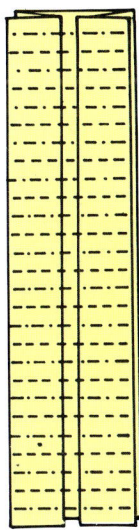

2 Das Papier wird entsprechend in
Falten gelegt. Dann unterteilt man
die Form der Länge nach in 1 cm
breite Abschnitte. Sie werden mit
Hilfe von Berg- und Talfalten in Falten gelegt.

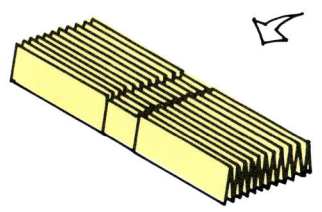

3 Nun ist es erforderlich, Gegenbruchfalten an den Ecken, an denen
sich die Doppelfalten kreuzen, zu
machen. Man nimmt eine der gefalteten Kanten, die gegenüber der Mitte
der Struktur liegen. Sie wird langsam
geweitet und hochgezogen, bis sie in
einem Winkel von 90 Grad zum
Hauptteil steht.

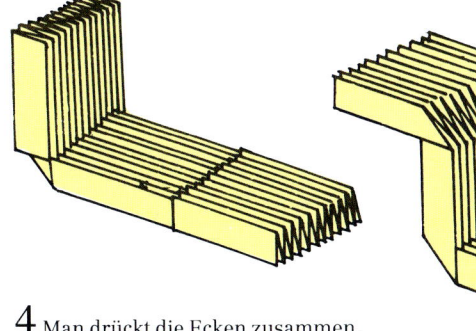

4 Man drückt die Ecken zusammen,
um die entstandenen Gegenbruchfalten zu festigen. Nun nimmt man die
andere mittlere gefaltete Kante und
zieht sie langsam auf gleiche Weise
hoch.

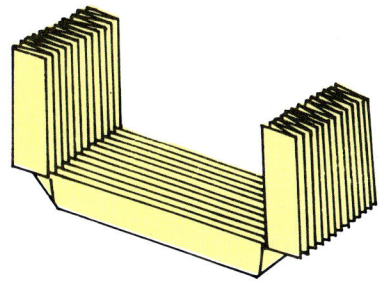

5 Wiederum werden die Ecken
zusammengedrückt, um die entstandenen Gegenbruchfalten zu festigen.
Nun nimmt man nacheinander die
ungefalteten Kanten auf der linken
und der rechten Seite und löst sie allmählich, so daß dort Gegenbruchfalten entstehen, wo sich die Doppelfalten kreuzen.

6 Wieder fest zusammendrücken.
Nun hat man alle Doppelfalten, die
man für die abschließende Gestaltung braucht.

Die Schritte 3, 4, 5 und 6 zeigen
vier Grundpositionen. Man kann
ohne weiteres sehen, daß durch das
»Schließen« eines der horizontalen
Felder in Schritt 6, bei dem ein Ende
einem der in Schritt 5 gezeigten
Enden gleicht, eine fünfte Grundposition geschaffen werden kann – und
durch Schließen beider Felder, bei
dem ein Ende einem der Enden in
Schritt 3 gleicht, kann man eine
sechste Grundposition bilden.

Man sollte diese Felder mehrmals
öffnen und schließen, nicht nur, um
sich mit den Grundpositionen ver-
traut zu machen, sondern auch, um
die Ecken flexibler zu machen. Dann
ist man bereit, Troublewit aufzufüh-
ren.

Fortsetzung Troublewit

Manipulation

Es gibt 36 Formen, die man mit Troublewit herstellen kann – und jede Form hat die Funktion, mehrere Gegenstände darzustellen. Zwölf Veränderungen werden unten gezeigt. Man kann experimentieren und viele der übrigen Möglichkeiten selbst entdecken.

Erste Grundposition

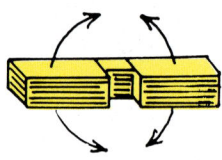

1 Das Modell ist wie in Schritt 3 auf Seite 175 geschlossen. Man bringt Unter- und Oberteil der Seitenfelder zusammen.

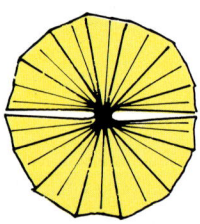

2 Man hält die äußeren Kanten fest, um einen Kreis zu bilden. Dies ist die Rosette.

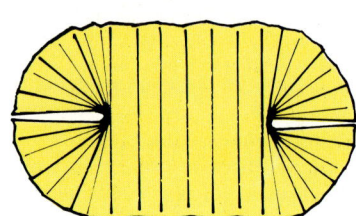

3 Man zieht die Seiten auseinander. Aus der Rosette wird eine Badezimmermatte.

4 Man läßt ein Ende los und hängen. So wird ein Kirchenfenster dargestellt.

Zweite Grundposition

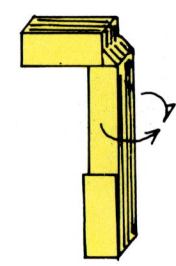

1 Man beginnt mit der Position, die in Schritt 4 auf Seite 175 gezeigt wird. Das vordere und das hintere Feld werden auf der rechten Seite zusammengebracht.

2 So entsteht ein Pilz oder, wenn man das Ganze unten hält, ein Schirm.

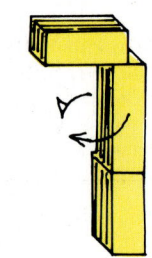

3 Wir kehren zurück zu der Position in Schritt 1. Das vordere und das hintere Feld werden auf der linken Seite zusammengebracht.

4 Man erhält eine Vase.

Dritte Grundposition

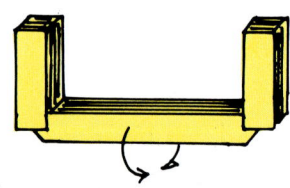

1 Wir beginnen mit der Position, die in Schritt 5 auf Seite 175 gezeigt wird. Man bringt das vordere und hintere horizontale Feld unterhalb der Form zusammen.

2 Das Ergebnis hat Ähnlichkeit mit einer Hantel.

David Devant demonstriert Trouble-wit (Seite 174), aus The Strand Magazine 1896

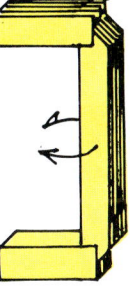

3 Aus dieser Position bringt man das vordere und hintere senkrechte Feld auf der linken Seite zusammen.

4 So entsteht eine chinesische Laterne.

Vierte Grundposition

1 Ausgangspunkt ist die Position, die bei Schritt 6 auf Seite 175 gezeigt wird. Das vordere und hintere Feld wird oben zusammengebracht.

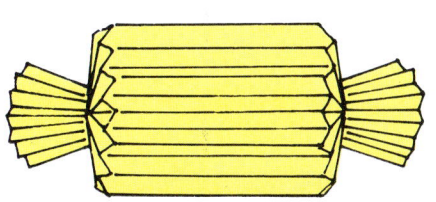

2 Das Ergebnis ist ein Bonbon.

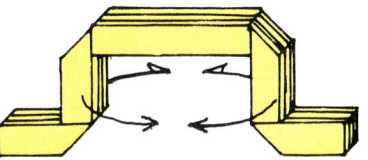

3 Aus dieser Position bringt man die vorderen und die hinteren vertikalen Felder zusammen.

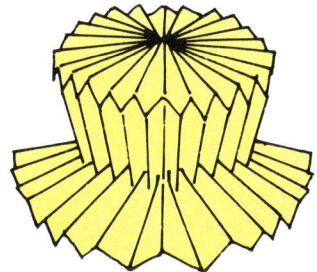

4 Man hält die Falten fest. So ent-steht eine Hutform.

Fortsetzung Troublewit

Vorführung

Wenn man die Möglichkeiten des Troublewit zum eigenen Vergnügen erkundet hat, hat man vielleicht den Wunsch, ein größeres Modell zu konstruieren und es Freunden vorzuführen. Es folgen Ratschläge zur Vorbereitung einer Vorführung.

Man sollte alle möglichen Dinge, die die gezeigten und jene Formen, die man selbst entdeckt, darstellen können, in Erwägung ziehen. Es ist eine gute Idee, sie aufzulisten. Um diese Darstellungen wird eine Geschichte gebaut, egal wie unwahrscheinlich sie auch sein mag.

Man sollte das Papier schnell, mit Selbstvertrauen und ohne hinzuschauen verändern können. Die Geschichte muß fließen, und das Publikum darf nicht zu viel Zeit haben, sich eine Form anzuschauen, bevor der Vorführende entweder zur nächsten oder zurück zur letzten Grundposition wechselt.

Als Regel gilt, daß die Seite, die die sich kreuzenden Doppelfalten zeigt, zum Publikum gerichtet sein sollte. Die Konstruktion wird dann aussehen wie ein einfaches, gefaltetes Blatt Papier. Die Fähigkeit, daraus so viele unterschiedliche Formen herzustellen, wird dann noch mysteriöser erscheinen.

Drehfalten

Ein paar traditionelle Modelle werden konstruiert, indem eine Anzahl von Bruchlinien in ein Quadrat gelegt werden, die dann mit einer Drehbewegung geformt werden. Der japanische Chemielehrer Shuzo Fujimoto entwickelte diese Technik zu einem originellen und individuellen Stil, den er *nejiri-ori*, d. h. drehfalten, nennt.

Indem man auf einem Blatt Papier Doppelfalten kreuzweise übereinanderlegt und das Papier dann an den Stellen »dreht«, an denen sich die Doppelfalten kreuzen, läßt er viele Wiederholungsmuster entstehen. Er benutzt diese Technik auch, um dekorative Schachteln anzufertigen, von denen eine unten beschrieben wird. Diese Faltmethode kann angewandt werden, um Schachteln mit einer beliebigen Seitenzahl herzustellen.

Fujimotos Interesse am Origami wurde zuerst durch seine Arbeit als Chemielehrer geweckt. Er erkannte Origami als potentielle Methode zur Herstellung regelmäßiger geometrischer Formen und Körper, die er im Klassenzimmer ausstellen konnte.

Anfertigung einer sechsseitigen Schachtel*** *(Shuzo Fujimoto)*

Man nimmt ein rechteckiges Blatt Papier mit DIN A4- Format.

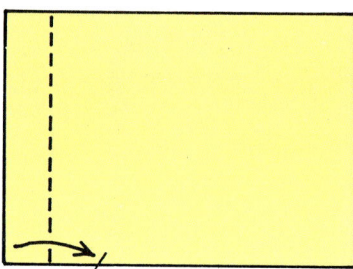

2 Man faltet die untere linke Ecke zu der gerade angebrachten Markierung.

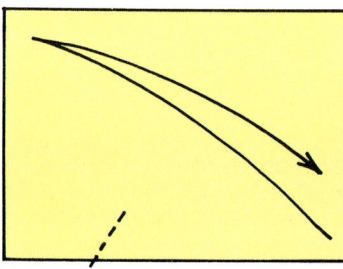

1 Die untere rechte Ecke wird zur oberen linken Ecke gefaltet. Man falzt nur den unteren Teil der Falte, um eine Markierung anzubringen. Zurückklappen.

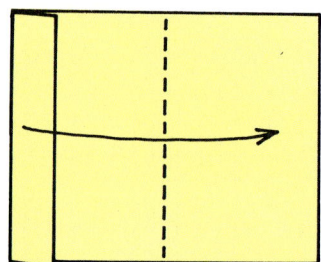

3 Nun wird das Papier in der Mitte gefaltet. Die gefaltete Kante auf der linken Seite wird zur rechten, ungefalteten Kante gebracht.

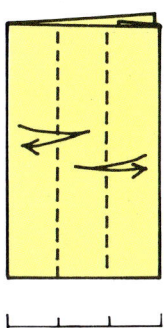

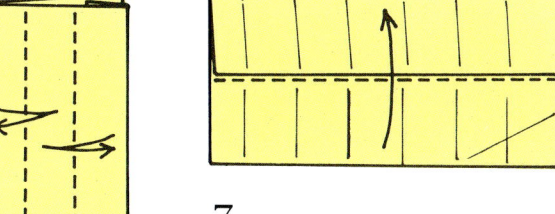

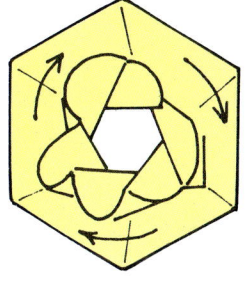

7 Der untere Teil wird über die ungefaltete Kante geknickt.

11 (Blick von oben) Möglicherweise bereitet dieser Schritt beim ersten Versuch Probleme. Man sollte sich nicht entmutigen lassen und weiter drehen.

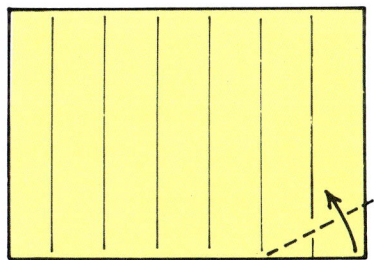

4 Man unterteilt das gefaltete Papier in Drittel und schlägt es auf.

8 Diagonale Bergfalten werden über die sechs Felder gleicher Breite angelegt. Eine Bergfalte parallel zu diesen entsteht in dem kleinen Feld. Aus den senkrechten Brüchen macht man Talfalten. Dann werden die beiden Enden zusammengebracht.

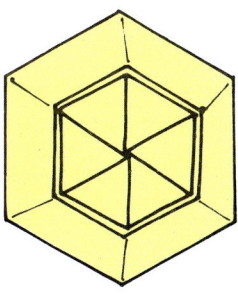

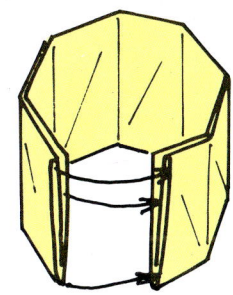

5 Nun sollten sich sechs Felder gleicher Breite auf der rechten Seite befinden. Die untere rechte Ecke wird auf die nächste Bruchlinie gefaltet.

9 Man steckt die Lagen des Feldes auf der linken Seite zwischen die Lagen des Feldes auf der rechten Seite. Dadurch entsteht ein Rohr mit sechs Seiten.

12 Das Papier sollte plötzlich in diese Form springen.

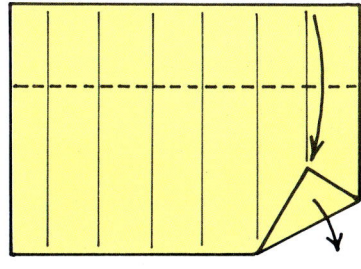

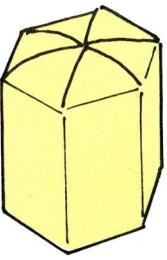

6 Die Oberkante wird so weit nach unten gefaltet, daß sie die nach oben geklappte Ecke berührt. Die Ecke wird dann zurückgeklappt.

13 Die fertige, umgedrehte Schachtel. Man macht eine zweite Schachtel, die als Deckel dienen kann. Man sollte versuchen, weitere Schachteln aus anderen Papierformen und -größen herzustellen.

10 Nun nimmt man die Oberkante der inneren Lage, schiebt sie nach unten und dreht sie dabei im Uhrzeigersinn.

Schirme

Vielleicht ist die am weitesten verbreitete praktische Anwendung des Papierfaltens das Herstellen von Schirmen – jedenfalls war es so in Japan bis in die Nachkriegszeit, als Stoffschirme schließlich die traditionellen Papierschirme ersetzten (diese wurden aus festem, lackiertem Papier hergestellt, das auf einen Bambusrahmen gefaltet wurde).

Der gefaltete Papierschirm war eine chinesische Erfindung. Er wurde im 6. Jahrhundert in Japan eingeführt und fand zuerst nur zeremonielle Verwendung. Man sagte, der Kaiser wäre niemals ohne seinen Schirmträger in der Öffentlichkeit erschienen. Bis zum 17. Jahrhundert wurde der Schirm ein Accessoire der Damen. Japanische Drucke aus dieser Periode zeigen modisch mit Kimonos bekleidete Damen in Begleitung von Dienstmädchen, die ihre Schirme tragen. Der Schirm wurde später von der ganzen Bevölkerung benutzt. In den 30er Jahren besaß sogar der ärmste Haushalt auf dem Land mehrere Papierschirme. Sie wurden ohne Umstände an vorbeikommende Menschen verliehen, die vom Regen überrascht wurden.

Eine Methode der Herstellung eines reizvollen Papierschirms für dekorative Zwecke – eines Schirms, der an Stelle eines Bambusgestells eine aus Papier gefaltete Konstruktion besitzt – wird unten beschrieben.

Anfertigung eines japanischen Schirms****
(Toshie Takahama)

Man benötigt zwei Quadrate mit einer Seitenlänge von 25 cm. Sie bestehen aus festem, gemustertem oder farbigem Papier (nicht unbedingt gleich). Hinzu kommen ein Papierquadrat mit 5 cm Seitenlänge, ein dünner Stock aus Holz, etwas Klebeband (oder farbige Papierstücke und Klebstoff), Faden und ein Messer oder eine Schere.

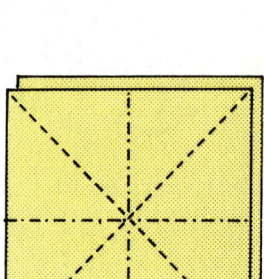

1 Eines der großen Quadrate wird in die Ausgangsgrundform gebracht (siehe Seite 20).

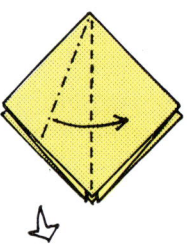

2 Diese hat zwei Paare dreieckiger Klappen. Eine Klappe wird mit einer Quetschfaltung auf die rechte Seite gebracht; der Vorgang wird an den drei anderen Seiten wiederholt.

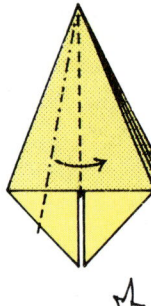

3 Man sollte nun vier Klappen auf jeder Seite der Achse haben. Wiederum Quetschfaltung einer Klappe zur rechten Seite. Wiederholung an den sieben anderen Seiten.

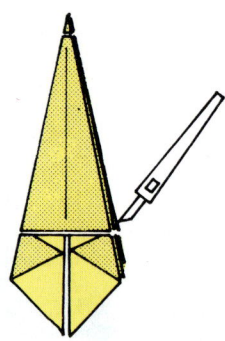

4 Nun hat man acht Klappen auf jeder Seite der Achse. Man schneidet alle Lagen etwas unterhalb der horizontalen Kante durch. Dann schneidet man die Spitze ab. Die Schritte 1 bis 4 werden beim anderen großen Quadrat wiederholt.

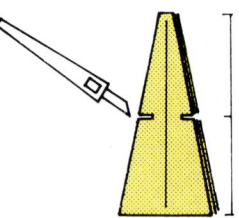

5 Dieser Schritt wird nur an einer der gefalteten Formen durchgeführt. Man bestimmt die halbe Höhe. Auf beiden Seiten werden dort Schlitze in alle Lagen geschnitten. Jeder Schlitz soll eine Länge haben, die einem Viertel der gesamten Breite entspricht.

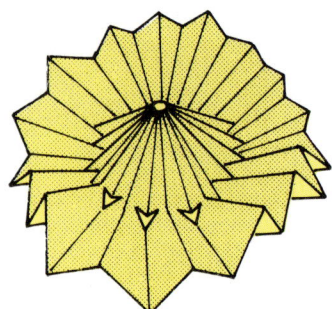

6 Man schlägt das Papier auf. Die Brüche, die strahlenförmig von den Schlitzen aus verlaufen, werden von Talfalten in Bergfalten verwandelt und umgekehrt. Dann richtet man diese Form auf. Dies wird der Öffnungsmechanismus des Schirms.

Japanischer Schirm (links)

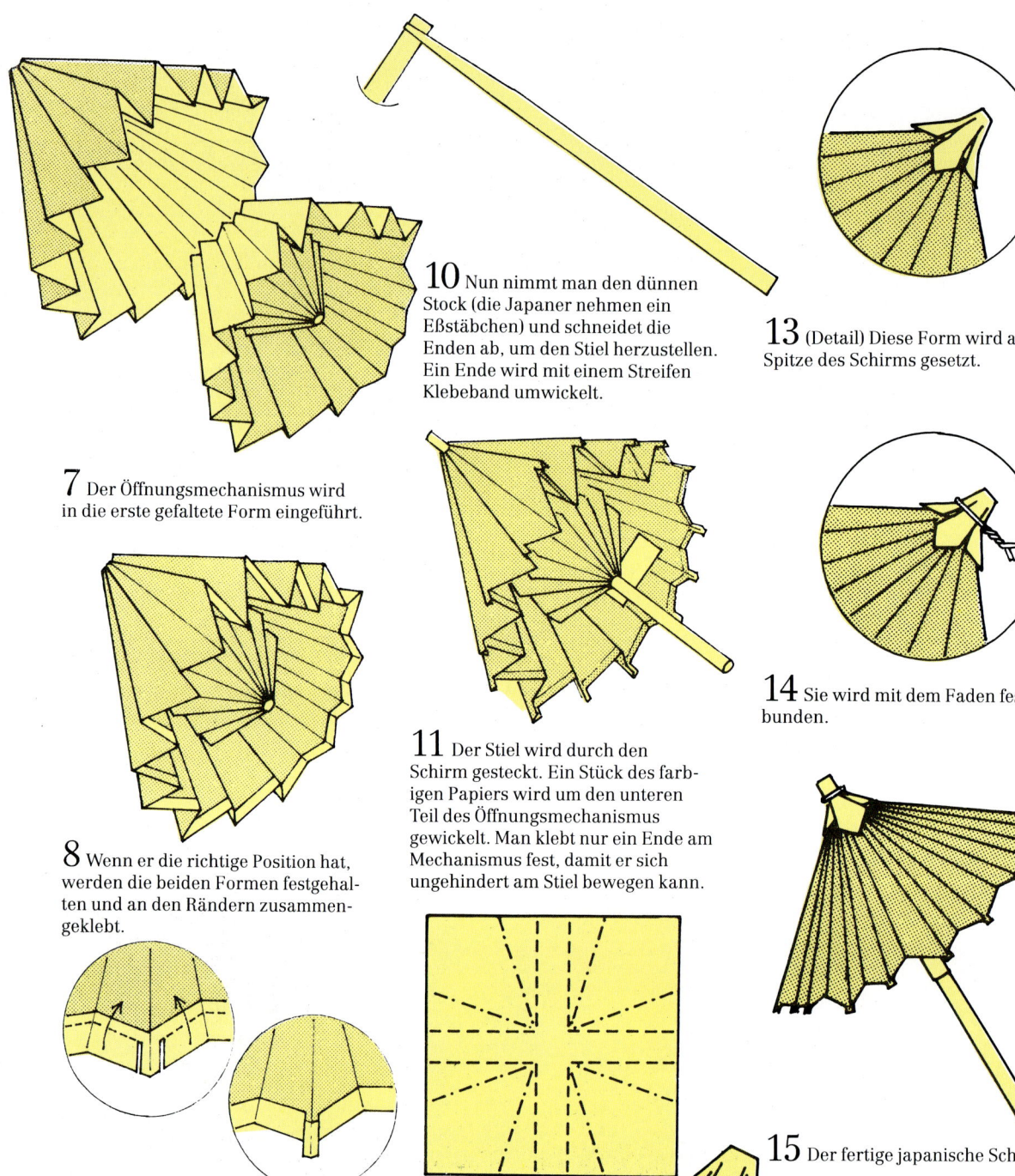

10 Nun nimmt man den dünnen Stock (die Japaner nehmen ein Eßstäbchen) und schneidet die Enden ab, um den Stiel herzustellen. Ein Ende wird mit einem Streifen Klebeband umwickelt.

13 (Detail) Diese Form wird auf die Spitze des Schirms gesetzt.

7 Der Öffnungsmechanismus wird in die erste gefaltete Form eingeführt.

14 Sie wird mit dem Faden festgebunden.

8 Wenn er die richtige Position hat, werden die beiden Formen festgehalten und an den Rändern zusammengeklebt.

11 Der Stiel wird durch den Schirm gesteckt. Ein Stück des farbigen Papiers wird um den unteren Teil des Öffnungsmechanismus gewickelt. Man klebt nur ein Ende am Mechanismus fest, damit er sich ungehindert am Stiel bewegen kann.

9 (Detail: Innenansicht einer gefalteten Kante) An beiden Seiten des Bruchs jeder Talfalte wird ein 2 mm langer Schnitt durchgeführt. Die Ränder zwischen den Einschnitten werden hochgefaltet, so daß ein Saum entsteht. Er wird festgeklebt.

12 Man nimmt nun das kleine Quadrat und richtet die vier Ecken auf.

15 Der fertige japanische Schirm.

Nicht-grundlegende Grundform

Irgendwann in den 60er Jahren erfand oder entdeckte Robert Harbin die Entwicklungsmöglichkeit einer Blintz-Wasserbomben-Grundform, die ihm die Eigenschaften einer Grundform zu haben schien. Sie hatte ein Muster von Spitzen, die zur Durchführung von Veränderungen einluden, aber obwohl Harbin versuchte, diese Form weiterzuentwickeln, gelang es ihm nicht. Aus diesem Grunde sprach er von einer »nicht grundlegenden Grundform« – einer Grundform ohne Ausbaumöglichkeiten.

Anfertigung einer nicht grundlegenden Grundform**
(Robert Harbin)

Zuerst faltet man aus einem Quadrat eine Blintz-Form (Seite 27).

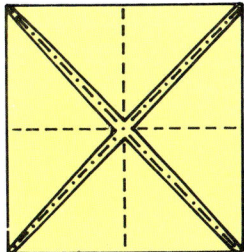

1 Man faltet die jeweils gegenüberliegenden Seiten zusammen und öffnet sie wieder. Dann werden die jeweils gegenüberliegenden Ecken aufeinandergefaltet und zurückgeklappt. Man klappt das Papier so zusammen, daß es Ähnlichkeit mit der Wasserbombengrundform bekommt.

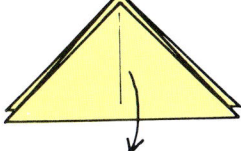

2 Die vordere Klappe wird nach unten gefaltet.

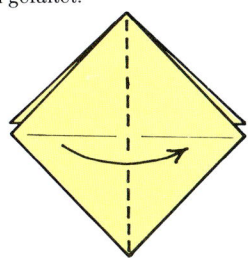

3 Mit einer Talfalte wird die linke Hälfte auf die rechte Seite gebracht.

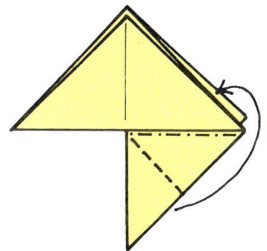

4 Die untere Klappe erhält eine Talfalte. Dann wird sie mit einer Kippfaltung nach oben hinter die vordere Klappe gesteckt.

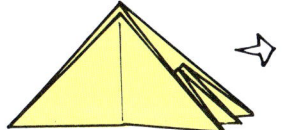

5 Schritt 4 ist an den anderen drei Seiten zu wiederholen.

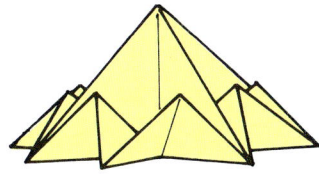

6 Die fertige nicht-grundlegende Grundform.

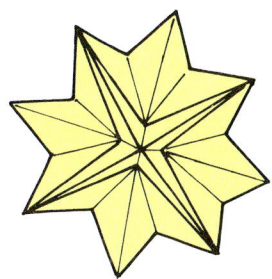

7 So sieht die Form von oben aus.

Papierherz

Die Methode, ein Herz zu falten, die unten beschrieben wird, enthält eine besonders interessante Passage, in der die Form ein Relief erhält.

Anfertigung eines Herzens**
(Makoto Yamaguchi)

Man nimmt ein Quadrat aus rotem Papier. Am Anfang sind die diagonalen Brüche anzulegen.

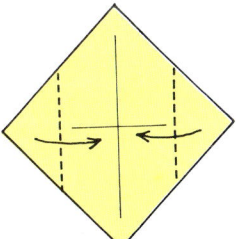

1 Gegenüberliegende Ecken werden so nach innen gefaltet, daß sie sich in der Mitte treffen.

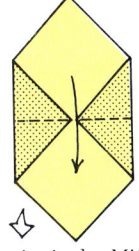

2 Man faltet das Papier in der Mitte. Dabei wird die obere Ecke auf die untere Ecke gelegt.

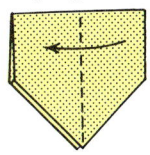

3 Die Form wird noch einmal in der Mitte gefaltet. Die rechte Hälfte wird auf die linke Seite gebracht.

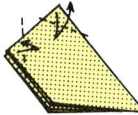

4 Der Reihe nach die oberen Ecken nach unten falten und umknicken.

Fortsetzung Herz

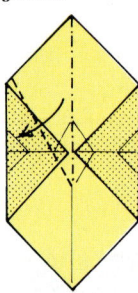

5 In der Mitte bilden die Brüche ein Diamantenmuster. Die untere linke Kante des Diamanten wird in eine Talfalte verwandelt, die zum oberen Rand verlängert wird. In der Mitte wird die eingezeichnete Bergfalte geformt.

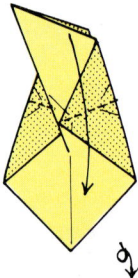

6 Diese Brüche werden für eine schräge Doppelfalte genutzt, so daß sich die Form wie abgebildet aufrichtet. Nun wird die vordere Lage der oberen Klappe nach unten gebracht. Der hintere Grat wird flachgedrückt, um eine Wölbung zu bilden. Wenden.

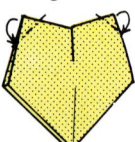

7 An den bestehenden Brüchen der oberen Ecken werden Gegenbruchfalten nach innen gefaltet.

8 Das fertige Herz. Man kann es aufhängen, indem man einen farbigen Faden oder etwas Ähnliches durch die beiden Lagen zieht.

Visitenkarten

In jenen Tagen, als es üblich war, dem Diener an der Tür des Hauses, dem man einen Besuch abstatten wollte, eine Visitenkarte zu geben, war es auch üblich, eine zusätzliche Botschaft zu übermitteln, indem man eine von mehreren Möglichkeiten wählte, die Karte zu knicken.

In den 20er Jahren waren folgende Zeichen en vogue.

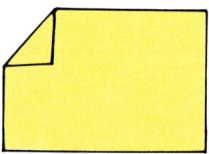

1 Eine gefaltete obere rechte Ecke bedeutete »Glückwunsch«.

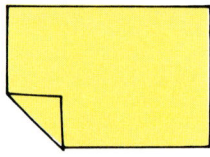

2 Die gefaltete untere linke Ecke war ein Ausdruck des Beileids.

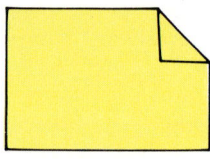

3 Man faltete die obere rechte Ecke, um auf einen persönlichen Besuch hinzuweisen.

4 Die ganze linke Kante wurde gefaltet, wenn die ganze Familie angesprochen werden sollte.

Wasserbombe

Man hält diese geschlossene Schachtelform für eines der ältesten traditionellen Modelle der Welt; sie könnte aus dem alten China stammen.

Bei chinesischen Kindern war es Brauch, das kleine Loch auf der Oberseite auseinanderzuziehen und zu versuchen, eine Fliege hineinzulocken. Wenn dies gelang, ließ man das Loch los, das sich dann schloß, so daß die Fliege in der Schachtel gefangen war. Die Kinder hielten sich die Schachtel an das Ohr und hörten das verstärkte Summen der Fliege.

Die Japaner benutzen diese Schachteln als Bälle oder Ballons, die sie sich zuwerfen. Sie fertigen sie auch aus farbigem Papier an, wenn sie als Dekoration dienen sollen. Bei Kindern in Amerika ist es beliebt, vor dem Falten kleine Bilder in die Mitte des Papiers zu zeichnen. So entsteht ein Guckkasten. Wenn man die Schachtel gegen Licht hält und durch das kleine Loch schaut, kann man das Bild deutlich sehen.

Aber die meisten Menschen kennen diese Struktur als Wasserbombe. Viele können sich daran erinnern, eine Form einmal im Leben mit Wasser gefüllt und mit großer Wirkung aus dem Fenster geworfen zu haben.

Anfertigung einer Wasserbombe**

Man benötigt ein Quadrat aus Papier. Als Ausgangspunkt dient die Wasserbomben-Grundform (Seite 22).

Irisblüten (Seite 62) mit Ästen

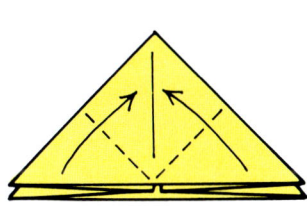

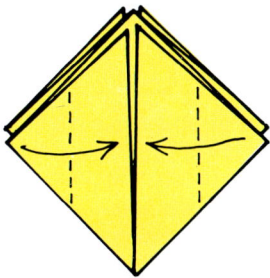

1 Man faltet die beiden unteren Ecken so nach oben, daß sie sich in der Mitte treffen. Wiederholung auf der Rückseite.

2 Die linke und die rechte Seite werden nach innen geklappt. Auf der Rückseite dasselbe.

3 Man faltet die beiden oberen Klappen nach unten zur Mitte. Der Bruch liegt auf einer Linie zwischen den beiden oberen Ecken. Dasselbe hinten.

4 Die beiden kleinen dreieckigen Klappen umfalten und in die benachbarten Taschen stecken. Wiederholung auf der Rückseite. Die untere Spitze nach oben zur Mitte und zurück.

5 Von oben und unten wird Druck ausgeübt. Man bläst in das kleine Loch, so daß sich die Form ausdehnt.

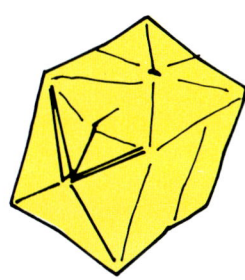

6 Die fertige Wasserbombe.

Apropos: Washi

Japan ist das Land mit der drittgrößten Papierproduktion der Welt. Heute wird der größte Teil der Papiermenge dort maschinell hergestellt. Aber eine bestimmte Menge wird immer noch von Hand mit Methoden produziert, die in das 8. Jahrhundert zurückgehen. Handgeschöpftes Papier wird *washi* oder Japanpapier genannt. Es wird aus Pulpe hergestellt, die Rinde enthält, die von Maulbeerbäumen und anderen Bäumen geschält wird. Das Papier unterscheidet sich deutlich von anderen Papierarten durch geringes Gewicht und angenehme Weichheit.

Darüber hinaus ist es bemerkenswert fest und dauerhaft. Deshalb findet es in der ganzen Welt Verwendung bei wichtigen Dokumenten. Es wurde zum Beispiel beim Vertrag von Versailles verwendet.

Neben der Festigkeit ist es die durchscheinende Eigenschaft, die bestimmte Typen von *washi* als Fenster und Trennwände in japanischen Häusern geeignet machen. Andere Washi-Arten werden eher wie Gewebe verwendet, um Taschen und ähnliche Accessoires herzustellen. Das Foto der Puppe auf Seite 16, die vollständig aus *washi* besteht, vermittelt einen Eindruck vom Aussehen des Materials.

Apropos: Einwachsen

Das Einwachsen ist eine alte Methode, mit der man künstliche Blüten haltbar machen kann. Sie kann auch dafür eingesetzt werden, Origami-Modelle zu erhalten. Allerdings wird es nicht jedem Papierkünstler gefallen, weil ein großer Teil der Lebendigkeit des gefalteten Papiers beim Einwachsen verloren geht.

Wenn man ein Origami-Modell einwachsen möchte, benötigt man einen Kochtopf, eine Blechdose, drei oder vier Kerzen und eine Pinzette. Man erhitzt die Kerzen, bis sie schmelzen; die Dochte sinken zu Boden. Man sollte das Wachs nicht zum Kochen bringen. Auch ist von dem Versuch abzuraten, die Kerzen ohne Wasser zu erhitzen.

Das Modell wird mit der Pinzette festgehalten und so weit in das flüssige Wachs getaucht, daß es ganz bedeckt wird. Es wird schnell wieder herausgezogen. Das überschüssige Wachs muß abgeschüttelt werden. Auch soll nicht zu viel Wachs an den Ecken und Spalten eindringen, an denen es sich sammeln und das Modell verformen könnte. Wenn man eine glänzende Oberfläche haben möchte, muß das Modell sofort in kaltes Wasser getaucht werden. Unbeabsichtigte Risse lassen sich durch Erwärmen des Modells ausbessern; sind die Risse allerdings nicht mehr auszugleichen, muß das Modell noch einmal eingetaucht werden.

Dreidimensionale Blütenmodelle, wie jenes der traditonellen Iris (Seite 52), sind für das Einwachsen sehr gut geeignet. Beim Eintauchen hält man sie mit der Pinzette in der Mitte der Unterseite.

Apropos: Westliche Tradition

Während die traditionellen japanischen Methoden in einigen Fällen über Hunderte von Jahren zurückverfolgt werden können, gibt es in der westlichen Welt kaum Verfahren mit einer längeren Tradition, vielleicht mit ein paar bemerkenswerten Ausnahmen wie dem Pajarita (Seite 133) und Troublewit (Seite 174).

Die Entwicklung des westlichen Papierfaltens kann auf ein einziges Ereignis zurückgeführt werden: den Besuch einer japanischen Zauberkünstlertruppe in Europa in den 60er Jahren des letzten Jahrhunderts. Zu dieser Zeit endete Japans lange Periode der Isolation mit der Meiji-Restauration. Die Künstler brachten das Modell des flatternden Vogels mit (Seite 11). Bald erschienen die Anleitungen für dieses und andere Modelle in englischen und europäischen Zeitschriften.

Das Anfertigen von flatternden Vögeln und springenden Fröschen gehört zu den Zaubernummern, die man in geselliger Runde vorführt. Es hat schon etwas mit Verwandlungskunst zu tun, wenn aus einem einfachen Stück Papier viele reizende Dinge entstehen. Origami *ist* eine Art von Zauberei. Obwohl Friedrich Fröbels pädagogischen Ideen zur Förderung der Papierfaltens beitrugen, weil die Überzeugung, daß es große Bedeutung für die Entwicklung der manuellen Geschicklichkeit hat, gegen Ende des 19. Jahrhunderts großen Einfluß gewann, waren es die Zauberer und die Freunde der Zauberei (zu denen natürlich auch Kinder gehörten), die die eigentlichen Hüter der Tradition des Papierfaltens bis zum Zweiten Weltkrieg wurden.

Ein Buch, das größeren Einfluß gewinnen sollte, war Margaret Campbells Buch *Paper Toy Making*, das zuerst 1937 bei Pitman in London veröffentlicht wurde. Die Autorin war ein weitgereistes Mitglied einer berühmten Familie. Nachdem sie Papierfalten im Fernen Osten gelernt hatte, war sie in der Lage, das begrenzte Repertoire westlicher Faltkünstler um mehrere neue Modelle zu erweitern. Ihr Buch wurde oft nachgedruckt und war über viele Jahre lieferbar. Ihr Sohn, der Dichter Roy Campbell, stellte später mit Bedauern fest, daß das Buch seiner Mutter eine höhere Auflage erreicht hatte als alle seine eher literarischen Werke zusammen. Exemplare von *Paper Toy Making* fand man bis in die 50er Jahre in Schulbibliotheken und anderen Institutionen.

Dies war ein glücklicher Umstand, denn als der auf großen Bühnen auftretende Zauberer Robert Harbin 1953 seine Frau, die dort wegen schwerer Verbrennungen in Behandlung war, im Krankenhaus von East Grinstead besuchte, traf er mehrere Flieger dort, die als Therapie nach chirurgischen Behandlungen Modelle aus Magaret Campbells Buch falteten. Das Interesse, das er als Kind am Papierfalten hatte, kam sofort zurück. Er begann gleich mit Nachforschungen, um so viel wie möglich über das Papierfalten herauszufinden. So konnte er sein eigenes Buch mit dem bekannten Titel *Paper Magic* fertigstellen. Als es 1956 bei Oldbourne Books in London veröffentlicht wurde, dachte Harbin, daß dies das endgültige Werk sei und daß man nichts mehr zum Thema sagen konnte. Tatsächlich regte es das Interesse so stark an, daß daraus eine Karriere des Autors als Publizist für Origami wurde. Harbins zweites Buch, *Secrets of Origami*, erschien 1963. Es folgten weitere Titel. Er trat in einer Fernsehserie über Origami auf, die Mitte der 60er Jahre drei Jahre lang ausgestrahlt wurde. Als die British Orgami Society im Jahr 1967 gegründet wurde, wählte man Robert Harbin wegen seiner Rolle bei der Förderung des breiten Interesses an Origami zum ersten Präsidenten.

In Amerika hatten die Papierkünstler bereits eine führende Vertreterin mit Lillian Oppenheimer gefunden. 1958 machte sie aus ihrem Appartement in New York das Origami Center, in dem sich Menschen, die Interesse am Papierfalten hatten, treffen und Informationen austauschen konnten. Auch wurde ein Versuch unternommen, die vielen neuen Origami-Entwürfe schriftlich festzuhalten. Durch solche formellen und informellen Organisationen in England, Amerika und nun in anderen Teilen der Welt wird die Tradition fortgesetzt.

Siehe auch »Gesellschaften« (Seite 161).

Apropos: Feuchtes Falten

Wenn man ein Blatt Papier anfeuchtet, kann es sowohl gefaltet als auch modelliert werden. Den in diesem Material angelegten Falten können unterschiedliche Eigenschaften gegeben werden – scharfe Falten können zum Beispiel durch weiche Übergänge und flache Abschnitte unterbrochen werden. Unmittelbar vor Beginn der Faltarbeit wird das Papier befeuchtet, entweder indem man mit einem feuchten Baumwolltuch oder Schwamm über beide Seiten wischt, oder indem man das Papier mit einem Zerstäuber besprüht. Wenn es erforderlch sein sollte, kann man das Papier während des Faltens noch einmal befeuchten. Man wird feststellen, daß trocknende Strukturen, die gefaltet wurden, ihre Form besser halten als Strukturen von unbehandeltem Papier.

Man sollte einmal versuchen, mit einem Material zu falten, das aus feuchtem, mit einer aus Mehl und Wasser bestehenden Paste überzogenem Papier besteht. Man nimmt zwei Blatt Papier. Die Paste sollte beide Lagen durchdringen. Wenn das Papier gefaltet ist, nachdem es noch einmal auf oben dargestellte Weise befeuchtet wurde, entsteht eine bemerkenswert steife Struktur. Sie kann nicht mehr auseinandergefaltet werden.

Verpackung

»Genauso wie man einem Freund vorsichtig und höflich in den Mantel hilft, sollte ein Geschenk gefühlvoll und gewissenhaft eingepackt werden.« In Japan hält man unterschiedliche Methoden des Verpackens von Geschenken für verschiedene Anlässe geeignet; Menschen des Westens sind im allgemeinen weniger anspruchsvoll in bezug auf Verpackungen, dafür verwenden sie in größerem Umfang dekorative Bänder.

Es lohnt sich, eine Möglichkeit des Verpackens wiederzugeben, die keine zusätzlichen Hilfsmittel wie Klebeband oder Faden erfordert. Dies ist eine bei Papierkünstlern beliebte Methode, die auch vom Origami Center of America gelehrt wird.

Die Saatguttüte, die unten dargestellt wird, ist ein traditonelles Modell, das Marlene Stroud als Schulkind in Deutschland kennenlernte. Es wird sich als nützlicher Behälter für kleine Gegenstände erweisen.

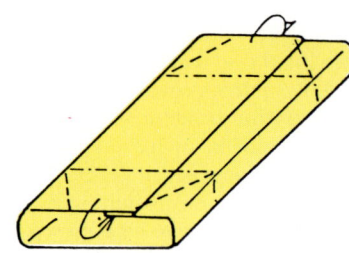

4 Man steckt die oberen Lagen an beiden Enden sorgfältig unter die Schachtel.

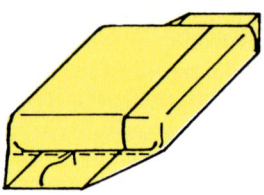

5 Die unteren Lagen werden hineingesteckt.

6 Die fertige Verpackung.

Anfertigung einer nicht geklebten Verpackung**

Man benötigt ein Stück Papier, das dreimal so breit ist wie die Geschenkschachtel. An den Enden sollte das überstehende Stück etwas größer als die Dicke der Schachtel sein.

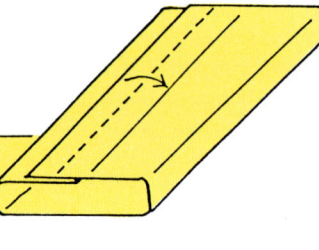

2 Dann wird das Kantenpaar in den soeben angelegten Bruch gefaltet.

Anfertigung einer Saatguttüte*

Man nimmt ein Rechteck aus Papier mit beliebigen Proportionen.

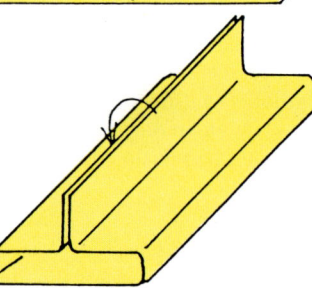

1 Man legt die Schachtel in die Mitte des Papiers und bringt die beiden Kanten zusammen. Die beiden ungefalteten Ränder der senkrechten Lagen werden festgehalten; beide zusammmen werden nach vorne und hinten gefaltet, so daß Brüche an der Stelle entstehen, an der die Vertikale auf die Horizontale trifft. Dann werden die Lagen flach gelegt.

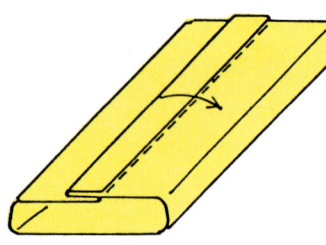

3 Dann faltet man es noch einmal. Dadurch spannt sich das Geschenkpapier eng um die Schachtel.

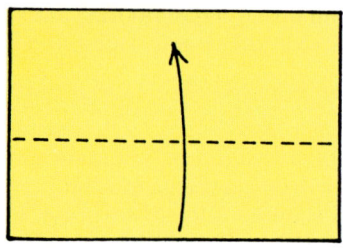

1 Man faltet die Unterkante nach oben zu einer Linie wenige Zentimeter unterhalb der Oberkante.

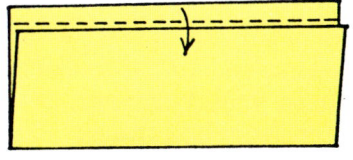

2 Die Oberkante wird nach unten über die vordere Lage geknickt.

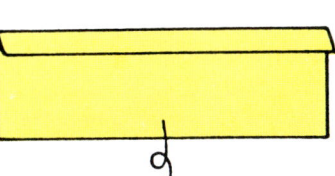

3 Man faltet alle Lagen an einer Linie knapp unterhalb der ungefalteten Kante nach unten.

4 Die Form wird gewendet.

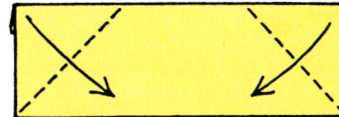

5 Die linke und die rechte Ecke werden nach unten zur Unterkante geknickt.

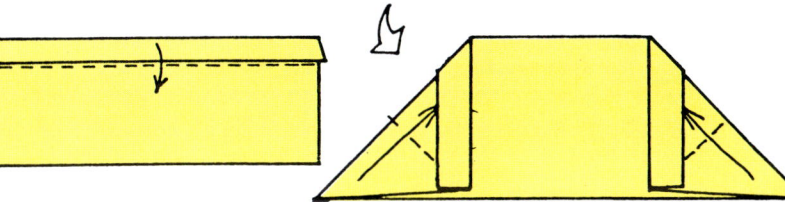

6 Man faltet die untere linke und rechte Ecke nach oben und steckt sie unter die Seitenklappen.

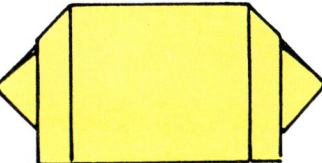

7 Die fertige Tüte; beide Enden sind geschlossen.

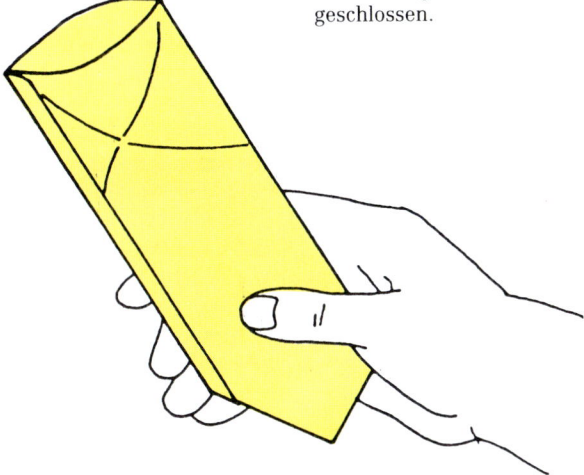

8 Wenn man den Inhalt herausholen möchte, muß ein Ende geöffnet werden.

Apropos: Röntgen-Deckblatt

Der amerikanische Papierkünstler Ed Sullivan gab den Hinweis, daß Deckpapier, das Röntgenfilme schützen soll, gut geeignetes Material für eine bestimmte Art von Origami darstellt, da es auf der einen Seite weiß und auf der Rückseite silberfarben ist.

Es ist eine gute Idee, nach ungewöhnlichen Papierarten Ausschau zu halten, auf die man unerwartet stoßen könnte. Ein Papierbastler verwendet immer wieder Packungen von Trockensuppen, seit er entdeckte, daß die Innenseite ein mattes, silberfarbenes Aussehen hat, das ihn anspricht.

Yakko-san

Yakko-san ist der Name des traditionellen japanischen Clowns. Er ist eine lustige, mit einem Kimono bekleidete Figur, die im allgemeinen mit einem gedrungenem Körper und einem großen Kopf gezeigt wird. Sein angemaltes Gesicht kann man auf Drachen sehen. Bei japanischen Kindern ist er eine beliebte Figur, die sie gerne aus Papier falten.

Yakko-san könnte tatsächlich einer der ältesten Origami-Entwürfe sein, die japanische Mütter einer alten Tradition folgend ihren Kindern beigebracht haben. Es gibt eine Quelle, nach der diese Faltmethode aus der Muromachi-Periode (1394–1572) stammen könnte. Man fragt sich, warum diese stilisierte und nicht sofort ansprechende Figur die Jahrhunderte überlebt hat. Peter Van Note versucht eine Erklärung: Auf das Kind, das die Figur faltet, wartet eine Überraschung – wenn die Ärmel des Kimonos angehoben werden, sieht man seine kleinen, spitzen Hände.

Die Faltmethode ist unkompliziert und leicht zu behalten. Die Figur ist verwandt mit anderen traditionellen Modellen wie dem Salznäpfchen (Seite 153). Man wird überrascht sein, wenn man entdeckt, daß sie in viele andere Formen verwandelt werden kann, wenn man nur etwas experimentiert.

Anfertigung eines Yakko-san**

Man nimmt ein Quadrat aus Papier. Zuerst werden die Schritte 1 bis 4 des Salznäpfchens (Seite 153) ausgeführt.

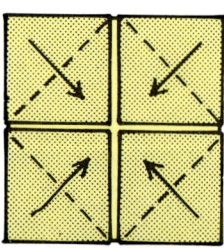

1 Man faltet die vier Ecken noch einmal in die Mitte.

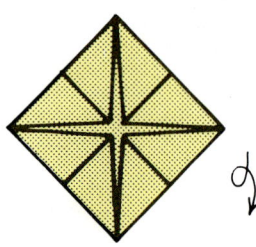

2 Die Form wird umgedreht.

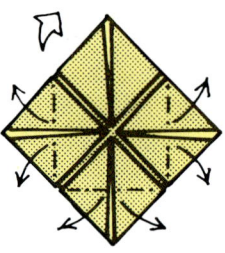

3 Die ungefalteten Kanten von drei der kleinen Eckquadrate werden in der Mitte getrennt. Sie erhalten Quetschfaltungen.

4 Das fertige Yakko-san-Modell. Man erkennt seine Ärmel und seinen diamantförmigen Kopf. Manchmal wird das Gesicht aufgemalt.

Apropos: Zen

Ist Origami nur ein kreatives Spiel, eine Suche nach dekorativen Formen, oder ist es mehr? Für manchen Papierkünstler symbolisiert die Einheit des Papierquadrats ihren Glauben an die Harmonie des Universums und die Gegenwart der Buddha-Natur in allen Dingen.

Der Einfluß des Zen – der japanische Ansatz der Selbsterkenntnis durch Meditation und der Entwicklung intuitiven Wissens, das gekennzeichnet wird durch die Bevorzugung des Einfachen gegenüber dem Komplizierten – ist in vielen traditionellen japanischen Tätigkeiten zu erkennen. Er wird zu einem gewissen Grad auch beim Origami deutlich.

Der italienische Origami-Lehrer Vittorio-Maria Brandoni, der in Turin eine auf Zen-Prinzipien basierende Origami-Schule gründete, glaubt zum Beispiel, daß Origami nicht nur das ausdrücken sollte, was er eine »leere Ästhetik« nennt, sondern auch einen Bezug zum Leben und zur Natur. Genau wie im Zen die Praxis der Kontemplation zur Erleuchtung führt, so sollte das richtig durchgeführte Papierfalten unseren Geist und unsere Herzen ansprechen, sagt er. »Aber«, so fügt er hinzu, »Origami ist nur Papierfalten – derjenige, der es verstehen möchte, muß nur anfangen.«

Register

Die kursiven Seitenzahlen verweisen auf Fotos.